从零开始
打造商业化产品

杨新雷 著

電子工業出版社
Publishing House of Electronics Industry
北京•BEIJING

内 容 简 介

本书以商业化产品的全链路设计为核心，重点介绍了商业化产品的七步设计法、五层包装法、五维运转系统，并在此基础上，向前延伸到商业化策略的制定，介绍了基于“商业化人、货、场”模型的六种策略，还介绍了六种不同类型的商业化产品以及计费方式，向后延伸到商业化实施管理，介绍了基于策略、指标、组织、流程、风险的宏观管理机制。

本书的内容比较立体化，且前后逻辑关联性较强，虽然以产品设计为主线，但内容几乎涵盖了商业化产品的整个生命周期。本书重点突出认知与实践相结合的内容特色，并通过大量的实践案例来进行分析解读。

本书适用于商业产品经理、用户产品经理、产品运营人员，也适用于互联网创业者、公司高层管理人员，以及传统行业中寻求企业互联网化转型的负责人。

图书在版编目（CIP）数据

从零开始打造商业化产品 / 杨新雷著. —北京：电子工业出版社，2020.4
ISBN 978-7-121-38632-9

Ⅰ. ①从… Ⅱ. ①杨… Ⅲ. ①企业管理－产品管理 Ⅳ. ①F273.2

中国版本图书馆 CIP 数据核字（2020）第 035176 号

责任编辑：石　悦
印　　刷：北京天宇星印刷厂
装　　订：北京天宇星印刷厂
出版发行：电子工业出版社
北京市海淀区万寿路 173 信箱　　邮编：100036
开　　本：720×1000　1/16　印张：18.5　字数：332 千字
版　　次：2020 年 4 月第 1 版
印　　次：2020 年 4 月第 1 次印刷
定　　价：79.00 元

凡所购买电子工业出版社图书有缺损问题，请向购买书店调换。若书店售缺，请与本社发行部联系，联系及邮购电话：（010）88254888，88258888。

质量投诉请发邮件至 zlts@phei.com.cn，盗版侵权举报请发邮件至 dbqq@phei.com.cn。

本书咨询联系方式：（010）51260888-819，faq@phei.com.cn。

自　序

一、本书的起源

商业化变现是互联网行业的永恒主题。随着互联网行业的发展进入深水区，产品形态及场景越来越多元化，如何通过精准的商业化产品实现赢利是摆在每个企业面前的难题，甚至成了很多企业的“阿喀琉斯之踵”，商业化之路困难重重。

我真正系统化地梳理和总结商业化变现是从2017年年初开始的，而在这之前的近十年时间里都在创业，作为创始人或者合伙人经营过三个不同行业的互联网公司，大部分时间都在负责产品及商业化相关工作。

我在梳理与总结的过程中发现，用统一的底层逻辑去描绘泛化类型的商业化产品是一件极难的事情，这主要是因为产品类型的不同所带来的差异。因此，目前市场上很少存在关于此类方向的书籍，现有书籍更多的是面向单一类型的商业化产品，比如广告产品（此类书籍居多）。但直觉告诉我，互联网行业的商业化产品也是“商品”的一种，与传统商品并无本质区别，为此我还重点研读了《资本论》（卡尔·马克思著）的相关内容。

2018年，我与杭州蓝狮子文化创意股份有限公司合作出版了《从零开始商业化》的电子书，这就是本书的前身。我当时出版这本书的心情是忐忑的，担心不被读者认可。在这之后的一年多时间里，通过这本书我结交了很多朋友，他们来自不同的互联网公司，各种规模的、各种业态的公司都有，我们一起交流与分享关于商业化产品的各种知识与经验，这让我受益匪浅，也给了我极大的信心。在这里，我要特别感谢来自滴滴出行的王少伟老师、阿里巴巴的马强老师、汽车之家前销售总监金钟老师，我充分吸收了他们的建议和分享的内容，并对关键内容在新书中进行了优化。

2019年，我遇到了一位伯乐，来自电子工业出版社博文视点公司的石悦老师。商业化领域一直是石悦老师关注的一个重要的出版方向。他在知乎上看到我出版的电子书后，通过微信联系了我，问我有没有出版纸质图书的打算，并给我做了很多此方向的出版分析。因为有前面的电子书内容打底，所以我们一拍即合。在此后半年多的时间里，石悦老师一路相伴，他的敬业精神和专业水平深深地折服了我。我这个原本不太自律的人在他的影响下时刻上紧发条，新书《从零开始打造商业化产品》也得以面世。

整体来讲，本书在之前的电子书基础上进行了大幅度优化，无论是内容的完整性还是整体的逻辑性都做了大幅度升级。此外，通过本书的写作，我对商业化产品产生了新的感悟及认知，这些认知会直接影响商业化产品的落地举措，并且在书中有对应的解读，关键点有以下四个。

第一，建立商业化策略的综合分析视角。

商业化策略的制定是一项重中之重的工作，尤其是对于拥有巨大流量及用户的产品，这非常考验商业化变现的宏观设计能力。客观来讲，商业化策略的制定极度抽象化，无论是在宿主产品内（现有用户产品内）变现，还是在宿主产品外变现，我们都需要综合分析影响商业化产品可行性的关键因素，如（付费）用户、（变现）产品、（消费）场景。简单来讲，一个成功的商业化策略的制定需要符合以下要求：恰当的用户（人）在恰当的场景（场）中消费了恰当的产品（货）。

第二，建立多元化的商业化产品变现视角。

在如今的互联网行业中，几乎每过一段时间都会出现全新的变现方式、全新的商业化产品，这就倒逼了原有产品的商业化策略迭代。因此，商业化产品从业者绝对不能故步自封，否则将错失变现增量收益，甚至面临变现存量收益的下降。合理规避商业化风险的措施是，尽量掌握全面的商业化产品类型，建立多元化的商业化变现视角。

第三，建立商业化产品的全生命周期设计视角。

商业化产品的设计需要覆盖产品的全生命周期，产品的全生命周期可以分解为两个阶段：产品研发生命周期与产品市场生命周期。其中，产品研发生命周期偏向于功能及内容的生产，主要包括产品的规划、设计、研发、测试、上线以及持续的产品迭代；产品市场生命周期偏向于实现产品流通变现，主要包括产品的定价、包装、运营、销售、服务等工作。面向商业化产品的全生命周期设计需要综合考虑这两个阶段的核心工作，并建立全链路设计与综合管理体系。一位好的商业产品经理应该是既懂产品又懂商业的综合型人才。

第四，建立商业化产品的价值包装及交付视角。

任何商业化产品最终都要回归客户价值。产品价值贯穿了商业化产品的整个生命周期，这主要体现在以下两个方面：第一，价值的精准性，从产品设计之初，我们就需要对核心价值进行精准定义，客户买的是产品带来的效果（价值）而不是产品本身。第二，价值的完整性，商业化产品要想赢得客户青睐，必须要展现完整的价值，这不仅包括产品的核心价值，还包括产品在为客户提供服务的过程中所产生的全部价值（利益）。我们需要对这些价值进行包装，并呈现出来以提升产品的市场竞争力。同时，商业化产品的价值需要依托交付标准来进行量化设计，交付标准也是产品定价的客观衡量条件。

二、本书的内容概要

我基于两个维度写了本书：第一，从自身经历的维度，梳理过去的工作经验，尽量形成通俗易懂的方法论，并结合案例和实战来做有针对性的分析；第二，站在商业化观察者的维度，结合大量的业内实践，给出我对商业化产品相关实践现状及趋势的探究解读。

第 1 章具有普适性，从毕加索的一幅有趣的作品切入，主要包括三个部分：从《毕加索与公牛》说起、赚钱的产品必须依靠商业化设计、运转机制是商业力量的真正来源。

第 2 章介绍了如何建立商业化思维，主要包括关于商业化产品及商业化、商业化过程的三个要素与三个阶段、商业化的两种宏观战略，并最终指向了两个核心内容：商业化产品的五个运转机制、基于“人、货、场”模型的六种商业化策略。

第 3 章介绍了六种形态的商业化产品及其对应的计费方式，这六种形态的商业化产品分别为实物产品、软件产品、广告产品、会员产品、内容产品、数据产品。从以上六种形态的商业化产品中，我们可以建立多元化的商业化产品变现视角。

第 4 章介绍了从零到壹的商业化产品设计体系，重点介绍了一个面向商业化产品全链路的设计方法——“七步设计法”，包括资源评估、产品定义、交付设计、产品定价、售卖模式、产品包装、产品发布。

第 5 章介绍了从零到壹的商业化产品包装体系。首先，对产品的整体概念进行了解读，一款产品的价值是多层次的，是有形价值与无形价值的结合；其次，介绍了商业化产品的“五层包装法”，主要包括用途包装、品牌包装、使用包装、销售包装、售后包装、运营包装、效果包装、个性化包装、创新包装；最后，介绍了商业化产品包装的成熟度评估。

第 6 章介绍了如何打造一套商业化产品的运转系统，重点介绍了一个面向客户生命周期的“五维运转系统”，主要包括商业触媒、经济系统、客户产品、运营系统、决策系统，主要目的是建立商业化产品的数字化链路支撑视角。

第 7 章介绍了如何建立一套商业化实施管理制度，主要包括策略管理、指标管理、组织管理、流程管理、风险管理。其中，策略管理主要介绍了如何通过各种产品形态来推演商业化策略，是对第 2 章“商业化人、货、场”模型的补充。

第 8 章介绍了商业产品经理的四大能力修养，主要包括什么是商业产品经理、商业产品经理的招聘需求统计、商业化成熟度的五个梯队及岗位需求、商业产品经理的四大能力。

产品经理出身的我，将本书定义为一款产品来设计与写作。可以说，本书是我从业以来最大的产品挑战，倾注了我的全部心血，也彻底掏空了我自己。我相信本书无论是认知类的内容，还是技能类的内容，都能够真正帮助你成长。

三、本书面向的人群

市场上有很多关于产品设计、产品运营方面的互联网类书籍，但从商业化产品尤其是泛化类型这个角度切入的书籍并不多见。本书的最大特色就是聚焦商业化产品，无论是认知提升的内容，还是技能提升的内容，都基于我以往的工作经验和我对互联网行业的深度探究。因此，本书特别适合以下读者阅读。

- **商业产品经理。**如果你是一位刚刚入行的商业产品经理，那么本书的内容特别适合你快速建立一些基础认知，能帮助你形成商业化产品的框架思维，并帮助你快速具备一些基础技能。如果你是一位经验丰富的商业产品经理，那么本书的内容可以帮助你优化认知体系，同时，你可以利用本书中的一些方法论及实战技巧优化并提升个人技能。

- **用户产品经理**。如果你现在从事用户产品的工作，那么本书可以弥补你在商业化产品领域的认知，尤其是各种商业化产品的关键逻辑。当然，如果你想转型为商业产品经理，那么本书正好可以帮助你完成过渡，这包括思维模式的过渡、个人技能的过渡。
- **产品运营人员**。如果你现在从事产品运营的工作，尤其是商业化运营，那么本书除了可以帮助你建立更加宏观的商业化运营视角，还可以帮助你关注商业化产品生命周期上下游的关联工作，进而提升运营的工作效能。
- **互联网创业者**。由于我本人具有连续创业经历，因此本书的很多内容都来自我的创业经验总结。虽然公司所在的行业及业务可能不一样，但是这不影响商业化产品的普适逻辑。本书也介绍了不同类型的商业化产品及案例分析，相信能够帮助你找到一致性。
- **传统企业老板**。对于寻求“互联网+”转型的传统企业老板，尤其是对在转型过程中有强烈的商业化变现诉求的，本书的内容可以一站式帮助你解决互联网商业化的认知及落地实施策略。

本书的内容比较立体化，且前后逻辑关联性较强。总的来说，我还是将本书定位成一本面向商业化产品领域的工具书。当然，阅读的最终目的是能够有所收获，我希望你通过阅读本书，无论是在个人认知还是在个人技能上都能够有所提升，并在自己的实际工作中真正运用。

由于时间有限，加之受限于个人水平及能力，书中难免存在不成熟和不完善的内容。广大读者朋友们在阅读的过程中，如有任何意见或者建议，欢迎随时与我交流探讨，让我们共同进步。我的电子邮箱是 274741427@qq.com，期待您的不吝指正。

杨新雷

2020 年 3 月

读者服务

微信扫码回复：38632

· 获取博文视点学院 20 元付费内容抵扣券

· 获取免费增值资源

· 加入读者交流群，与本书作者互动

· 获取精选书单推荐

Contents 目录

第1章

商业化的过程与力量来源

1.1 从《毕加索与公牛》说起

《毕加索与公牛》是一部动画片，用动画的形式演示了毕加索画公牛的过程。毕加索先画了一头公牛，画得十分写实，它包含了公牛的很多体征细节，比如膘肥体壮、牛皮的明暗、清晰的牛毛、尖尖的牛角等。然而，毕加索在画完这头公牛后并未停止，相继画了第二幅、第三幅……他一张一张地画了下去，直到画完了第十一幅，这幅画只剩下寥寥几根线条，如图 1-1 所示。

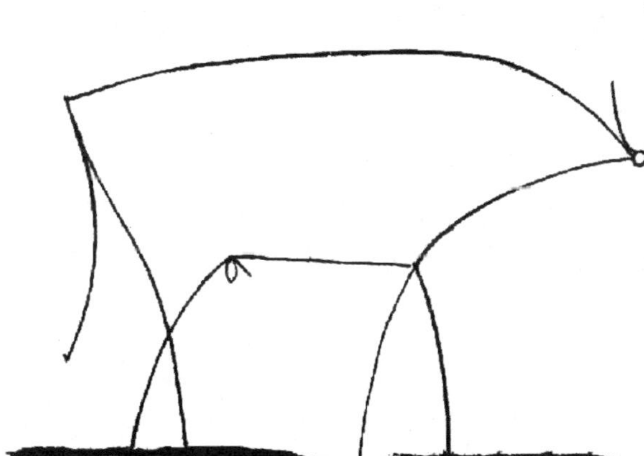

图 1-1

毕加索为什么要画这么多幅公牛呢？因为他要找到“是什么特征能使它被辨识为一头公牛”。毕加索先后去掉了立体结构、明暗光效、黑白灰色块、牛毛、蹄子、五官等细节，并且把它简化成了极简的线条，得到了最后一幅画。虽然只有寥寥几笔，但是我们会发现它依然可以被辨识为一头公牛，而如果再继续简化任何一处，都会导致它不再像一头公牛。

那么，毕加索出于什么原因而要找到一头公牛的极致简化特征呢？他曾经说过这样一句话："我画的不是事物的表象，而是不能用肉眼看出的本质。"当然，我不是学艺术的，无法从毕加索的艺术造诣角度解读，但是从创作思维的视角有自己的一点理解，这个视角即对事物从表象到本质的探寻。

这带给我们很多思考。在当今的商业世界里，由于互联网的发展，传统的商业环境正在变得"面目全非"，世界进入了一种前所未有的复杂状态。复杂化的环境变化带给了我们很多焦虑。我们应该如何升级自己的认知并具备保证生存的个人技能呢？

1.1.1 认知升级的本质是做减法

随着最近几年知识付费经济的蓬勃发展，认知升级成了反复被提到的热门话题。通过不断地学习新的知识、不断地提升个人的认知，很多人感觉确实没有过去那么焦虑了，这是知识付费带来的一个非常重要的价值。越来越多的知识产品开始充斥在人们周围，然而很多参与学习的人却发现了另外的问题：我的认知能力并没有显著提升。

为什么知道的多了反而认知能力没有显著提升呢？这是因为很多人在学习了大量知识后，虽然知道的确实多了，但是这些知识却往往是杂乱无序的、碎片化的，没有分门别类地装进自己的认知框架里，他们不知道何时有用，如何去用。也有很多人没有基于自己真正的目的去学习知识，学了一些无用的知识，这也是因为认知框架缺失造成的。可能有人会问，认知框架是什么？简单来讲，它是一个可以指导你对某一类事物进行解释与行动的逻辑系统。

认知框架一般是极简的，它表达了一个人对某一类事物本质的认知，可以结合"第一性原理"来理解。对于毕加索画的这头公牛来说，我们只要掌握了公牛的最基本存在特征，在任何时候就都可以轻易地分辨它是不是一头公牛，这就是我们对公牛建立起的认知框架。这个框架就像牛体的基础坐标，虽然在它上面可以增加更复杂的体征，甚至可以人为装饰，但都无法改变基础坐标的有效性。

认知框架如何提升认知能力呢？假如你掌握了某一类事物的认知框架，那么你可以实现如下效果：第一，可以用这个框架快速、完整地解释这类事物，提升对事物的辨识能力；第二，关于这类事物的知识学习都可以归类到自己的认知框架里，提升对知识的消化效率；第三，可以有目的地学习相关知识来优化这个认知框架，建立学习坐标。

在职业领域里，我们如何建立自己的认知框架呢？相对于现实事物的复杂表象来讲，建立认知框架需要做减法，创造抽象艺术品的主要原则也是做减法，这两者是相通的。只有将事物复杂的表象一层层地剥离，才能够接触到它的本质。只有在事物本质的基础上才能够产生高效率的认知。

本书主要从不同维度建立了商业化产品范畴的各种认知框架，旨在帮助你实现“认知升级”。这其中包括了对商业化及商业化产品的概念、商业化产品的形态和计费方式、商业化产品设计、商业化产品包装、商业化系统设计等。

说明： 商业产品与商业化产品所表达的概念从交易与流通的角度来说具备一致性，所以本书统一使用“商业化产品”。

1.1.2 技能升级的本质是做加法

通过前面的分析，我们理解了毕加索创作多幅公牛画作的逻辑。假设我们已经达到了“会看画”的水准，那么能否按照这些认知逻辑真正地画出这些画作呢？答案在大多数时候是否定的。我们先不考虑每个人的水平，在大多数情况下都是因为没有同时掌握“会画画”的技能。

其实“会看画”代表了认知水平，“会画画”代表了技能水平。它们的典型区别是认知重在对事物本质的把握，技能重在对事物本身的实现。如果认知升级是在做减法，那么技能升级就是在做加法。比如，对于产品来说，我们只有掌握了对产品各个层次的实现技能，才能够创造出这款产品，而这些技能的掌握就是在做加法，无论是对个人还是对团队都一样。

在职业环境中，企业对优秀人才的需求往往是认知与技能并重的。当然，这两者对于个人来讲都是不可分割的，两者会相互促进。有时也会发生两者错位的情况，比如技能跟不上认知，这个时候人们就会干着急，产生另一种形式的焦虑。我相信很多人都有这样的经历，即看着某个产品或者项目的逻辑很清晰，但当自己真正实现的时候就是另外一回事了。

为了避免这种焦虑，在职场工作中我们需要同步提升个人认知与技能，其实就是将理论与实践相结合。本书在商业化认知提升的基础上做了大量的案例分析，同时介绍了可以用于实战的工作技巧，旨在帮助你完成从认知到技能的整体能力升级。

1.2 赚钱的产品必须依靠商业化设计

无论是对艺术的认知还是绘画技能，毕加索都达到了超凡的境界，同时还是一位营销天才。在他 91 岁高龄与世长辞的时候，除了一生创作的数万幅画作，更留下了巨额财富。

毕加索是如何通过艺术创作获得巨额财富的呢？原来他在每次出售画作之前都要先开画展，并邀请他的各位画商朋友前来参展。对于展出的每一幅画作，毕加索都向来参展的人讲述其背后的创作故事。在毕加索的展览造势下，每幅画作瞬间由冰冷的平面变得立体多姿，都具备了生命力与感情。画商会因为这些关于画作的故事而更愿意出高价购买，这就像现代商业的“品牌故事”一样。

从商业的角度来看，毕加索无疑是非常成功的。与他形成鲜明对比的是另外一位艺术大师——凡・高。毕加索与凡・高虽然都是艺术大师，在艺术造诣上难分高低，但毕加索辉煌一生，而凡・高却穷困潦倒。凡・高在世的时候只卖出过一幅作品，且饱受精神疾病困扰，最后死于自杀。虽然在他生前他的画作无人问津，但是这并不影响现在受人追捧。

为什么凡・高贫穷，而毕加索富有？这是因为凡・高止步于艺术领地，而毕加索却同时踏入了商业领地。

1.2.1 从一幅画作到一款商品的转换

如果仅仅是一幅画作，那么很难让人付出大笔金钱。与画作相比，人们更愿意倾听画作背后的故事。与凡・高的大多数画作相比，毕加索出售的已经不仅仅是一幅画作，更多的是一款具备丰富价值感与用户体验的商品。下面从现代商业视角还原一下这个过程。

1. 生产环节：毕加索创作一批画作

想要卖得好，先要画得好。以毕加索的艺术造诣，画作的质量自然是有保证的。对于一款商业化产品来说，好的用户体验是产品赢利的保证。一款产品在研发完成后，仅仅是一个作品，还不能称为商品（商业化产品）。

2. 包装环节：毕加索举办一次画展

想要卖出去，必须依靠销售渠道。毕加索举办一次画展的目的是建立一个画作的展示窗口（即销售渠道），让画商能够在更加合适的场合看到这些画作。画展与装裱是对画作的一种商业化包装，让画商能够现场品鉴。对于一款商业化产品来说，产品在研发完成后，必须通过卖点提炼并针对各种售卖渠道进行有针对性的商业化包装，以更好的商业体验触达目标客户。

3. 推广环节：毕加索邀请画商参展

想要卖得动，必须有人来。毕加索能够邀请到多位熟识的画商参展，正是依靠与这些画商的社交关系。这些画商因为欣赏毕加索的艺术而愿意与其结交，并与其维持长期合作的关系。对于一款互联网产品来说，要想获得长久的赢利需要稳固的客户群体，甚至粉丝客户、超级用户。

4. 运营环节：毕加索讲述画作的故事

想要卖得好，必须有故事。毕加索为每幅画作讲述的创作故事正是在为画作赋能。对于一款商业化产品来说，好的产品理念或者品牌故事更能打动客户，结合各种内容营销手段为产品造势是获得高销量的有力举措。

5. 销售环节：毕加索溢价卖出画作

想要加价卖，必须有竞争。毕加索还利用了竞争性原理。由于每幅画作都是独一无二的，在多位画商参展的情况下，画商对画作形成了竞争购买。

毕加索通过以上过程成功地将画作转换为商品卖了出去，这就是典型的产品商业化过程，这个过程促成了从一幅画作到一款商品的转换。在这个过程中，毕加索针对画作实施了一系列商业化举措，最终达到了获利的目的。我们可以看出，凡·高在生前基本徘徊在商业化过程的第一步，并未实现有效的商业化。

本书提供了一个从 0 到 1 设计一款商业化产品的实战路径（见第 4 章），一共分为七个步骤。这七步分别是资源评估、产品定义、交付设计、产品定价、售卖模式、产品包装、产品发布。

1.2.2 从单一价值到多重价值的包装

在以上的商业化过程中有多处对产品价值的包装手段，其中最关键的是针对画作的故事包装。故事包装实现了以下价值：第一，对画作进行了定位，让画商能够理解这幅画作的创作意图；第二，赋予了画作内涵，让画商被故事打动而不仅仅被画作本身打动；第三，对画作赋予了鉴赏视角，让画商能够从故事的各个角度进行品鉴。以上这些价值最终都通过溢出的价格交付给了画商。

通过画商购买毕加索的画作，我们能够看到，其实画商不仅为画作本身付出了金钱，还为它背后的故事付出了金钱，甚至包括毕加索的名气、毕加索的社交圈价值，即画商为画作的多重价值付出了金钱，这些价值综合在一起就是画作的整体价值。正因为毕加索对这些价值进行了不同程度的包装，才踏上了获取巨额财富之路。因此，赚钱的产品必须依靠商业化包装。在互联网的商业世界里，针对一款产品的商业化包装要复杂得多。一款产品在具备多重价值的情况下，我们到底应该如何对它进行全方位的价值包装呢？

本书提供了一个基于产品五层次结构的视角，让你能够完整地看待产品的整体价值。这个视角即菲利普·科特勒的产品五层次结构理论：核心产品、基础产品、附加产品、期望产品、潜在产品（见第 5 章）。同时，本书基于这五层次结构建立了一整套的商业化产品包装体系，即“五层包装法”。

1.3 运转机制是商业力量的真正来源

一款产品如何从零开始商业化并实现财富回报？相信做过商业化产品的人都知道，这与很多因素有关，这些因素都影响着产品的商业化能力，我们称之为商业力量。那么决定商业力量的最重要的因素是什么呢？可能有的人认为是资本，有的人认为是创始人的智慧，也有的人认为是极致的产品。总之，在当下各种互联网舆论中，我们能够听到的绝大多数声音都在描述这些对象。当然，它们确实非常重要。它们是商业力量的真正来源吗？

1.3.1 通过运转机制实现商业化变现

乔布斯说过，大多数人认为产品设计是关于外观和感受的，但如果继续深挖，那么设计其实事关产品如何运转。

讲到运转，更确切地说是商业化产品的运转机制，它关注的是通过商业运作来创造价值、传递价值、获取价值。在商业世界里，这些价值都是通过商业化产品的运转机制产生的。只有让价值通过一套机制在商业网络中流动，才能够产生商业回报。毕加索与凡•高的财富差距告诉我们，靠个人智慧可以创造绝世艺术，但让艺术产生财富需要依靠商业运作。

在《罗辑思维》的一期内容中曾经讲述过力量的来源这个话题。无论是在商业世界还是在现实生活中，人们往往惊叹于强大的力量，惊叹于力量所创造的伟大成就，但对于这种力量是如何产生的却少有人能够探明真相。实际上，力量的来源要比力量本身更重要，这决定了我们能否抵达想要的世界。在现代商业世界中，商业力量的真正源头是有效的组织协作，而组织协作必须建立在一套完整的运转机制基础上。比如，对于苹果公司来说，它首先建立了一套软件与硬件结合的商业运转机制，然后通过强大的供应链协作体系和遍布全世界的喜欢苹果产品的用户，造就了强大的商业力量。对于阿里巴巴来说，其财富源头是它编织了一个庞大的社会协作网络，而这得益于阿里巴巴的商业运转机制构建，这让它实现了“让天下没有难做的生意”。

1.3.2 为商业化产品设计运转系统

产品通过运转机制实现变现，在互联网商业世界里，运转机制也实现了数字化并与产品深度融合。这会带来什么后果呢？我们将无法单纯地设计一款产品，而需要围绕这款产品设计一整套运转机制。那么到底什么是运转机制？互联网产品的运转机制往往包括哪些核心设计要素呢？我们还以毕加索的画作为案例，假设毕加索“穿越”到了互联网时代。

1. 毕加索搭建了一个官方网站

毕加索依然继续举办画展，同时搭建了一个官方网站（简称官网）。这个网站就是毕加索的卖画门户，里面包括了毕加索的个人信息、各种画作信息等。每当有新的画作时，毕加索都会发布到官网上。不仅如此，他还开通了微信公众号，定期推送他对艺术的理解。

2. 毕加索创作一批画作

毕加索依然像过去那样创作画作，但是现在他在创作完成后，还要给画作拍照并上传到官网。在官网上，毕加索会对画作进行详细的介绍，这包括以前在画展上给画商讲的故事。毕加索甚至还为此拍摄了关于故事的生动视频。

3. 毕加索通过网站卖画

我们不仅可以通过毕加索的官网查看画作，也可以在线购买画作、在线预订画作、在线拍卖画作。

4. 毕加索运营推广网站

毕加索通过各种手段运营他的网站，以前主要面向固定的画商群体，现在通过网站可以面向更多画商。他还引入了促销类的手段，比如搭赠一些精美的礼品。他还建立了一个粉丝社区，画商和个人粉丝可以在社区里讨论艺术作品。

5. 毕加索在线管理生意

毕加索每年都会卖出大量画作。为了更好地管理并做好生意，他需要知道哪类画作卖得多、哪类画作卖得不好、哪类画作的价格高、哪类画作的评价数多等一系列分析数据，而官网提供了这些数据。

对于互联网产品，我们需要为其设计一整套运转系统，即实现商业化过程的数字化运转，而这套运转系统正是基于商业化产品的运转机制的。

以毕加索的“穿越”案例为例，我们将运转机制所需要的支撑系统进行归类。这包括以下几类：第一类，毕加索宣传自我及画作价值的媒介，即官网、自媒体等；第二类，毕加索创作的画作和画作的数字化，即真正卖出的实体产品和上传到网站的视觉产出物；第三类，毕加索在线卖出画作的交易系统，即直购、预订、拍卖等系统；第四类，毕加索为了更高效地卖出画作所使用的在线促销产品，为了保持消费黏性所使用的社群运营产品；第五类，毕加索为了获得消费数据所使用的数据管理产品，比如销售统计、客户评价等。

本书提供了一个设计商业化产品运转系统的实战方法（见第 6 章）。

通过毕加索的案例，我们大致能够了解一款产品的商业化过程和如何利用运转系统实现变现，在后续的章节中我们进一步探索，深入理解与实践，一起踏上商业化产品的变现之路。

第2章 从用户思维到商业化思维

导读： 本章从一些最基本的、最底层的商业化概念和逻辑入手，结合案例的分析让你建立对商业化产品的基础认知，形成初步的商业化思维。

2.1 关于商业化产品与商业化

2.1.1 什么是商业化产品

在当前的互联网环境中，提到商业化产品，有的人会马上想到基于 CPC（Cost Per Click，每点击成本）、CPM（Cost Per Mille，每千人成本）等的广告产品，也有的人会想到各种会员产品，这些都是互联网行业最早出现的商业化产品种类。随着互联网行业的飞速发展和各大互联网公司基于赢利的核心诉求，商业化的场景和变现产品的种类越来越丰富与多样化。

商业化产品几乎每天都被人提及，但却很少有人能够直接给予商业化产品一个准确、权威的定义。在互联网行业中，我们可以尝试对商业化产品进行广义的、偏学术的解释：具备使用价值且以赢利为目的的产品。

此处结合本书阐述的内容边界对商业化产品的释义做以下补充说明。

1. 本书中的商业化产品针对所有以赢利为目标的产品

商业化产品就是用来赚钱的产品。比如，我们可以通过卖软件赚钱、卖硬件赚钱、卖广告赚钱、卖会员服务赚钱、卖内容赚钱，这些可以变现的产品都是商业化产品。这就将一些公益性的、非赢利性的产品或者项目过滤掉了，比如维基百科。

2. 本书中的商业化产品只针对互联网产品

因为本书是从互联网的角度分析商业化产品的，所以“商业化产品”在无特殊说明的情况下只针对“互联网产品”。互联网产品的概念是从传统意义上的“产品”延伸而来的，是在互联网领域中产出而用于经营的商品，它是满足互联网用户需求和欲望的无形载体。

简单来说，互联网产品是依托互联网提供的产品，这里的产品包括但不限于功能、内容、服务等。理论上，能够通过互联网形式为用户提供价值的产品都属于互联网产品，即产品形式既可以是软件，又可以是硬件，既可以是有形的，又可以是无形的。从这个角度来说，能够通过互联网形式为用户提供服务的公司都属于互联网公司。

案例 1: 小米公司。人们最开始可能认为它是一家手机公司，或者是一家传统的 IT 硬件企业。但雷军多次强调，小米不只是一家智能手机厂商，更是一家互联网公司。

智能手机只是一个载体，就像苹果手机只是苹果系统服务生态的入口。小米基于安卓系统深度定制了自己的 MIUI 系统，并与手机硬件结合打造了庞大的移动互联网平台。在这个平台上，小米为庞大的用户群提供软件、硬件、服务等产品。小米甚至还通过互联网模式打通了产品流通的渠道，比如，米家有品 App，以及小米线下渠道（小米之家）等。小米官网如图 2-1 所示。

图 2-1

发展至今，小米还通过庞大而先进的智能硬件生态链布局和持续投入的云服务，建立起了规模庞大的IoT（物联网）平台，并且在国内AI领域率先取得产品商业化落地的成功。

案例2: 滴滴出行。一辆出租车在加入滴滴平台之前，如果按照传统的方式接送乘客，那么这个过程跟互联网没有任何关系。在加入滴滴平台之后，乘客通过滴滴平台发送出行请求，出租车司机通过滴滴平台接单并接送乘客，在到达目的地后乘客直接在滴滴平台上支付车费。整个服务过程是通过滴滴平台实现信息交互的。因此，滴滴的出行服务也是互联网产品。

发展至今，滴滴的出行服务产品线已经非常丰富，通过多重业务带给了用户更多的选择，除了滴滴出租车之外还有滴滴快车、礼橙专车、滴滴顺风车、滴滴豪华车、滴滴代驾、滴滴公交、青桔单车。

3. 本书中的商业化产品面向广义的商业化从业者

从互联网商业化产品的生命周期中延伸出了多元化的、特有的职能岗位。比如，商业化方向的产品经理在不同类型的企业中的职能存在差异。与用户产品经理相比，商业产品经理的职能种类更丰富。互联网企业的商业化部门或者商业产品部门的目标产品岗位主要有面向商业需求的产品经理、面向平台系统的产品经理、面向策略机制的产品经理、面向数据分析的产品经理、面向支付结算的产品经理、面向运营增长的产品经理等。再比如，商业化方向的产品运营往往更能决定产品的售卖标准。

在打造商业化产品的过程中，各种类型的产品经理、运营人员、市场营销人员等均会通过不同的形式贡献自己的力量，通过协作共同实现商业化目标。本书虽然聚焦于产品打造，但是读者对象可以延伸为广义的商业化从业者。

2.1.2 什么是商业化

1. 商业化的概念

商业化产品是一个对象的概念，而商业化却是一个动作的概念，可以被理解为举措或者行为，同时也是一个过程的概念。任何创业项目或者产品都要回归商业本质，企业只有让产品实现商业化才能够赢利，才能够存活与发展。

商业化指的是权利人以自由、平等的交换为手段，以赢利为主要目的的行为。下面转换为更容易理解的语言描述：

（1）从商业流通角度来看，商业化是指以生产某种产品为手段，以赢利为主要目的的行为，即商业化就是用产品换钱的行为。

（2）从价值交付角度来看，商业化是指基于产品价值的交换过程。企业通过创造产品价值并将价值交付给用户，同时获取商业回报，即商业化就是用价值换钱的行为。

综合以上两点，产品商业化的过程就是产品寻求商业化变现的过程，所有对产品的投入只有通过变现才能最终体现商业价值。

2. 商业化与产品的关系

商业化与产品之间存在什么关系呢？主要表现在以下两个方面。

第一，商业化直接实现产品的商业价值。商业化可以直接将免费产品或者试验产品转变为收费产品。目前市场上存在很多免费的产品，这些产品都不是商业化产品，但可以称为用户产品，因为不能否认它的使用价值，而要想成为商业化产品就必须进行商业化。比如，很多人工智能实验室的产品都处在商业化场景探索阶段，而一旦走通场景，就可以直接实现商业化变现。

第二，商业化间接转化产品的商业价值。有些产品可能无法直接变现，但是可以为其他变现的产品提供变现的驱动力，主要表现有为变现产品带来了流量、用户等。比如，360 杀毒软件是 360 安全中心出品的一款免费的云安全杀毒软件，虽然它是免费的，但是可以为下游的浏览器带来用户与流量，从而实现广告变现。

只有成功地实施商业化才能够达到变现目的，从而塑造出成功的商业化产品，而一直在摸索赢利模式但始终没能成功商业化的失败案例太多了。从企业角度来看，产品需要通过商业化创造商业价值，获取商业回报；从投资的角度来看，产品是否具备商业化的能力和投资回报率高低等越来越成为该产品是否能够获得持续投资的核心依据。任何企业或者投资者都无法容忍一款没有商业价值的产品在企业中长期存在。价值缺失造成的产品商业化失败的案例很多，甚至可能最终导致了公司的破产。

3. 商业化催生新物种

在当下的商业环境中，很多原本没有进入商业流通领域的事物，在互联网经济的驱动下已经转化或演变为可以流通与交易的新型商业化产品。这样的新型商业化产品很多，如知识付费产品、大数据产品等。

知识付费产品在近几年逐步形成了标准化的知识型商业化产品，并且实现了规模化的变现，这更能彰显知识创作者的价值。知识付费产品是一种内容产品，经过一步步进化，将知识作为标准化的商品进行交易。知识付费模式已经被初步验证，各个领域的知识付费服务平台层出不穷，比如得到、混沌大学等。得到、混沌大学的 App 页面分别如图 2-2 和图 2-3 所示。

图 2-2

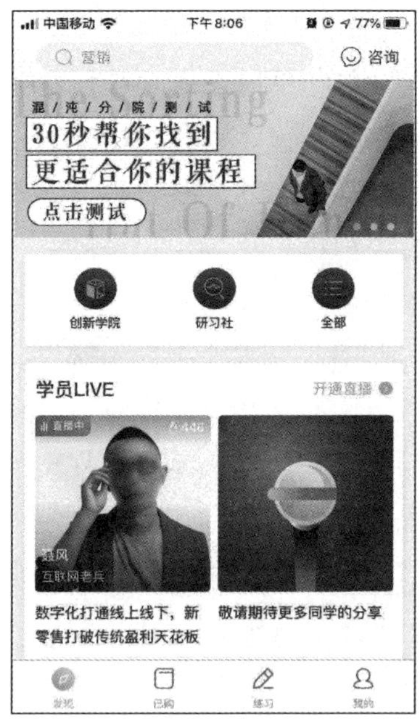

图 2-3

2.1.3 商业化产品与用户产品的五个差异

在互联网行业中，商业化产品被拿来对标用户产品，无论是在终端市场还是在企业内部，都界定了明确的边界。很多互联网公司都有独立的用户产品部门与商业化产品部门，旗下各种类型的产品经理各司其职。商业化产品与用户产品存在很多交集与共性，当然也存在诸多差异性，我们从以下几个方面来做分析。

1. 产品价值

用户产品的价值主要是通过满足用户需求，提供良好的用户体验，吸引大量用户使用；商业化产品的价值是在尽可能保证用户体验的同时实现商业化变现。客观地说，商业化产品的设计如果只顾赚钱就可能会影响用户体验，甚至造成用户抱怨与流失。因此，商业化产品设计的基本原则是实现产品的商业价值与用户价值共存，这有点像太极，独阴不生，独阳不长。

从产品设计的角度来看，互联网业内有个 BTU 三圈论（如图 2-4 所示）：Business（商业）、Technique（技术）、User（用户），即一个好的商业化产品应该兼顾三者。

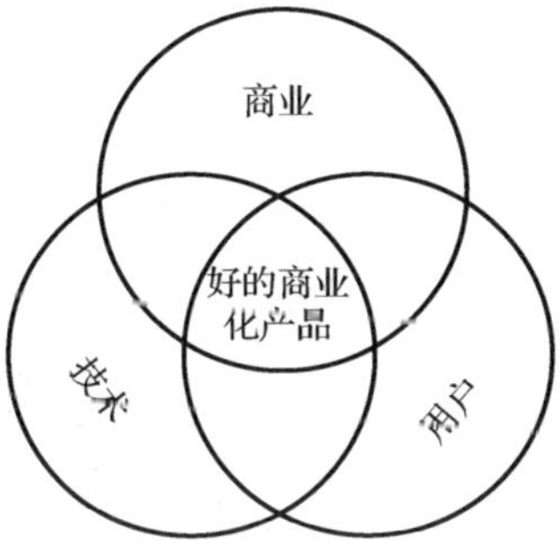

图 2-4

案例：用户使用微信的第一需求是社交。当商业化产品团队在试图挖掘平台商业化潜力，进而植入商业化广告产品的时候，就要非常注重广告体验与社交体验的融合。微信的朋友圈广告如图 2-5 所示。微信认为“广告，也可以是生活的一部分”，通过合理的广告内容控制与投放策略，使得朋友圈广告曝光得非常自然，原创化的内容就像来自用户身边的一位朋友，用户往往感受不到被打扰。

图 2-5

2. 目标受众

对于用户产品来讲，它只需要考虑目标受众并提供满足用户需求的产品即可。而商业化产品则不仅要考虑使用者，还要考虑实际的购买者。商业化产品的购买者与使用者有时候是一体的，有时候是分离的，即购买产品的人有时候并不是实际使用产品的人。当然，两者一体容易理解，比如我付费购买了一门自己喜欢的在线课程，然后自己学习并消耗课时。那么怎么理解两者分离呢？

比如，对于一款人力资源管理系统，购买系统的是企业（由企业买单，关注带来的企业价值），而使用系统的是公司的人力资源部门员工（被员工使用，关注工作效率提升）。

从这个例子中衍生出的问题是，购买者与使用者的分离可能会对我们造成困扰。这表现为我们在进行产品商业化包装的时候，是倾向于包装产品的企业价值还是人力资源部门员工的受众价值？我们在做营销推广的时候，是关注企业决策者还是人力资源部门员工？

通常的做法：①在产品商业化包装方面，以包装对企业的综合价值为主，以包装人力资源部门员工的个体价值为辅。因为企业是购买者，需要了解产品的整体价值回报。②在目标受众推广方面，以面向人力资源部门员工推广为主，以面向企业决策者（比如，老板）营销为辅。因为人力资源部门员工是使用者，所以我们需要确保场景效果最好（即真的管用）。在现实的企业经营过程中，此类部门的应用型系统往往由部门依据预算发起采购申请。当然，此类案例不是绝对的，比如由企业决策者直接主导企业数字化整体实施。

3. 产品体验

用户产品更加注重用户体验，而商业化产品要兼顾商业体验与用户体验。对于用户产品，良好的易用性、良好的交互效果、良好的美观性往往是优先级比较高的需求；对于商业化产品来说，优先级从高到低往往是效果的达成度、功能的满足度、性能的满足度、良好的易用性、良好的美观性。

由此来看，用户购买商业化产品往往有明确的利益目的，即“看疗效”。比如，产品给用户带来更多商机、更高知名度，让用户更高效地工作、节省更多经营成本、学到更多知识等。以百度推广为例，商家之所以选择购买推广产品，是因为通过精准投放能够获得有效的销售线索。用户产品在很多情况下是免费使用的，因此更加追求给予用户良好的使用体验以增加用户黏性，这是产品实施商业化的基础条件。

4. 运营目标

从运营目标的角度来看，商业化产品带有明确的业务目标，由此建立的商业化指标往往包括销售量、销售额、复购率、销售增长率等；用户产品更加侧重于通过运营手段让更多的人用，从而实现用户增长，增加用户黏性及留存率，这类用户指标往往包括注册用户数、活跃用户数、用户留存率、用户流失率等。

案例 1: 从某个信息流产品的用户运营岗位职责看用户指标。

（1）负责信息流产品的数据增长，以提升日活跃用户数（Daily Active User，DAU）为最终目标。

（2）研究用户行为，分析用户画像、用户路径及活跃周期，通过用户调研和数据挖掘深度洞察用户需求，优化漏斗，负责用户触达、转化、留存的全链路转化提升。

（3）负责各种基于社交生态的产品运营机制/病毒传播的流程设计、效果评估和改进。

（4）熟悉 A/B 测试，保证效率，用实验和数据驱动运营、产品做出迭代。

（5）协调利用资源，探索新增方案并持续优化。

（6）设计增长方案，推进相应策略，建立长期稳定的方法论，保证长期效果。

案例 2： 从某个信息流产品的商业化运营岗位职责看商业化指标。

（1）负责商业广告产品的落地和运营，达成商业收入目标。

（2）对复杂的商业化产品进行卖点提炼、产品包装，并完成对销售、运营体系的产品培训，提升业务体系对产品的理解。

（3）基于对用户的理解和业务现状，进行产品应用方法论的沉淀和推广，提升用户对产品的应用能力。

（4）制定产品/项目的运营目标，统筹协调产品、市场、销售等资源并通过有效手段影响业务体系，推动目标达成。

（5）及时收集市场、用户和业务团队的推广反馈，并提炼产品优化建议，推进产品持续迭代优化。

当然，以上两类指标往往并不是绝对划分的，受变现模式的影响较大。比如，一款 App 产品在商业化前基本只关注用户指标，而一旦选择了通过付费会员产品变现，产品运营人员就要同时关注用户指标与商业化指标，即通过关注用户整体生命周期来提升会员转化率。如果选择了通过广告产品变现，就意味着用户（流量）运营与商业化运营分离了，因为用户（流量）运营面向个人用户实现用户增长目标，商业化运营面向企业用户实现营业收入（简称营收）目标，并且在很多互联网公司中这两者分别由用户产品（增长）部门与商业产品部门负责。

5. 产品设计策略

从当前互联网产品的发展趋势来看，用户产品设计策略更多地指向用户增长与用户体验，比如今日头条等信息流产品的内容推荐策略、BOSS 直聘等互联网招聘产品的人岗匹配策略等。商业化产品设计策略则意味着应用场景更多元化，策略型产品涉及的具体策略包括但不限于推荐策略、搜索策略、数据抓取、供给策略、风控、安全、反作弊等。

2.2 商业化过程的三个要素与三个阶段

2.2.1 商业化过程的三个要素

产品商业化本质上是一个价值交换的过程，而从产品生产者角度（即企业角度）来看，是一个价值交付的过程。那么价值交付的过程是什么？ 商业化过程的三个要素如图 2-6 所示。

图 2-6

价值交付依据实现次序通常会关注三个核心要素：第一，创造价值，即产品为用户创造了什么价值；第二，传递价值，即企业如何将产品价值传递给用户；第三，获取价值，即企业最终获得了什么回报。

案例： Salesforce 通过先进的客户关系管理（Customer Relationship Management，CRM）系统为企业解决了按需应用的客户关系管理，这就是创造价值；Salesforce 通过各种线上与线下的营销渠道让企业知道、了解并最终购买它的 CRM 产品，为企业提供专业的售后服务，这就是传递价值；Salesforce 通过发展大量的企业购买及使用 CRM 产品获得了巨大的商业回报，这就是获取价值。

从以上分析中可以看出，产品商业化的所有行为都围绕价值展开，这里的价值其实是一分为二的，即包含用户价值与商业价值。结合企业的商业诉求，我们来分析针对这三个要素的企业双向关注点。

1. 创造价值

（1）用户价值。产品需要有用户价值，能给用户带来各种利益。以用户为中心的产品设计或者运营本质上都指向了用户价值，这是产品商业化的基础。

（2）商业价值。产品商业化的表现形式是，用户认可产品的价值并愿意为此付费。要实现付费就要求企业提供可以购买的产品（即产品化），这包括了合适的产品价格及服务。

案例： 以软件产品为例，软件在免费提供给用户使用的时候，只创造了用户价值，这个时候的软件是没有被挖掘商业价值的，而一旦实施了商业化，设计了付费版本，软件的商业价值就被挖掘了，即同时创造了商业价值。一款软件首先要具备用户价值，这是实施商业化的基础。

需要注意的是，互联网行业的产品价值创造往往是一项持续的工作，对于任何一款产品，它的价值都不是被一次性创造并交付的。就好比一款软件、一款游戏、一个会员资格，当我们在付费使用它们的时候，它们自己也在迭代升级，这为我们带来了新的产品体验，带来了新的价值，这是与传统商业化产品一次性价值交付的重要区别。

2. 传递价值

（1）价值内容。企业到底传递了什么样的产品价值？是有形的价值还是无形的价值？这些价值除了产品本身（如功能属性），还往往包括了各种无形价值。如果价值形式不同，就需要不同的团队去实现传递（或者叫交付）。这些价值形式往往包括了品牌价值、服务价值（售前、售中、售后服务）、优惠价值（产品折扣、赠品等）等。

（2）传递方式。企业通过什么方式实现了产品价值传递？传统的产品价值传递模式往往都是线下模式，比如在线下购买某个产品可以现款现货，在线下购买某项服务可以现场享受等。互联网让传递方式更加丰富，比如通过电商平台在线购买（不用现款了）、快递到家（不用现货了）。

3. 获取价值

（1）用户价值回报。企业在产品商业化过程中，会因为产品运营获得丰富的数字资产，往往表现为沉淀大量的用户行为数据、用户消费数据、用户信用数据等。这些数据都可以通过挖掘分析来指导业务决策。

（2）商业价值回报。企业实施商业化的最终目的是赢利，即获得经济回报。从获取价值的角度来看，用户价值与商业价值是同步获取的。

总结：通过以上三个要素的分析，在价值的创造、传递、获取过程中，用户价值与商业价值是一个产品不可分割的整体。此外，了解这三个要素是基础，它们组成了一个最基本的商业化过程逻辑，但因为内容高度概括而显得比较笼统。更加完整的商业化产品的价值分析见第5章的相关内容。

2.2.2 商业化过程的三个阶段

很多人可能会觉得商业化过程很复杂，如果从不同品类产品的商业化细节过程考量，那么确实复杂。我们可以换一个宏观的角度考虑，先梳理出商业化过程的框架阶段。此处结合商品二要素的实现（即实现使用价值与交换价值）进行分析，可以先得出建立商业化过程的两大核心阶段：产品化阶段、商业化阶段。产品价值实现与商业化过程如图2-7所示。

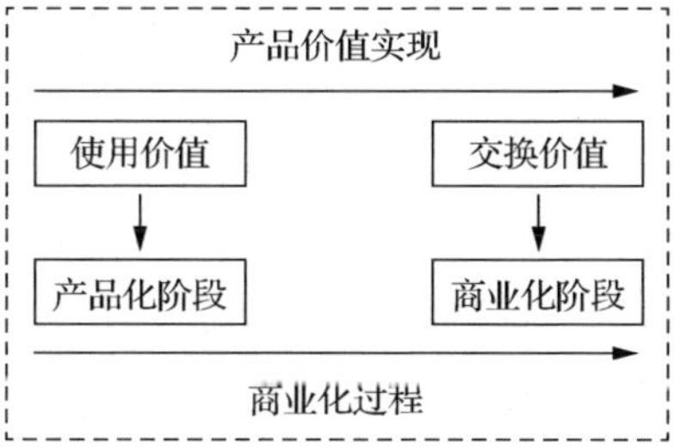

图2-7

1. 产品化阶段

问题一：为什么要产品化？

案例：刘润老师的一篇文章《产品化：你是身怀绝技的一组能力，还是用户界面友好的产品？》直观地解释了这个概念。

文中提到，罗振宇想邀请刘润老师在得到App上分享商业知识，做一款“知识产品”，每天用5分钟解决一个商业问题。在刚开始时，刘润老师觉得挺容易，心想有丰富的讲课经验，每天只要抽些等飞机、等开会的零碎时间，随便说几句就可以了。结果罗振宇否定了他的这个想法，说他的语音没有“产品化”。

那什么是产品化呢？文中提到了四点：第一，产品化首先要有对象感，即打算对谁来讲；第二，产品化要有场景感，即要明确用户收听场景；第三，产品化要有价值感，即要明确用户能够学到什么；第四，产品化要有结构感，即要明确课程体系与当前位置。

最后，刘润老师总结，产品不是技术或者能力的输出。技术与能力是属于你的，而产品是属于用户的。

这个案例中的产品是知识产品，扩展到任何类型的产品都是适用的，我们套用互联网产品的规划设计流程来对标一下这四点，如图 2-8 所示。

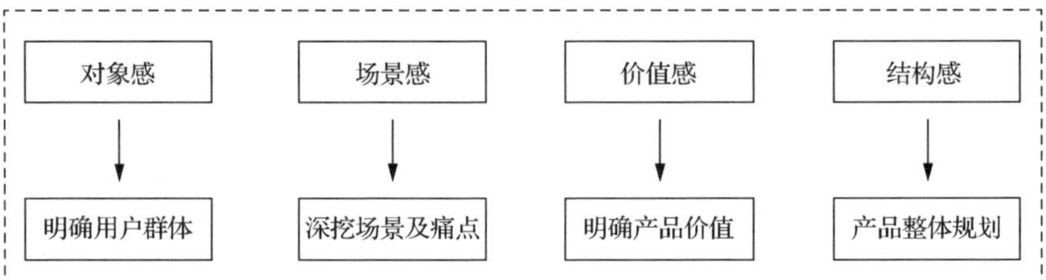

图 2-8

如果你做过互联网产品设计，那么是否感觉立刻回到了熟悉的视野中？由此可见，任何产品的商业底层设计逻辑都是一致的，只不过在不同阶段的实现手段有差异。比如，在产品的整体规划阶段，知识产品可以做课程和学习体系规划，软件产品可以做整体软件功能规划，硬件产品可以做整体硬件模块规划。产品在规划完成后，往往就会流转进入研发过程，继而最终发布（Release）。

基于以上案例分析，产品化的意义在于，将用户需求（功能需求、内容需求等）做成标准化产品，如果没有事先产品化就无法实现商业化。我们可以用学术一点的表达来描述，没有使用价值就没有交换价值。比如，我要卖一门课程，首先要将课程产品化，然后定价售卖。

问题二：在产品化阶段如何实现产品交付？

这是一个偏技术的问题，但这个问题的解决可以解释互联网产品的价值交付逻辑，这是它与传统商品一次性交付产品价值所不同的本质原因。

举例来讲，当我们运营一个面向企业的云服务平台时，如何从每月、每周甚至每天发布的新功能和新产品中获利？哪种产品的交付模式拥有更高的赢利效率和更低的经营风险？众多产品如何通过序列化交付建立最佳赢利模式？从商业化效果的角度出发，公司需要评估产品交付模式对商业化变现的战略影响。

随着以用户为中心的经营理念深入市场，任何商业化产品和建立的商业化过程都需要具备很强的用户适应性，保持对市场的高度敏感。以软件产品为例，结合刚才的问题，下面介绍一个有代表性的产品交付模式：持续交付，以此整体看待商业化过程与产品价值获取的关系。

在《敏捷性思维：构建快速更迭时代的适应性领导力》（吉姆•海史密斯著，张瀚文译）一书中提到：

持续交付的实践和原则旨在鼓励与软件交付过程中相关的每一个人更好地协作，以便更加快速、可靠地发布有价值的软件产品。持续交付作为敏捷实践的一项外延，可以提前而频繁地向用户传递价值。

随着移动互联网的飞速发展，整个数字经济的特点就是商业环境日新月异。这种“对速度的需求”已经彻底改变了产品的开发模式和交付模式。在这种情况下，持续交付能力已经成为企业的核心竞争力。

如果你亲身经历过产品生命周期，那么你一定理解速度（敏捷）的必要性。如果公司实施了持续集成（CI）和持续交付（CD），那么开发与交付周期都要比过去短得多。几乎所有领先的互联网企业都在实施持续交付。我们如何界定这种持续的交付模式与产品价值（使用价值+交换价值）获取关系呢？产品商业化过程与产品价值持续获取的对比如图 2-9 所示。

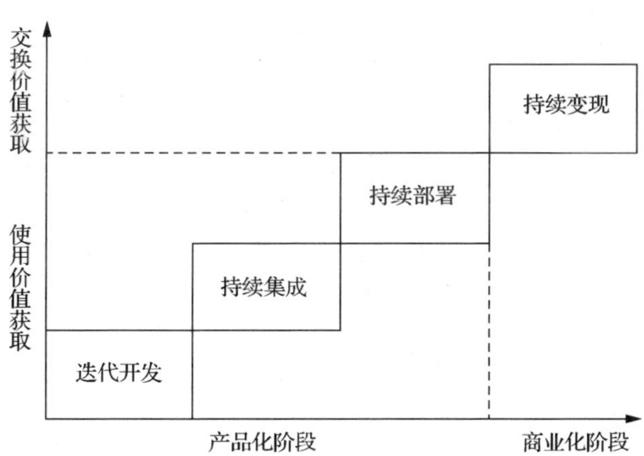

图 2-9

在商业化过程的两个阶段中，产品化阶段通过持续地迭代开发、持续集成、持续部署实现了产品的使用价值（用户价值），完成了产品交付；商业化阶段通过利用各种运营、营销、服务等策略进行持续变现，实现了产品的交换价值（商业价值），达到了公司的赢利目的。

总的来说，持续交付是体验经济时代的典型交付策略。对于某些产品来说，持续交付能够创造出更高的营业额，而对于另一些产品来说，则会降低企业经营成本与风险。同时，持续交付不仅是产品化阶段的交付策略，更贯穿了产品商业化的整个过程。产品化阶段的任何一个交付动作都要考虑对产品价值的整体影响。比如，在产品化阶段，持续交付的产品功能只有在同频率的运营工作步调配合下才能够获得预期的商业化回报。

2. 商业化阶段

说明：这里的商业化阶段相对于产品化阶段而言，是指商业化开始切入及以后的过程。

主题一：让产品具备完整的商业价值

产品化阶段输出的产品通常具备了用户价值（使用属性），但要想卖给用户，产品就必须具备商业价值（商业属性）。实现商业价值就是商业化阶段的目标。下面通过两个典型的策略来看如何实现商业化，更多的策略见后续章节。

情况一：通过给用户产品直接定价变现。比如，给一门课程定价并售卖、给一款软件定价并售卖、给一款硬件定价并售卖。

情况二：通过用户产品产生的资源变现。在这种情况下，产品化的意义在于，将具有商业价值的对象（流量、流水等）做标准化产品设计，直接实现商业化。比如，我有一款具备规模化用户的产品，然后将流量资源提炼设计成广告产品来实现商业化。再比如，我有一个具备稳定入驻商户现金流的第三方平台，然后将资金流水提炼成抽佣分成产品来实现商业化。

主题二：让产品展示完整的商业价值

与产品的使用价值相比，产品的商业价值同样需要展示给用户，比如产品品牌、产品特色、产品优惠、售后服务等。从用户的角度来看，他需要全方位地了解这款产品，进而为是否购买而做出决策。这需要为产品建立一套很完整的商业化包装体系。

总结： 我与很多创业者讨论过关于产品商业化的话题，涉及的产品种类很多，产品所处的阶段也不相同，有已经成功商业化的产品，也有尚未商业化的产品。每位创业者都有自己的核心竞争力，如果只从商业化能力评估，那么每个人对商业化的理解深浅不一，商业化实践水平高低不同。仅从发现的问题来看，有的人不擅长分析商业化场景、有的人不擅长制定价格策略、有的人不擅长售卖模式设计、有的人不擅长商业化包装、有的人不擅长交付流程设计等。当然，任何人都不是全才，但关键要建立商业化意识，或者通过团队其他成员来互补完成这个阶段的工作。这就像第 1 章中提到的毕加索与凡·高的例子，即使你的产品做得再好，但别人看不到、不理解、没用过，商业价值也体现不出来，毕竟赢利才是商业化阶段的核心考量因素。

3. 市场化阶段

从严格意义上来说，市场化与商业化并没有一条清晰的界定线。从商业化实践中狭义地分析，商业化团队与市场化团队是两种不同职能的团队。从商业化的宏观过程来看，市场化阶段是产品化阶段与商业化阶段的补充与延伸，在这个延伸过程中产出的最大价值就是品牌价值。

下面以一个典型的商业化产品生命周期为例。

1）产品化阶段

商业化产品团队通过前期商业、市场需求分析明确产品定位及需求，并形成产品规划，进而完成产品设计、研发、测试、发布。

2）商业化阶段

业务团队（运营团队、销售团队、客服团队等）在产品化阶段全面配合产品团队推进工作，并在产品发布前完成所有商业化配套工作，比如产品定价、客群定义、售卖渠道、产品合同、产品包装等。待产品发布后，各个业务团队即进入业务执行期。

3）市场化阶段

随着业务的启动与逐步深入，市场化团队逐步为产品构建或者带领产品进入了另外一条价值产出线：品牌资产，而这得益于市场化团队在公司品牌战略规划及品牌体系建设中发挥的作用。

2.3 商业化的两种宏观战略

有些产品一上市就可以赚钱，而有些产品却需要储备势能、厚积薄发才能赚钱。当然，产品是否要赚钱除了企业主观决策因素，更取决于产品本身的商业化特性。在进入更细分的变现策略分析之前，我们先来看两种更宏观的商业化存在模式：后端商业化、前端商业化。

2.3.1 后端商业化

商业化要基于产品特性，并且要遵循产品生命周期。在过去的互联网时代，很多产品起初都实行免费策略，在实现了规模化的用户之后，再摸索适合自己的商业化路径。这类产品的代表有社区产品、社交产品、个人工具产品等，且往往通过增值产品变现，比如会员增值产品、流量增值类产品、电商增值产品等。这产品的商业化战略称为“后端商业化”。

案例： 社区产品豆瓣的创始人杨勃认为，用户价值带来了商业价值，以用户价值为先，然后我们在产品生命周期过程中释放用户价值带来的商业价值，并跟随整个行业的形态变化做水到渠成的事，这样就能在用户价值与商业价值中找到真正的甜蜜点。

事实上，豆瓣的商业化战略是典型的先有用户规模然后再获取商业价值，类似的产品还有知乎。怎么理解豆瓣的这种变现策略呢？豆瓣早期做的是一个内容推荐引擎，用户会看到自己喜欢的书、电影、音乐等，基于豆瓣推荐会回去找对应的内容看。这样，豆瓣就相当于做了一个连接器，一边聚集了用户并让内容对用户产生价值，另一边由用户在外部产生内容延伸消费，创造了新的价值。

发展至今，豆瓣建立了多样化的商业化路径，主要产品有以下几个（如

图 2-10 所示）：①信息流广告，即在“首页”频道的“推荐”选项中投放的广告，主要是教育、理财、家居、旅游广告等，这符合豆瓣的用户调性；②外部导流，即在“书影音”频道给第三方的电影网站、线下影院、电商书籍、活动网站等进行消费导流，获得分成收入；③内部电商，即在“市集”频道的“豆瓣豆品”选项中在线销售家居生活、外出旅行、文具小物等电商产品；④内容付费，即在“市集”频道的“豆瓣时间”选项中在线销售内容付费产品，比如学界“大咖”、名家名师、行业达人等的专栏内容，形式包括音频、视频、文字等。

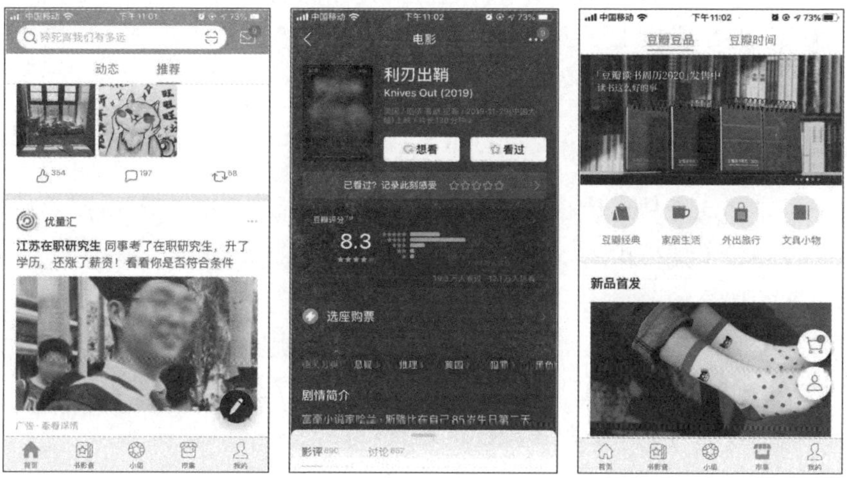

图 2-10

2.3.2 前端商业化

这应该是最容易理解的商业化情形，产品上市即销售。它跟传统商业的产销模式最相似，即我生产一款产品就投放到市场中销售，从而让用户使用买到的产品，这类产品的代表有软件产品、硬件产品等，这类产品的商业化战略称为“前端商业化”。

在互联网行业发展早期，一款产品的商业化战略往往是比较单一的，即要么选择后端商业化，要么选择前端商业化，而往往做不到两者兼顾。这在一定程度上符合互联网产品的规模化发展逻辑，即要么通过后端商业化产品扩大规模，要么通过前端商业化产品增加营收，而难以同时实现两个目标。

互联网行业发展到现在，前端商业化的边界在逐渐被打破，典型的形式有以下两种。

1. 前端商业化与后端商业化进行整合实施

越来越多的企业意识到互联网产品市场占有率的重要性，而不再局限于短期逐利，即一开始便将前端商业化与后端商业化进行结合。这些产品起初虽然实行收费策略，但是往往价格比市场中同类产品较低，即追求极致的产品性价比，目的在于快速获取用户并占领市场，再通过其他产品实现更高的商业回报。这类产品的典型代表有小米旗下以手机为代表的低价引流产品，这些产品均构建了基于后端多元化增值产品（高利润产品）的变现矩阵。

2. 规模化的前端商业化产品寻求后端增值

这种形式是指产品起初并未考虑后端商业化战略，而直接对用户产品实施收费。产品在积累了规模化的用户之后，继续寻求更加丰富的商业化变现场景。与第一种形式的战略准备相比，这类产品的后端商业化战略往往是后置考虑的，倾向于对潜在的商业化机会做进一步价值挖掘。比较典型的就是各大平台的大数据营销产品，比如阿里妈妈旗下的产品“达摩盘”就是通过深度挖掘阿里巴巴旗下电商平台的个人消费大数据提炼成的商业化产品，如图 2-11 所示。

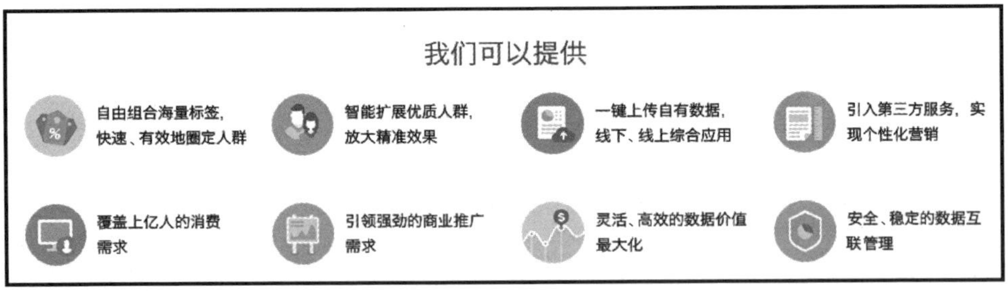

图 2-11

2.4 商业化产品的五个运转机制

时至今日，互联网行业早已度过了野蛮生长的时期，产品的商业化整体运作趋于专业化、精细化。我们先来看行业环境的整体发展趋势。

1. 商业本质回归倒逼企业赢利

首先，在过去的互联网时代，先做大用户规模然后再谋求商业化变现是很多互联网公司的赢利模式，即互联网公司一开始就选择了后端商业化战略，且对于如何商业化落地并未充分论证摸索。随着很多互联网项目发展步入中后期，已经具备了规模化用户的产品却依然无法实现规模化变现，从而导致创业项目融资受挫或者上市公司市值下滑。这间接造成了新的产品或者项目从一开始就非常注重赢利模式设计并谋求稳健的商业化落地，而不是盲目扩大用户规模。从资本的角度来看，投资机构更趋向于投资具备清晰赢利模式的产品。

其次，已经具备大规模用户群，并且有一定营收规模的产品或者项目，往往面临扩大营收、利润规模以及提升增长效率的诉求，这就要求企业不断在商业化方向发力，寻求更有赢利保障的商业化产品或产品体系，同时注重商业化团队配套建设。

2. 流量红利消失倒逼精细化运营

首先，流量思维驱动的赢利模式是过去的互联网主流的赢利模式，而传统互联网与移动互联网均经历了一个从零到壹的过程，这直接催生了一个词语：流量红利。当下，互联网流量红利在大多数行业中都正在面临枯竭或者已经枯竭，这倒逼企业走精细化运营路线，充分挖掘存量市场价值。

其次，大批互联网企业已经形成了规模化的业务集群，这体现为庞大的用户规模、流量规模、数据规模等。对于存量的规模化资源，如何通过商业化战略创新、增长策略创新等谋求更高商业化目标是企业的战略核心。

3. 高新技术推动商业智能化

近年来，大数据和人工智能技术飞速发展，给数据分析及智能决策带来发展机遇的同时，改变了企业的资产结构与决策机制，具体表现为以下两点：①数据在各个行业中渗透及战略性应用。数据成为企业的核心战略资产，导致企业的数据部门由原来的成本单位转变为利润单位。②从人工数据分析过渡到智能数据决策。大数据结合商业智能及人工智能全方位地驱动企业经营体系智能化，这涵盖了市场需求预测、客情分析、业务决策、营销自动化、竞争策略等各个方面。

从以上三点来看，行业演变正在驱动企业从关注用户价值向关注商业价值延伸，这同时催生了企业对商业化相关人才的需求。对产品经理来说，商业产品经理的核心能力与用户产品经理存在较大差异，并且岗位更加细分。

在探讨商业化产品的核心运转机制之前，我首先提出一个你比较熟悉的概念：用户思维。在当下互联网行业中流行的以用户为中心（UCD）的产品设计思维，可以被简单地理解为用户思维。用户思维，顾名思义就是以用户为中心，站在用户的角度评估需求与解决问题。只有深刻地了解用户，让产品从用户中来，到用户中去，才能够做出好的产品。

为什么要先提用户思维呢？因为这代表了很大一部分产品人（尤其是用户产品经理）的底层思维逻辑。但当我们从事产品商业化工作时，往往更加关注：如何设计出好的商业化产品，达成最佳的商业化效果，在更好地为用户服务的同时帮助公司赢利；如何更好地实施产品商业化，提升产品营收，降低获客成本；如何更好地建立数据监控体系，通过数据分析指导业务决策，甚至驱动产品业务执行等。

回到产品经理的工作范畴，在更加偏向于商业化产品设计的世界里，决定你能否胜任产品工作或者能否洞悉与把控产品商业化的全局工作的首要因素并不是你所掌握的某项产品技能，而是你所建立的思维模式，即你看待问题的综合视角。前面分析的互联网行业的环境变化也正是商业化产品工作背后的宏观诉求，我们只有同时具备用户思维和商业化思维才能够适应行业发展且满足企业需求。

那么我们如何在用户思维的基础上快速延伸并建立自己的商业化思维？最关键的是要在了解商业化概念的基础上，进一步了解商业化产品的核心运转机制，即支撑商业化产品运转的底层逻辑。此处总结了五个核心运转机制（如图 2-12 所示）：价值机制、体验机制、经济机制、交付机制、决策机制。这五个机制均来自产品商业化过程中企业关注的核心机制。

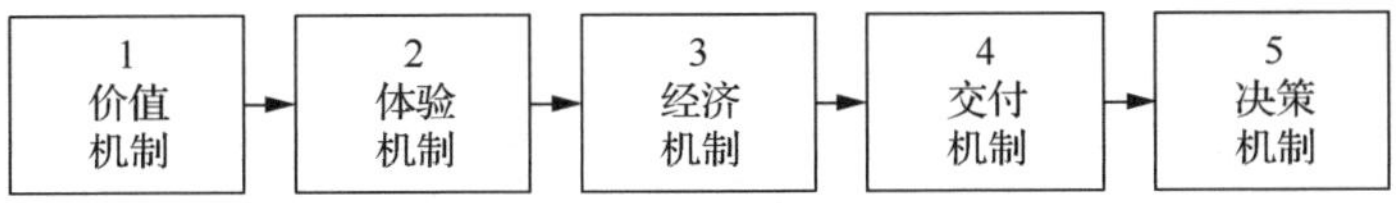

图 2-12

说明：建立五个核心运转机制的主要目的是帮你完成从用户思维到商业化思维的初步认知过渡，而不是让你惯性地以用户思维去考虑商业问题。当然，这只是思维视角的建立，如何具体落地产品商业化过程，在后续章节中有更加详细的介绍。

产品人员要想建立商业化思维，除了进行视角的调整与延伸，还需要具备所在行业规范化实施的认知。在产品世界里，产品经理往往是很有情怀的一个人群。这种情怀代表了工匠精神，重要性不言而喻。但将目光扩大到商业世界，除了情怀，我们还需要遵循什么样的商业或者行业原则？

（1）遵循行业标准。工匠精神代表了卓越的用户体验设计追求，而产品的商业化还需要循序行业标准。在各个垂直行业中都存在既定的或者经过长期发展催生的行业标准，都有自己的产业链规则。因此，在设计产品的时候，如果忽略或者不重视这些标准与规则，就会影响商业化效果。比如，在手机行业中，如果只考虑外观及各种用户体验设计而不考虑工程实现，就会影响到量化生产及供货能力。因此，基于产业链导向的手机设计就会显得尤为重要。

（2）遵循合规标准。几乎所有行业都存在合规性要求，产品合规对于规避商业化风险的重要性是显而易见的，比如对于互联网金融产品来说，互联网让金融的边界扩大了，也增加了金融危机产生的影响。因此，我们在做产品设计的时候，需要对金融合规有清醒的认识。我们要设计与运营符合金融合规标准的产品，与监管形成良性互动，只有这样才会将风险降到最低。

2.4.1　价值机制：从用户价值向商业价值延伸

要想让产品价值从用户价值向商业价值延伸，我们需要新建立两个视角：第一，价值评估视角。在商业化产品的生命周期中工作的原点是，我们首先需要评估一款产品到底有没有商业价值，这决定了是否要立项一款产品，我们要在内部组织中达成价值共识。第二，价值包装视角。在产品研发完成后，基于商业预判的产品要投放市场，我们需要对产品价值做全方位包装展示，通过各种触媒向外部用户展示产品价值，并且在用户成交后进行充分的价值验证，即我们是否获得了预期收益。

为什么说价值评估与价值包装是最重要的两个视角？我们经常听到一句话，认知决定行为。价值评估决定了企业行为，价值包装决定了用户行为。简单点理解：前者决定了企业是否立项产品、需要投入的资源规模、能否实现变现预期；后者决定了用户心智、能否触发用户消费、能否实现变现闭环。

1. 价值评估视角

最直接的评估方式就是借助商业需求文档（BRD），这是商业化产品评估的通用方式，也是产品经理的硬技能。此处只简单地概括 BRD 的核心内容框架，内容及前后顺序在不同的产品中实施会存在差异性，不做细节赘述。

（1）产品定义。这个部分要能用一句话说明白你要做的产品。比如，抖音短视频，一个旨在帮助大众用户表达自我、记录美好生活的短视频分享平台。

（2）价值分析。这个部分要从多个维度分析产品的商业价值。比如，用户价值（痛点及需求满足）、财务价值（营收增长、利润增长等）、战略价值（长尾消费场景覆盖、与其他产品的矩阵式协同营销等）等。

（3）产品形态。这个部分要描述产品涉及的功能形态、内容形态、解决方案等。比如，产品是在 PC 端使用还是在手机端使用，是搜索形态的还是信息流形态的，内容是图文形态的还是音视频形态的，解决方案的交付标准是什么。

（4）赢利模式。这个部分要介绍售卖产品的细节［如售卖标准、售卖方式（计费模式）、价格机制等］，也可以介绍宏观的赢利模式（如通过平台抽佣、收会员费、收广告费等）。

（5）营销策略。这个部分要介绍通过什么手段推广产品、通过什么渠道售卖产品、采取什么促销策略、借助什么营销资源等。

（6）市场分析。这个部分需要分析市场容量、政策趋势、竞争对手、产品差异化竞争优势、市场风险等。

（7）执行计划。这个部分要从商业化产品全链路推进的角度输出整体工作计划，比如什么时候发布第一个版本、什么时候达成第一个阶段的销售目标、什么时候扩大销售投入等。

（8）财务分析。这个部分要站在财务核算的角度，通过一套基于成本投入与收益（营收、利润）产出的财务模型进行模拟，以预判产品的商业价值。

2. 价值包装视角

在用户产品的运营中，我们需要对产品价值进行包装，但包装的对象往往是用户价值，而商业化产品的包装则要更加复杂，这主要表现在以下两个方面：

（1）包装的目的不一样。比如，同样面向潜在目标市场，用户产品注重通过用户价值包装实现拉新，而商业化产品则往往注重通过卖点包装实现线索获取甚至直接成交以达成商业化目标。

（2）包装的体系不一样。用户产品是典型的靠运营驱动的产品，包装是运营的一部分，所有包装都几乎围绕用户生命周期进行，且与运营活动紧密结合。商业化产品的包装除了单品的卖点提炼，还有更加复杂的商业化包装场景，比如，用途包装、品牌包装、使用包装、销售包装、售后包装、运营包装等，通过更加丰富的包装手段达成商业化目标。

2.4.2 体验机制：从用户体验向商业体验延伸

产品具备良好的用户体验是达成预期商业化目标的必备条件，即用户体验能够直接创造经济价值。当实施商业化以后，用户价值与商业价值需要同时兼顾，但两者结合往往会在实践中给我们带来很多设计冲突与困扰，这些问题会在产品的体验上集中爆发，并影响产品的整体价值。

因此，我们需要从产品整体价值的维度更完整地认识产品，更全面地把控用户体验与商业化的平衡关系。为了达到这个目的，我们需要新建立两个视角：第一，体验经济视角，即需要同时关注用户体验与商业体验以确保健康赢利；第二，体验决策视角，即需要建立一套当用户体验与商业体验出现冲突时的决策机制。

1. 体验经济视角

互联网产品是典型的用户体验驱动的产品，在当下体验为王的产品时代，用户体验越来越影响产品的用户价值和商业价值。那么，产品体验如何影响产品的经济价值呢？我们从产品经济价值的历史进化中找到分析切入点。产品经济价值的发展如图 2-13 所示。

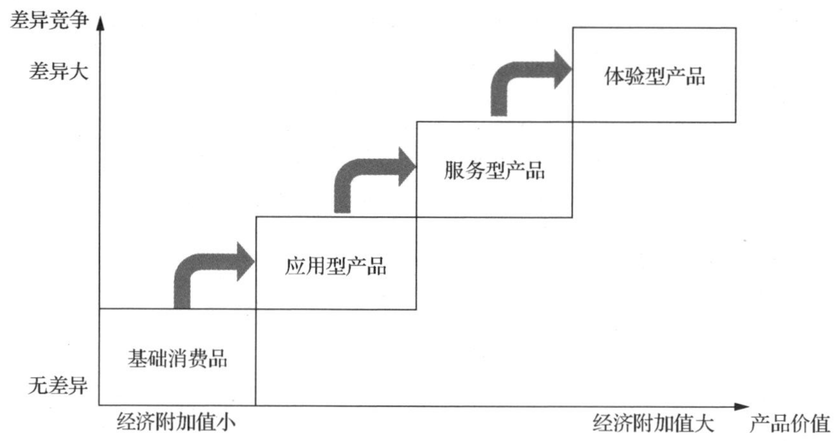

图 2-13

图 2-14 描述了不同类型产品的经济价值的历史进化过程。其中，横轴是产品价值，越往右经济附加值越大；纵轴是差异竞争，越高差异越大。经济价值进化至今大概经历了四个阶段：

第一个阶段：基础消费品阶段，比如柴、米、油、盐等提取类的生活物资。它们的差异小，经济附加值也很小。

第二个阶段：应用型产品阶段，比如冰箱、电视机等家庭生活用品。它们的经济附加值和差异会相对大一些。

第三个阶段：服务型产品阶段，比如软件产品。目前，软件行业已经由传统的授权模式进化到 SaaS（Software-as-a-Service，软件即服务）模式，它们的经济附加值会更高，不同的公司提供给用户的服务会很不一样，用户会根据这些不同的服务做出选择。

第四个阶段：体验型产品阶段，靠产品给用户的使用体验来营造更大的经济附加值，公司之间具备了更大的差异竞争条件。比如，抖音等短视频产品依靠良好的用户黏性及产品体验拥有了大规模用户，从而可以将用户资源转化（营造）为商业化产品（经济附加值）实现大规模变现，而这也营造了更高的竞争壁垒。

2. 体验决策视角

互联网产品是典型的依靠体验塑造价值的产品，产品体验需要融合用户体验与商业体验。随着体验经济成为互联网经济发展的潮流，规模化的用户资源及流量资源等驱动的商业化变现产生了新的问题，即前面提到的如何把控用户体验与商业化的平衡，产品往往需要找到一个平衡点。不同种类的产品的融合策略存在巨大差异，不能一概而论。

设计师或者产品经理，甚至整个产品团队，在遇到问题的时候应该如何决策呢？我们先来看一个解决路径，如图 2-14 所示。

图 2-14

案例 1： 体验矛盾的产生

小 A 是国内一家知名互联网公司的产品经理，负责一款 SaaS 产品。做 SaaS 产品的人一般都知道，SaaS 产品的商业化与产品设计往往是分离的，即商业化工作由公司业务部门来负责（甚至由老板直接负责），这导致产品经理往往不具备商业化判断能力。

SaaS 产品早期的设计相对比较纯粹，以用户需求为中心设计即可。但是当产品由市场初期过渡到成熟期时，商业化的诉求随之而来，而小 A 在产品的直接商业化设计上是没有太多经验的，这就造成了在开产品需求评审会议的时候，对很多设计决策摇摆不定，既担心影响用户体验造成用户流失，又担心影响产品营收。

这些待确认的设计决策可能有以下几种（举例）：

（1）用户在登录系统后，系统会通过弹窗或者其他展现方式提示用户：产品推出了付费会员服务，用户点击付费会员开通链接可以进入付费页面。

（2）原来可以免费使用的几个核心功能现在需要付费后才能使用，并要求用户在使用这些功能的时候弹出付费提醒窗口。

（3）在系统内提供季度版、半年版、一年版的付费通道，用户可以在线直接支付并获得使用这些版本的资格。

这些设计决策在很大程度上会影响原有用户的体验，小 A 遇到的问题具备明显的代表性。公司商业化目标的达成诉求，决定了产品经理不得不做出商业化设计决策。至于是否影响了用户体验，只能从用户使用之后的反馈中得知。比较糟糕的情况是，新加入的商业化设计破坏了原有良好的用户体验，造成老用户抱怨与流失，同时付费用户的转化又没有达到预期结果，这是团队最不希望看到的结果。

我们也会遇到小 A 在工作中面临的问题，这是不是因为我们欠缺思考、欠缺分析？我们对新的设计是否会影响用户体验有没有更加精准、客观的判断依据？我们最终应该听谁的？带着这几个问题我们来看案例 2。

案例 2： 用户研究辅助设计决策

案例 1 暴露的问题说明了用户（价值）研究的重要性，即我们需要理解用户，将他们的需求、目标与我们的商业化宗旨相互匹配，只有这样才能精准地设计产品。

小 C 是一家网络游戏公司的用户研究人员，负责的游戏产品已经推向市场很多年了，在高峰期时有数百万个玩家同时在线。游戏公司在今年为了提升游戏的赢利能力，计划投放新的人物装备，但是这些装备都需要玩家在游戏里充值购买。

人物装备相当于商业化产品（属于增值商业化产品），而新装备的投放势必会影响部分老玩家的利益。他们已经花费了很多时间与金钱打造出了顶级装备，新装备的出现势必会削弱原有装备的优势，而且会要求他们再次投入，因此很多老玩家在游戏社区中以“清号”为要挟阻止游戏公司投放新装备。

当小 C 面临这种情况时，他应该如何判断投放新装备对老玩家流失的影响、如何判断投放新装备对新玩家的吸引力、如何判断投放新装备对游戏的赢利走势影响？这就需要小 C 从专业的用户研究角度给游戏研发团队提供研究报告，对以上问题形成客观分析，作为新产品的开发参考依据。

在不同行业、不同规模的公司里，承担用户研究工作的角色有很大的差异性。大的互联网公司一般都会专门设置这个方面的工作岗位，比如腾讯、百度、阿里巴巴、华为等。常用的用户研究方法如图 2-15 所示。

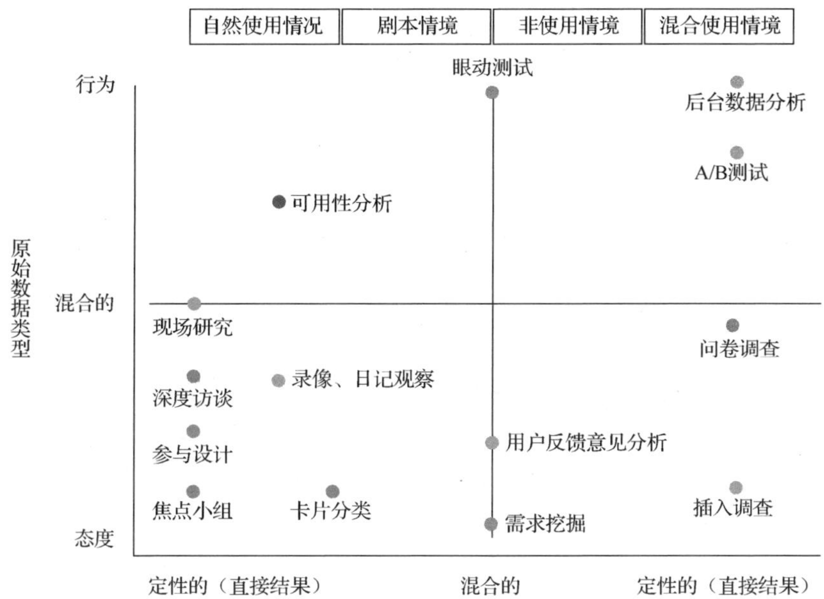

图 2-15

具体的用户研究方法在这里不做详细介绍，你可以自行学习。事实上，并不是所有公司都会设置专门的用户研究岗位，这些研究结果也有可能来自公司的市场部门、运营部门等，也有可能来自外部的用户体验咨询公司。

通过以上两个案例我们可以总结出，虽然小 A、小 C 不在同一家公司，但都遇到了用户体验与商业体验（商业诉求）的冲突困扰。当发生设计矛盾的时候，通过系统化的用户研究为产品设计提供决策依据，是一个行之有效的方式。

2.4.3 经济机制：从免费模式向付费模式延伸

在互联网时代，免费模式盛行，然而天下并没有免费的午餐，免费模式通常只是获取规模化用户的手段，在达到规模化目的之后，企业往往通过后端增值产品实现商业化变现。一旦实施商业化，免费模式就过渡为付费模式。这时，我们需要新建立两个视角：第一，产品交易视角，即需要关注用户产品如何通过商业化变为可售卖的产品以及产品的交易过程；第二，用户身份视角，即在商业化场景中，用户身份发生了变化，产生了用户分层，比如，产生了付费用户（客户）和超级用户（VIP 会员）。

1. 产品交易视角

与免费模式相比，付费模式的一个最直接的变化是产生了交易行为。有两个核心要素促成了交易行为的发生：

第一，具备可售卖的产品。商业化的前提是具备可以售卖的产品，如何才能达到可以售卖的条件呢？我们需要设计标准化产品和服务、产品的计费方式、产品的价格机制。我们首先要拥有一款可供交易的商业化产品，而不是一款只具备使用价值的用户产品。

第二，具备可售卖的渠道。我们还需要为产品设计便捷的交易渠道，让用户可以方便地买到它，并且对交易数据进行追溯管理。售卖渠道的设计可以基于自主研发的经济系统，也可以借助外部交易平台实现，或者在无法实现在线交易的情况下走线下交易渠道。

综合以上两点，产品交易视角的建立主要基于交易行为的发生过程，这是免费经济模式下不曾有的场景。

2. 用户身份视角

场景一：从免费用户向付费用户转变

在产品商业化过程中，从购买者的角度出发，有两个核心动作：产品购买与产品使用。无论是免费体验后再购买，还是直接购买后体验，购买者的身份均发生了转变，即成为产品的付费用户（客户）。很多人将购买者与使用者混为一谈，其实不然。下面尝试从两种典型的客户与用户的关系来简单区分：

（1）一致关系。一致关系是指购买者与使用者是同一个对象。比如，消费者购买苹果手机使用，他既是客户又是用户；消费者购买得到 App 的在线课程进行学习，他既是客户又是用户；消费者从淘宝上买了产品使用，他既是客户又是用户。

（2）独立关系。独立关系是指购买者与使用者不是同一个对象，而是相互独立的，即消费者购买后自己不用，而提供给其他对象使用。举一个现实的案例：企业 A 是一家初创公司，基于人力资源管理的需求现状，需要采购一套管理系统。企业 A 的老板最终选定并购买了一款产品，然后交由人力资源部门员工进行使用。这个时候企业 A 是客户（购买者），企业 A 的人力资源部门员工是用户（使用者），而最终这套系统的价值是由人力资源部门员工（即用户）的使用效果决定的。

那么，我们将客户从用户中区分出来，会对商业化产品设计工作有什么帮助呢？我们遵循的设计理念是以用户为中心。以前面提到的人力资源管理系统为例，我们更加关注人力资源部门的需求，通过设计匹配的功能为企业人力资源管理带来工作效率的提升、企业经营成本的降低。同时，我们在对产品进行价值包装与市场宣传的时候，也要以人力资源部门员工的用户价值为核心，不能因为购买的人是企业老板而让价值包装产生转移（但可适量）。

说明： 我曾经问过一位提供 SaaS 产品的销售人员，同质化的竞品那么多，客户为什么会选择你们的产品？他说他们的产品拥有更好的用户体验。是的，越来越多的企业意识到，真正成功的企业信息化是采购让员工喜欢的产品。如果员工用不好，不喜欢用，那么产品的功能再强大或者价格再便宜也没用。

场景二：从普通用户向超级用户升级

在过去的互联网经济时代，人们都习惯了使用免费的产品。在面向个人的领域，大多数互联网产品都是免费的。比如，人们可以免费使用微信、QQ 等社交产品，可以免费注册淘宝、京东的会员并在线购物，可以通过迅雷免费下载想要的资源等。当然，这些互联网产品在免费产品体验的基础上构建了自己的赢利模式，最典型的模式就是“免费+增值”，比如 QQ 绿钻、黄钻等增值产品。

“免费+增值”的产品模式建立在巨大的流量红利（或者用户红利）基础上。互联网发展到今天，用户已经对产品体验有了更高的要求，比如追求更高的服务品质、更好的产品感官、更高的精神认同、更高的产品性价比等。这需要我们从产品设计的角度针对用户需求进行产品体验升级，甚至推出创新的产品，而不能徘徊在过往的免费体验或者单一的消费体验中。从企业经营的角度来看，基于“免费+增值”建立的赢利模式需要进行升级，面临的问题是，企业应该如何对用户进一步分层并采取差异化经营策略、如何用产品体系进行配套？我们从以下案例中可以得到一些启示：

案例： 2017 年，罗振宇在跨年演讲中提到，如果你是一个新选手，那么应该如何找到打法让自己不会被淘汰？他提到一种新的思维：超级用户思维。什么是超级用户思维呢？罗振宇说，现在识别所谓的超级用户，用的方法其实很简单，就是交（会员）费，交费的目的就是识别。巴克斯特说，会员经济最精彩的是在企业和付费用户之间建立了一种可持续、可信任的正式关系。这样，哪些是自己人，哪些是陌生人，分得清清楚楚。

普通用户与超级用户的商业贡献有多大差异？罗振宇举了亚马逊与Costco的例子。亚马逊的会员一年只交会员费99美元，但是购买的东西是1300美元/年，比不交会员费的多了整整一倍。Costco如果只靠商品销售，那么全年大概亏损7000万美元，但这家公司靠收取会员费，2017年赢利26.8亿美元。正如罗振宇所说，我们不需要那么多流量，不需要那么多用户，只要服务好我的超级用户，同样可以获得很好的经济效益和社会效益。

综合以上分析，从用户分层设计来看，普通用户可以分为免费用户（使用免费的产品或服务）与付费用户（曾经购买过付费产品或者服务）。超级用户属于新的用户层，拥有绑定会员服务期限的产品或服务的使用权限。以京东 PLUS 会员为例，它提供了一系列针对超级用户的专属特权，而每项特权的交付质量就影响了最终的会员体验。京东 PLUS 会员的会员特权如图 2-16 所示。

图 2-16

2.4.4 交付机制：从用户运营向商业交付延伸

一款商业化产品之所以成功，一定源于它的价值得到了用户认可，并可以持续地为企业带来商业回报。从价值交付的角度考虑，产品商业化的过程其实就是将产品价值进行交付的过程。一款尚未实施商业化的用户产品的关注点往往是注册用户数、活跃用户数、用户留存率等用户运营指标。而一旦实施了商业化，就需要建立完整的产品交付体系，以保障用户消费体验。同时，它的关注点也会增加商业化指标，比如付费用户数、用户复购率、销售收入等。

从产品交付的角度来看，我们需要建立两个关键视角：多元化产品价值视角、多元化交付团队视角。

1. 多元化产品价值视角

从多元化产品价值视角来看，我们需要关注产品为用户产生的整体价值，关注来自商业化各个环节的价值产出形态，并思考如何针对这些价值进行交付标准（售卖标准）设计，提升用户的消费体验。

这给了我们一个延伸的视角，即我们不能仅从看得见、摸得着的产品角度看待用户价值，而应该从企业给用户创造的整体价值角度看待产品价值，这些价值还包括给用户创造的全部附加服务及利益。比如，我们从京东购买1台电脑，买到的不仅是电脑本身，还包括了京东白条、免费送货、退换货、售后服务等。更详细的关于产品完整价值的内容见第5章。

2. 多元化交付团队视角

从多元化交付团队视角来看，我们需要关注不同类型产品的交付驱动来源，虽然最终的用户价值由组织协作产生，但是产品类型的不同决定了承担交付的核心团队也是不同的。

商业化产品是多样化的，除了我们熟知的软件和硬件产品，还有广告、内容、数据、服务等多种形态。当面对各种形态的产品时，企业会建立匹配的团队来实现交付。这些团队往往包括产品团队、技术团队、运营团队、销售团队、客服团队等。

结合直接向用户交付的不同内容和企业内部团队的交付分工，下面总结五类典型的产品交付形式：技术团队驱动类交付、产品团队驱动类交付、运营团队驱动类交付、销售团队驱动类交付、客服团队驱动类交付。需要说明的是，虽然某个部门承担了一项交付的主要任务，但是往往需要多个部门协作来共同完成，即组织协作。

（1）技术团队驱动类交付。在大部分互联网公司，尤其是输出标准化产品的公司中，技术团队直接向用户交付的产品相对较少。这种类型的交付形式更多出现于企业服务领域，尤其是交付企业定制化的解决方案。典型的技术团队驱动类交付有以下几类。

① 解决方案类的交付。此类交付主要是指综合商业化场景的、多产品组合型的整体解决方案，并且需要技术团队（项目经理、技术经理、交付工程师等）主导实施，典型的有技术整体解决方案、软硬一体化实施方案、系统集成解决方案等。图 2-17 是阿里云提供的新零售数字门店解决方案，它基于阿里云积累的各种技术、产品为线下门店和卖场提供数字化工具与手段。

② 技术接口类的交付。此类交付主要是指通过开放与技术相关的接口（API）给用户提供的接口交互服务，如微信公众平台对外开放的 API 体系。用户可以按需使用微信公众平台开放的接口，这些接口主要有消息接口、用户接口、菜单接口、素材接口、分享接口、地址位置接口、微信支付接口等。

③ 技术实施类的交付。此类交付主要是指通过技术团队来实施的技术服务，这类服务的价值属于产品附加价值。比如，ERP 系统在使用过程中，往往需要由技术人员提供专门的技术实施服务以及用户培训服务等专项服务，并且这些服务往往都经过交付条款标准化（比如，工程师上门实施培训服务按天计费）。

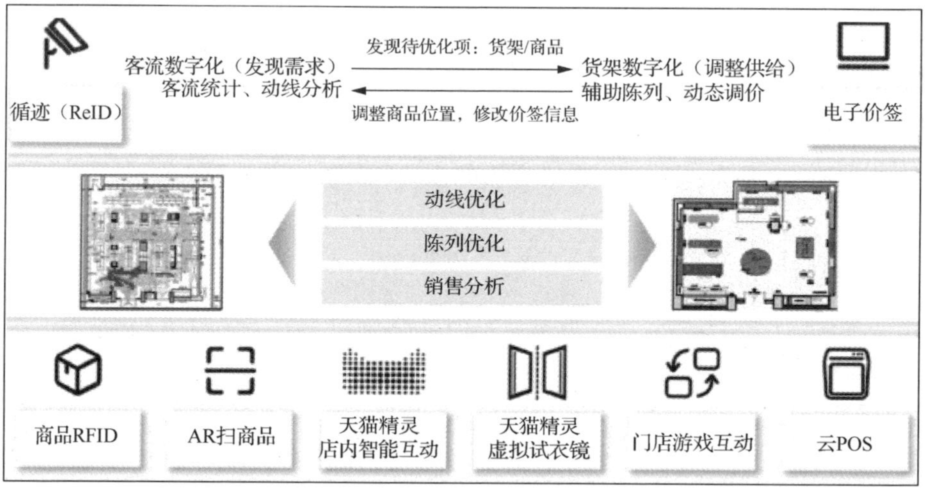

图 2-17

④ 技术性能类的交付。此类交付主要通过提升互联网产品的技术性能来达到提升用户体验的目的，进一步分为显性交付与隐形交付。显性交付是指根据用户对技术性能的需求进行提升，比如增加指定的存储空间等；隐形交付是指为了提升产品的整体性能，在用户不知情的情况下进行的性能提升，比如为用户购买的

服务器产品增加带宽、为数据库产品做整体性能优化等。

（2）产品团队驱动类交付。典型的产品团队驱动类交付有以下几种：

① 产品发布类的交付。此类交付是最常见的产品团队驱动类交付形式，主要通过产品不断地更新迭代来达到持续交付的目的。比如，一款 SaaS 产品通过周期性地推出新版本来升级产品功能。

② 产品使用类的交付。此类交付主要通过建立与产品使用相关的支持体系来达到提升用户满意度的目的。比如，产品经理会录制产品使用视频、撰写产品使用说明书、整理产品常见问题及解答等。

（3）运营团队驱动类交付。运营团队驱动类交付在不同类型的互联网公司中存在很大差异，典型的运营团队驱动类交付有以下几种：

① 附加价值类的交付。此类交付主要通过为目标产品制定运营策略，并通过向用户投放运营策略，实现目标产品的获客、成交、裂变等核心运营类指标。这些运营策略在目标产品的基础上，为用户产生了附加价值。比如，促销优惠类的运营策略有打折、优惠券、满减、满赠、秒杀等，都是在目标产品的基础上实施，以促进目标产品的销售。

② 专业内容类的交付。此类交付主要通过运营内容平台，将 PGC（Professional Generated Content，专业生产内容），尤其是为合作用户定制的内容向潜在消费群体进行推送。比如，爱奇艺为 VIP 会员打造的涵盖电影、电视剧、综艺、动漫在内的十余种类型的正版视频内容库。

③ 黏性价值类的交付。此类交付主要利用社群类的用户关系策略，向社群用户输送价值服务。社群是一种高效的用户交付载体，企业通过社群能够更直观地与用户交流，了解用户需求，并与用户建立长期稳定的关系，从而促成目标用户的转化。比如，罗辑思维通过运营微信公众号，每天推送 60 秒的语音内容，向粉丝输送内容价值。这些粉丝会进一步购买罗辑思维的其他产品或者服务。

（4）销售团队驱动类交付。销售团队驱动类交付主要为用户提供在销售期间的相关服务，这些服务同样会在消费周期中为用户产生价值。典型的销售团队驱动类交付有以下几种。

① 售前服务类的交付。售前服务主要是指在产品销售前期，由售前人员提供的一系列服务工作。比如，阿里云提供的售前服务主要包括全方位的购买咨询、

精准的配置推荐、灵活的价格方案。

② 销售方案类的交付。此类交付主要在产品销售前期，由售前工程师针对用户需求提供最优产品组合方案，进而提升用户购买意愿，加快用户购买决策，以达到产品销售的最终目的。比如，阿里云提供售前架构师咨询服务、1对1咨询，为用户分析上云可行性，量身定制购买方案。

（5）客服团队驱动类交付。客服团队驱动类交付主要是指在售后服务场景中由客服团队主导的交付，典型的客服团队驱动类交付有以下几种。

① 售后服务类的交付。此类交付主要是指用户在成功购买后，企业为其提供的一系列后续服务，比如物流、安装、调试、维修、培训、上门服务等。

② 客服业务类的交付。此类交付主要是面向用户业务办理的客服产品，需要通过线上和线下的客服支持来达到用户办理目的。比如，以一家人力资源服务机构为例，当企业购买了社保代缴服务后，该机构会为企业员工代办社保，企业按照实际办理人数支付费用。

从以上五类产品交付形式中，我们可以看到，靠单一职能的团队（比如，产品团队）无法将多样化的产品价值完整地交付给用户，企业需要多个团队协作才能将产品价值交付给用户。这在帮助我们完整地认知商业交付体系的同时，也给我们带来更多思考，即团队协作才是真正产生用户价值的支撑力量。

2.4.5 决策机制：从人工决策向智能商业决策延伸

前面介绍的四个机制（价值机制、体验机制、经济机制、交付机制）已经能够帮助我们实现产品商业化（三要素）的闭环，即创造价值、传递价值、获取价值。这四个机制均建立在产品商业化的宏观过程中，即实现了从产品化到商业化的过程，最终通过具体业务产生结果决策并驱动企业经营。这四个机制能够帮助我们较完整地理解商业诉求，并基于此形成对自身工作的商业认知及经验，甚至进一步形成商业决策能力。

实际上，企业经营决策机制在互联网时代已经发生了很大的改变，且越是规模化的产品越不依赖于人工决策。曾鸣教授在2016年的商业评论大会上表示：在未来社会，智能化将无所不在。那么什么是智能化呢？曾鸣教授认为其核心是未来商业的决策会越来越多地依赖于机器学习、人工智能，机器在很多商业决策中将扮演非常重要的角色，能取得的效果将超过今天人工运作带来的效果。

那么问题来了，既然智能商业决策领先于人工决策，那么我们如何实现智能商业决策呢？结合曾鸣教授的智能商业决策分析，我们将目标锁定到一家具体的企业，可以得出清晰的实现路径：首先实现所有业务流程在线化，然后通过自动化获取数据资产来支持决策，最后让机器通过算法处理数据形成甚至执行决策，如图 2-18 所示。这条路径的本质就是企业的数字化经营演进路径，数据驱动的智能商业决策是企业未来发展的方向。

图 2-18

智能商业决策帮助我们将视角扩大到企业的数字化经营和决策机制，帮助我们打开一个“内向视角”，即通过关注企业内部经营的数字化诉求，以及通过智能商业决策来对用户产品进行优化与迭代。用户产品经理的视角往往是“外向视角”，即直接关注外部用户的核心诉求。在未来的行业发展中，只有同时具备内向与外向两种视角，才能实现对商业诉求的完整把握。以下是对实现智能商业决策的三个步骤的分析。

1. 在线化

在线化（Online）是指企业要将所有核心业务流程在线化、软件化、SaaS 化，将核心业务流程完全接入互联网，并且业务模块之间实现互通与数据共享，这样才能够具备往智能商业决策演进的可能。未来的任何产品与服务都必须实现在线化，这包含了几乎所有的传统行业。因为只有在线化才能够与用户实时交互，才能够精准地把握用户需求进而提供更好的服务。

从这个角度衡量，目前绝大多数企业均处于智能商业决策的初期，即实现了局部业务的在线化。比如，企业通过官网进行营销、通过微信与用户互动、通过 CRM 系统进行用户管理，而这些在线化行为往往都是孤岛，并未实现互通与数据流动，没有形成一个有机的互联网协同整体。因此，企业的完全在线化（数字化）经营还有很长的一段路要走，当然这里面蕴藏了巨大的市场机遇。只有先实现了在线化，才能实现数据化，进而才可能在未来让人工智能接管工作流程。

2. 数据化

数据化主要体现在两个方面：①实时数据沉淀，即通过在线化的产品与业务流程支持来实现实时数据记录。很多企业以前不重视自身产品及业务的数据沉淀和商业价值挖掘，往往等到业务需要的时候才去搜集、汇总数据，验证想法。这造成了企业无法对市场需求、用户进度、营销效果、竞争态势等方面进行精准把握。②实时消费反馈。产品价值是一个动态值，不是由产品生产者决定的，而是由买卖双方共同决定的。因此，我们必须与用户实时互动，取得消费反馈，依次验证制定的商业决策能否做到让用户满意。这种消费反馈最好能够实现算法自动化，比如淘宝的商品智能推荐。当然，在很多场景中需要人工配合，比如常规的用户满意度调查。

在互联网环境中，数据驱动决策，决策产生数据，这是一个动态的过程。这从侧面反映了数据作为企业核心资产的战略价值。

完成在线化并不代表完成数据化。从企业内部的数据产品角度来看，企业只有建立了完善的数据产品经营体系，才有动力完成数字化经营升级。这表现为完善的数据经营指标与绩效考核指标、丰富可视化的多维数据视觉展示、宏观与微观结合的数据分析体系构建、企业数据质量管控平台构建等。当然，企业在实施的时候也要与产品的商业化阶段吻合，并不是在市场初期就需要构建成熟的数据产品，而是依据市场的推进节奏来提供阶段性的数据产品，并同时配备相关数据人员（比如，数据分析、数据挖掘等岗位）。

3. 智能化

当完成了在线化与数据化以后，如何利用数据产生价值是企业的核心诉求。前面提到未来商业的决策会越来越多地依赖于机器学习、人工智能。2017 年 12 月，曾鸣教授提出了对未来十年的商业判断。他认为，智能商业具有三大特征：利用互联网和算法的优势，低成本实时服务海量用户；满足每一个用户的个性化需求；快速迭代，自我更新，自我提升。

对于人工智能来说，在有了数据化作为基础以后，便可以实施数据挖掘，通过代码实现最优化算法，实现数据的价值转化，从而能够实现对经营状态的精准把控，实现智能化决策分析与自动化执行，有能力实现自动匹配每一个用户的个性化需求。一家公司一旦建立起商业智能，从本质上来说底层驱动力就会转变为技术，并且从技术角度实现快速迭代、自我更新、自我提升。

总结：从目前来看，智能商业决策是产品商业化的最佳实践。如果我们建立面向价值机制、体验机制、经济机制、交付机制的视角，主要是为了形成基础的商业化思维，那么建立面向决策机制的视角更偏向于形成智能商业化思维。

2.5 基于“人、货、场”模型的六种商业化策略

互联网行业存在很多已经被成功验证的变现模式，如广告收费、软件收费、电商卖货、平台抽佣、会员收费等。商业化成功实施的前提是要设计商业化产品，我们需要更加关注隐藏在商业化产品背后的实施策略，即为什么要采取这种变现方式。

客观地讲，当我们系统化地设计一款商业化产品的时候，需要经过一个很专业的流程，比如需要通过 BRD 评估是否立项，然后进入商业化产品的常规工作流程（比如，第 4 章介绍的商业化产品“七步设计法”）。

然而，我们同样需要用更加便捷的、高效的方法来对商业化变现模式进行直接模拟，以评估商业化策略设计的合理性。在此给出一个简单的评估模型：“商业化人、货、场”模型。按照评估的先后顺序，更准确的叫法应该是“货、人、场”模型，即从规划商业化新产品的维度分别评估产品价值、受众群体、使用场景这三个对象，尤其要找到与现有产品之间的商业转化关系。“商业化人、货、场”模型的评估逻辑见表 2-1。

表 2-1

产品/名称		产品价值（货）	受众群体（人）	使用场景（场）	商业化可行性
现有产品					
付费新品					

1. 评估过程

（1）评估现有产品的价值、付费新品的价值，以及这两种价值之间的关系，典型的价值关系如下：

① 价值相同，即付费新品与现有产品的核心价值（即核心解决的受众需求，下同）是相同的。

② 价值不同，即付费新品与现有产品的核心价值是不同的。

③ 价值包含，即付费新品的价值是现有产品的价值的子集或者来源于现有产品价值的提炼。

（2）评估现有产品的受众群体、付费新品的受众群体，以及这两种受众群体之间的关系，典型的受众群体关系如下：

① 受众相同，即付费新品与现有产品的受众群体相同。

② 受众不同，即付费新品与现有产品的受众群体不同。

③ 受众包含，即付费新品的受众群体是现有产品的受众群体的子集。

（3）评估现有产品的使用场景、付费新品的使用场景（尤其是消费场景），以及这两种使用场景之间的关系，典型的使用场景关系如下：

① 场景相同，即付费新品与现有产品具备相同的使用场景。

② 场景不同，即付费新品与现有产品具备不同的使用场景。

③ 场景包含，即付费新品的使用场景在现有产品的内部，现有产品是付费新品的“宿主”产品，两个场景能够实现无缝切换。

2. 评估结果

评估结果即商业化可行性。我们要结合评估目标的各自结果进行统一分析，评估结果主要有两种：

（1）三个评估对象均达到新老产品一致。如果付费新品的产品价值继承于现有产品的价值（价值相同或者价值包含）、受众群体是同一批对象（受众相同或者受众包含），并且产品的使用场景高度一致（场景相同或者场景包含），那么商业化成功的概率会比较高。

（2）三个评估对象未达到新老产品一致。如果付费新品与现有产品有一个及以上的评估对象不一致，比如规划了与现有产品核心价值不同的付费新品（即价值不同）、规划了与现有产品受众群体不同的付费新品（即受众不同）、规划了与现有产品使用场景不同的付费新品（即场景不同），那么会在不同程度上增加商业化实施的风险，同时降低商业化成功的概率。

说明：我们仅从目前互联网行业的商业化现状来分析两种评估结果，且依据已经被成功验证的产品进行建模，进而将模型作为产品实施商业化策略的评估工具与决策参考。但是，无论哪一种评估结果，得出的商业化成功概率高或低都是相对的，不能直接决定是否实施商业化策略，也不能决定商业化最终的成败。

下面对几种典型的商业化策略进行介绍。

2.5.1 单品直接变现

这类商业化策略最简单，即将之前的免费产品转换为付费产品。从种类上来看，这类产品包括但不限于功能产品、内容产品、数据产品等直接拿来商业化的产品。从服务对象上来看，企业服务领域与个人服务领域都存在丰富的代表产品。在企业服务领域，有赞微商城就是从免费产品转换为商业化付费产品的，可以简单地理解为原来的有赞微商城软件免费，而现在收费了。在个人服务领域，如一款网络游戏产品在公测期间用户可以免费玩，之后开始收取点卡费用。

下面以功能产品为代表做更加具象的规划分析。当我们要进行产品商业化的时候，最常见的是将该产品直接进行功能权限的收费控制，以达到收费的目的。功能产品商业化往往具备两个典型的特征：面向局部功能收费、面向整体功能收费。

1. 对单体产品的局部实施商业化

对单体产品的局部实施商业化主要是指针对产品的局部功能收费以达到商业化的目的。依据不同的局部功能划分形成的付费产品在面向用户的时候，往往表现为不同的产品版本。我们通过“商业化人、货、场”模型来模拟一个案例进行分析。

模型模拟：产品 A 是一款免费的人力资源管理软件，包含五个核心功能群，分别针对三类受众群体，并且这三类群体的使用场景都是典型的企业内部人力资源管理场景。依据受众群体将评估对象定义如下：

（1）组织人事管理人员，定义为用户群 1，主要使用功能 1，定义使用场景为场景 1。

（2）薪酬考勤管理人员，定义为用户群 2，主要使用功能 2、功能 3，定义使用场景为场景 1。

（3）员工招聘管理人员，定义为用户群 3，主要使用功能 4、功能 5，定义使用场景为场景 1。

基于以上定义，下面利用“商业化人、货、场”模型进行评估，见表 2-2。

表 2-2

产品/名称		产品价值（货）	受众群体（人）	使用场景（场）	商业化可行性
现有产品	产品 A	功能 1、功能 2、功能 3、功能 4、功能 5	用户群 1、用户群 2、用户群 3	场景 1	产品B、产品C、产品 D 均可行（可进一步描述细节，下同）
付费新品	产品 B	功能 1	用户群 1	场景 1	
	产品 C	功能 1、功能 2、功能 3	用户群 1、用户群 2	场景 1	
	产品 D	功能 1、功能 2、功能 3、功能 4、功能 5	用户群 1、用户群 2、用户群 3	场景 1	

产品 A 起初一直实施免费策略，吸引了大量人力资源用户。在实施商业化后，原有免费版本的产品 A 取消，新增三个付费版本：产品 B，针对功能 1，针对用户群 1；产品 C，针对功能 1、功能 2、功能 3，针对用户群 1、用户群 2；产品 D，针对功能 1、功能 2、功能 3、功能 4、功能 5，针对用户群 1、用户群 2、用户群 3。三类用户的使用场景（即企业内部人力资源管理场景）在商业化前后都保持一致。

综合来看，商业化可行性如下：与现有产品相比，三个付费新品在三个评估对象上分别为价值相同（产品 D）或价值包含（产品 B、产品 C）、受众相同（产品 D）或受众包含（产品 B、产品 C）、场景相同（产品 B、产品 C、产品 D）。三个评估对象均达到新老产品一致，商业化可行性高。从客观上来说，软件收费也被看成非常健康、良性的商业化策略。

案例： XMind 是一款思维导图软件，我们从它的官网上可以下载到免费的版本，免费版本的功能非常强大，这为 XMind 带来了大量的用户。如果想要体验更加专业的功能（这些功能在免费版本中被屏蔽了），就要付费升级取得官方授权的序列号。我们需要付费升级才能使用 XMind 更加专业的功能，如图 2-19 所示。

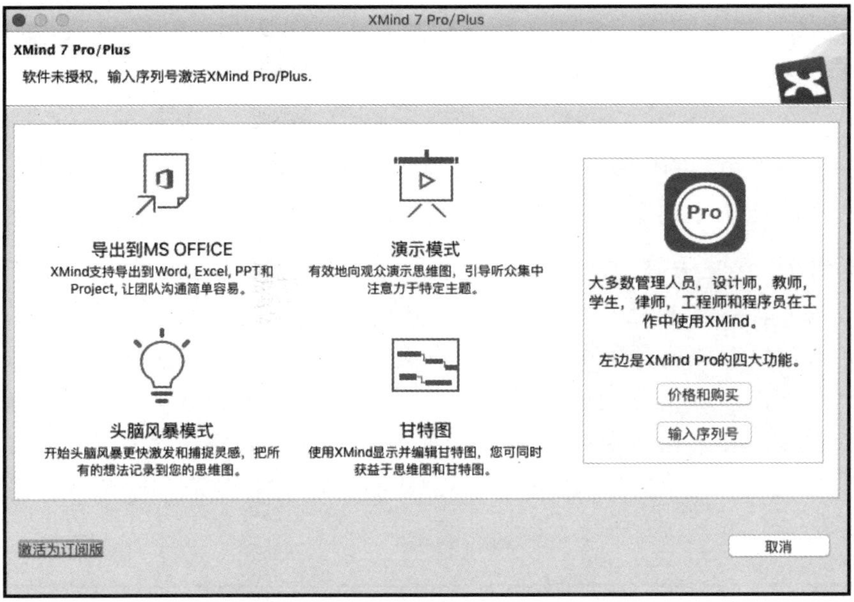

图 2-19

2. 对单体产品的整体实施商业化

对单体产品的整体实施商业化是指针对产品的整体功能收费以达到商业化的目的。产品同样也会提供不同的版本，这些版本往往依据产品使用时长、产品资源使用量、产品使用人数等进行收费。当然，也不排除在实施整体收费后，产品依然会对某些小插件、小功能进行额外收费。

模型模拟：还以上面的人力资源管理软件为例，我们不对功能做细分的版本规划，而只推出一个整体的付费版本，即产品 B，这也是最常见的软件商业化策略。下面利用“商业化人、货、场”模型进行评估，见表 2-3。

表 2-3

产品/名称		产品价值（货）	受众群体（人）	使用场景（场）	商业化可行性
现有产品	产品 A	功能 1、功能 2、功能 3、功能 4、功能 5	用户群 1、用户群 2、用户群 3	场景 1	产品 B 可行
付费新品	产品 B	功能 1、功能 2、功能 3、功能 4、功能 5	用户群 1、用户群 2、用户群 3	场景 1	

案例 1： 再以有赞微商城为例，它的官方宣传语是“一个软件解决网上开店的所有问题”。了解有赞微商城的人都知道，其实刚开始有赞微商城是免费的。从 2016 年 7 月开始有赞微商城收取年服务费，即将有赞微商城整体进行了商业化。由于有赞微商城刚开始的定位是网上开店工具，因此直接对工具进行了整体收费（年费制）。

案例 2： 阿里云监控是一项对阿里云资源和互联网应用进行监控的服务，刚开始并未实施商业化，为了给用户持续提供更优质的监控服务，并且帮助用户更高效和合理地使用云监控、减少监控报警滥用，于 2018 年 4 月 2 日正式开始商业化。从商业化的策略来看，这款产品采用的是整体按资源使用量收费的策略，且依据不同的资源使用量需求划分为四个版本：免费版、专业版、企业版、自定义版。其中，专业版的阿里云监控商业化产品如图 2-20 所示。

专业版	1099元/月	• 报警短信：5000条/月 • 查询监控数据API调用：500万次/月 • 站点监控任务数：20个 • 站点监控单任务可选择的ECS探测点数：5个 • 站点监控单任务可选择的区分运营商探测点数：5个 • 日志监控的处理峰值：50MB/分钟 • 事件监控的事件个数：50万个/月 • 事件监控的存储时长：12个月 • 自定义监控时间序列个数：1000个 • 各类云产品监控数据：不限 • 安装云监控插件数量：不限

图 2-20

2.5.2 多品整合变现

在很多行业的数字化应用中，互联网产品均存在大量的应用孤岛，即一个产品往往谋求解决用户的一种需求，场景偏单一。在现实的商业化实践中，在很多情况下，用户较难用单一的产品解决多个场景串联的、相互差异大的并发需求，而这些需求又往往都指向了共同的工作目标。因此，这就需要全链路的商业化解决方案来连接这些应用孤岛（场景），以达到商业化目标，如图 2-21 所示。

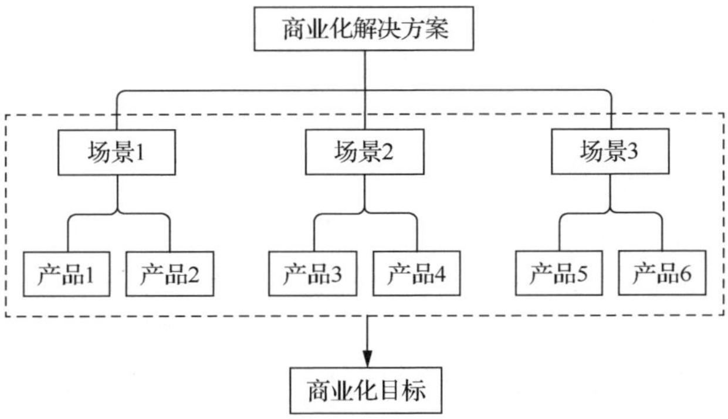

图 2-21

如图 2-21 所示，这种情况下的产品商业化横跨了三个场景，并且需要整合六个产品，且这些场景与产品有共同的商业化目标，这就体现了商业化产品设计的横向设计性。一般来讲，服务商所提供的商业化解决方案需要覆盖尽可能完整的用户应用场景，帮助用户达成统一的工作目标。因此，通过跨场景的产品整合来提供全链路的商业化产品或者解决方案，就成了很多服务商的选择，且多见于企业服务产品，如阿里云的行业解决方案、企业服务解决方案、安全解决方案、大数据解决方案等。

模型模拟：这类产品的商业化策略就是针对多个用户场景进行产品整合与数字化打通。一家互联网公司提供三款面向零售商家的软件产品 A、产品 B、产品 C，这三款产品面向的用户群体分别是商家团队中的用户群 1、用户群 2、用户群 3。下面利用“商业化人、货、场”模型进行评估，见表 2-4。

表 2-4

产品/名称		产品价值（货）	受众群体（人）	使用场景（场）	商业化可行性
现有产品	产品 A	价值 1（功能或其他）	用户群 1	场景 1（大场景）	产品 D 可行
	产品 B	价值 2	用户群 2	场景 1（大场景）	
	产品 C	价值 3	用户群 3	场景 1（大场景）	
付费新品	产品 D	价值 1、价值 2、价值 3	用户群 1、用户群 2、用户群 3	场景 1（大场景）	

其中，商家在最开始时按需引进软件产品，先后引进了产品 A、产品 B、产品 C。随着软件服务的深入，这家互联网公司发现，产品 A、产品 B、产品 C 的使用场景存在着紧密的关联关系，或者说都是在一个更大的共同场景中（即场景 1），这个场景就是商家的零售管理信息化。那么是否可以为此用户提供一整套的解决方案产品呢？于是这家公司经过评估后，以产品 A、产品 B、产品 C 为基础推出了产品 D。

综合来看，商业化可行性如下：与现有产品相比，付费新品在三个评估对象上分别为价值相同（产品 D 的价值是产品 A、产品 B 和产品 C 的集合，并且产品 A、产品 B、产品 C 的各自价值与原来相同）、受众相同（产品 D 的受众群体是产品 A、产品 B、产品 C 的集合，并且产品 A、产品 B、产品 C 的各自受众与原来相同）、场景相同（产品 D 的场景是产品 A、产品 B 和产品 C 的集合，并且产品 A、产品 B、产品 C 的各自场景与原来相同），三个评估对象均达到新老产品一致，商业化可行性高。

案例 1：还以有赞为例，有赞零售是其推出的一款商业化产品。官方宣传语如下：有赞零售是全渠道一体化经营工具，帮助零售商家、门店、网店实现双增长。刚才我们讲到有赞微商城的商业化并没有出现横向的需求，这是产品定位使然。因为有赞刚开始就将其定位为网上开店工具，微商城已经在电商系统的产品维度做得很好了。但是后来有赞团队发现，有赞的用户除了纯电商用户和自媒体用户，还有很多线下门店用户，需求由此产生。

具体是什么需求呢？线下门店用户在开网店之前，几乎没有用过管理系统。但当他们开网店以后，所有数据都要电子化，比如线上发券、线下核销、货品管理、财务管理等。他们即使原来用过传统的管理软件，也存在数据互通的问题。线下门店其实需要一个线上和线下一体化的全链路解决方案，以此实现数字化经营。

由此，有赞依据零售行业的特点推出了有赞零售。有赞零售为不同规模的门店提供解决方案，这贯穿了整个生意环节，包括开店经营、场景营销、精细运营、数据决策、渠道聚合、业务协同，进而形成了一体化解决方案。这就是典型的通过产品横向整合，进而满足线下门店在售前、售中及售后的多场景需求。有赞零售的网站介绍内容如图 2-22 所示。

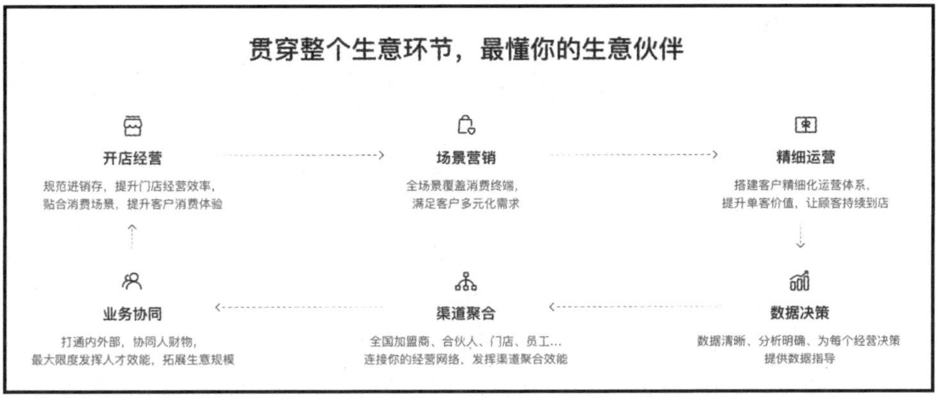

图 2-22

从有赞微商城到有赞零售，其实很好地迎合了一个趋势，即数字化零售开始从营销场景延伸到经营场景、管理场景，出现了大规模的跨场景的全链路数字化需求。

当然，除了有赞零售，有赞还有有赞美业、餐饮等行业产品，有赞从更底层为行业赋能，面向商家应用开发者推出了有赞云，就像谷歌开放安卓技术一样。这种商业化赋能也基于产品横向整合模式，包含了有赞多年积累的订单交易、资金处理、营销、客服、数据等技术。

案例 2： 讲到零售数字化，在 2018 年由中国连锁经营协会主办的中国零售数字化创新大会上，腾讯公司副总裁林璟骅首次对外阐述了腾讯智慧零售的理念与核心主张，主要想实现两个目标：商家门店的数字化运营和用户体验优化。如何实现？腾讯从用户与流量、数据与技术、工具的连接三个层面与零售行业结合，对最简单的用户到店、到店前和到店后的数字化运营效率进行了优化。

售前： 腾讯通过对用户常居地和工作地进行大数据分析，帮助商家对店面周边人群进行更深的洞察，获取更丰富的用户画像，同时借助公众号、小程序、微信支付、优惠券、精准广告等帮助商家更好地触达用户，实现更精准的营销。

售中和售后： 腾讯通过各种智能识别用户的手段，比如通过购买记录、用户行为建立起来的用户画像，在到店现场帮商家做很多精准推荐的工作；在销售过程中，扫码购、人脸识别、免密支付、售后服务、配送追踪等都可以通过微信公众号或者小程序实现，这构成了商家的“工具箱”，进一步帮助商家提高了效率。

腾讯的智慧零售本质上是为企业或商家提供数字化转型的商业化能力及底层工具，也可以称为赋能。这种赋能形式也基于产品横向整合模式，同样横跨了售前、售中及售后的多个场景，提升了全链路运营效率，优化了用户体验，创造了新的商业机会。

2.5.3 用户增值变现

在一款用户产品内可能存在大量具备增值效果的商业价值，增值价值的形式是多样化的，比如能够提供更炫的外观、更好的功能、更大的容量、更快的速度、更低的成本、更多的服务等。但单独的商业价值往往无法直接形成可购买的产品，于是把这些价值横向整合形成组合服务，进而让用户打包购买，就成了一个理想的商业化选择，如图 2-23 所示。

如图 2-23 所示，用户产品包含的价值被整合设计为三个商业化产品，具体的整合设计过程如下：

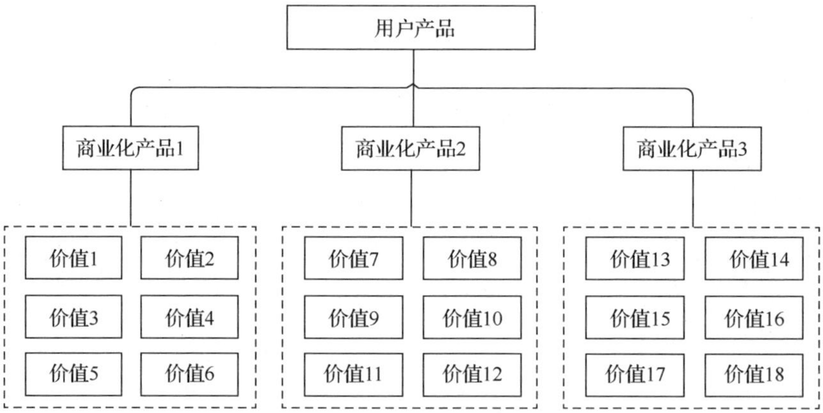

图 2-23

第一，价值分析。分析该款用户产品能够进行商业化的所有价值，这些价值包含了价值 1、价值 2、价值 3……价值 18。

第二，价值组合。将同种类的（满足用户同类需求的）价值组合，如将价值 1～价值 6 组合在一起，其他价值的组合方式相同。

第三，价值增值。将组合在一起的价值进行增值并设计为付费产品，从而得到商业化产品1、商业化产品2、商业化产品3。

因此，这类产品的商业化策略就是在现有产品的基础上提炼可以增值收费的用户价值，进一步设计为商业化产品。此类商业化策略最常见的实施对象就是会员产品。需要说明的是，在商业化实践中，产品价值的组合方式可以为固定的一种（比如，只有一种会员服务，但可以给会员分等级），也可以为多种（比如，有多种会员服务，即不同的会员版本）。

模型模拟：产品A是一个拥有海量个人用户规模的社交产品，并且是一款免费的用户产品。产品A的商业化思路是通过提炼产品A的价值形成付费会员产品B。产品A的各项评估对象定义如下：

（1）产品价值。可以商业化的价值包含了价值1、价值2、价值3、价值4……价值N。

（2）受众群体。将整个个人用户群定义为用户群1。

（3）使用场景。将个人社交使用场景定义为场景1。

基于以上定义，下面利用“商业化人、货、场”模型进行评估，见表2-5。

表2-5

产品/名称		产品价值（货）	受众群体（人）	使用场景（场）	商业化可行性
现有产品	产品A	价值1、价值2、价值3、价值4……价值N	用户群1	场景1	产品B可行
付费新品	产品B	针对价值1、价值2、价值3、价值4、价值5进行用户价值增值	用户群2（用户群1的子集）	场景2（场景1的产品内包含场景）	

经过评估，产品A具备了可以商业化的价值1、价值2、价值3、价值4……价值N，我们最终决定将价值1、价值2、价值3、价值4、价值5提炼出来并进行用户价值增值，将其设计为一款新的付费会员产品B，即价值包含。从受众群体来看，产品B的目标用户为用户群2，而用户群2是产品A用户群的子集，即受众包含。从使用场景来看，产品B的使用场景为场景2，场景2与场景1的关系是场景包含，即用户在购买产品B后，可以从场景1无缝切换到场景2（比如，之前不能看的在线内容在付费后能看了）。

综合来看，商业化可行性如下：与现有产品相比，付费新品在三个评估对象上分别为价值包含、受众包含、场景包含。三个评估对象均达到新老产品一致，商业化可行性高。

案例：QQ 会员就是该类商业化策略的代表产品。QQ 会员的商业化思路为 QQ 整合了给用户提供的丰富的增值服务，并将增值服务分为六类，主要包括成长与身份、好友与群、折扣与优惠、装扮与个性、离线与同步、安全与其他，而每一类又细分了很多会员权益。图 2-24 所示为“好友与群”增值服务包括的会员权益。

图 2-24

2.5.4 流量增值变现

在互联网领域中，流量即价值，而广告是最常见的商业化产品。广告产品的商业化策略是评估可以售卖的流量资源，即能够产生商业价值的广告位，并依据广告类型设计匹配的广告产品。

模型模拟：产品 A 是一个拥有海量用户规模的知识社区 App，而广告是产品 A 最重要的商业化产品。针对产品 A 的流量资源，我们以其中的三个可以售卖的广告位为例，利用“商业化人、货、场”模型进行评估，见表 2-6。

表 2-6

产品/名称		产品价值（货）	受众群体（人）	使用场景（场）	商业化可行性
现有产品	产品 A	流量资源 1	用户群 1	场景 1	产品 B、产品 C、产品 D 可行，但在产品价值层面存在广告过度植入造成的用户体验被破坏的风险，需平衡用户体验与商业体验
		流量资源 2	用户群 1	场景 1	
		流量资源 3	用户群 1	场景 1	
付费新品	产品 B	广告位 1（流量资源 1 的增值载体）	用户群 2（用户群 1 的子集）	场景 1	
	产品 C	广告位 2（流量资源 2 的增值载体）	用户群 3（用户群 1 的子集）	场景 1	
	产品 D	广告位 3（流量资源 3 的增值载体）	用户群 4（用户群 1 的子集）	场景 1	

其中，产品 A 的三个流量资源被分别设计为三个广告产品：产品 B、产品 C、产品 D。它们具备不同的广告样式与售卖价格，但是这些植入广告没有办法保证用户一定愿意看。产品 A 实现了广告精准推送，从受众群体来看，产品 B 的目标用户为用户群 2，产品 C 的目标用户为用户群 3，产品 D 的目标用户为用户群 4。用户群 2、用户群 3、用户群 4 均是产品 A 用户群 1 的子集，即受众包含。另外，从使用场景来看，产品 A、产品 B、产品 C、产品 D 的使用场景均为场景 1，即这款 App 的使用场景。

综合来看，商业化可行性如下：与现有产品相比，三个付费新品在三个评估对象上分别为价值不同、受众包含、场景相同。三个评估对象未达到新老产品一致，但如果产品价值不同带来的延伸风险可控，那么商业化可行性高，否则会影响商业化效果。

我们看到，在产品价值这个目标维度存在延伸风险。付费新品（即广告产品）具有与现有产品（宿主产品）不一样的使用价值，因此我们就要做好风控工作。既不能为了过分追求个人用户体验而让整体变现收益遭受损失，又不能为了满足广告主需求而透支流量资源和破坏用户体验。

2.5.5 电商增值变现

有些产品会面临以下的商业化场景：产品具备了规模化的用户，但经过用户增值变现评估、流量增值变现评估，商业化可行性低，即没法通过设计会员产品和广告产品等变现。那么，如何从其他途径挖掘规模化用户的商业价值呢？主流的方式就是挖掘用户消费需求并在产品内做电商增值变现。

模型模拟：产品 A 是一个拥有海量用户规模的运动社交产品，在刚开始做商业化探索的时候，产品并没有直接选择用户增值变现（会员产品）与流量增值（广告产品）变现，而是通过挖掘垂直运动人群的延伸需求做电商增值变现。下面利用“商业化人、货、场”模型进行评估，见表 2-7。

表 2-7

产品/名称		产品价值（货）	受众群体（人）	使用场景（场）	商业化可行性
现有产品	产品 A	现有产品的核心价值是运动数字化（在线记录），但评估后发现无法直接增值变现，转而深挖用户延伸需求	用户群 1	场景 1	产品 B 可行，但在产品价值层面存在风险，如果跳过用户核心价值的增值变现而追求延伸需求变现，就要面临用户基于延伸需求购买付费产品的转化率考量
付费新品	产品 B	提供满足用户延伸需求的电商产品（如各类运动装备），在产品 A 内植入变现	用户群 2（用户群 1 的子集）	场景 2（场景 1 的产品内包含场景）	

其中，从受众群体与使用场景来看，付费新品与现有产品之间具备了很高的商业化可行性（即分别是受众包含、场景包含）。难点在于产品价值，因为付费新品并不是基于用户核心价值，而是基于延伸需求，那么商业化关注点就变成了产品 A 的用户延伸需求与产品 B(即植入产品 A 内部的电商产品）之间的转化率。我们可以通俗地理解为一个用户通过现有产品（App）完成了跑步记录（核心诉求），有多大概率通过 App 来继续满足延伸需求（比如，买一件运动短裤）？

综合来看，商业化可行性如下：三个评估对象未达到新老产品一致，产品 B 能否达到预期的、基于用户延伸需求产生的消费转化率是商业化能否成功的关键。我们需要思考产品如何更好地挖掘用户的核心价值，通过与核心价值捆绑来做商业化变现。

案例： 咕咚是一个运动 App，类似的产品还有 Keep、约运动、悦跑圈等。咕咚基于“运动数字化”“运动圈”“发现”“好货”等功能，以运动内容（健身课程等）为用户吸引点，以运动社交为用户黏性点，并通过为电商导流实现了商业化，包括自主产品和外部合作产品。电商增值变现是咕咚的商业化路径之一。咕咚的商业化页面如图 2-25 所示。

图 2-25

2.5.6 外部增值变现

有些产品会面临以下商业化场景：产品具备了规模化的用户，但因为各种因素的影响，无法通过用户增值、流量增值、电商增值等产品内途径变现，那么我们就要思考如何通过产品外部途径变现，并且合理地利用现有产品的用户、数据、品牌等。

模型模拟：产品A是一款面向K12教育领域的作业产品，它的用户群体是多样的，主要包括用户群1（学生）、用户群2（家长）、用户群3（老师）。在实践中，产品A的一条商业化路径是为用户群1（学生）提供付费产品B实现变现。下面利用“商业化人、货、场”模型进行评估，见表2-8。

表2-8

<table>
<tr><th colspan="2">产品/名称</th><th>产品价值（货）</th><th>受众群体（人）</th><th>使用场景（场）</th><th>商业化可行性</th></tr>
<tr><td rowspan="3">现有产品</td><td rowspan="3">产品A</td><td>学生在线作业价值，但无法直接实现产品内增值变现，需挖掘学生延伸消费需求</td><td>用户群1</td><td>场景1</td><td rowspan="4">产品B可行，但在产品价值与使用场景两个层面均存在延伸风险，需要做好风控</td></tr>
<tr><td>家长价值</td><td>用户群2</td><td>场景2</td></tr>
<tr><td>老师价值</td><td>用户群3</td><td>场景3</td></tr>
<tr><td>付费新品</td><td>产品B</td><td>满足学生延伸消费需求的产品，且不在产品A内</td><td>用户群1</td><td>场景4（与场景1不同）</td></tr>
</table>

其中，在产品价值层面，产品A无法实现在产品内直接提供增值产品（如可以让学生在产品A内直接消费的产品），主要是因为受学生端产品体验和校园产品政策监管因素影响。因此，我们只能基于学生延伸的消费需求在产品外部设计付费新品，即产品B。在受众群体层面，产品A与产品B是受众包含关系。在使用场景层面，由于产品B是独立于产品A的外部产品，使用场景不同于产品A。

综合来看，商业化可行性如下：与现有产品相比，付费新品在三个评估对象上分别为价值不同、受众包含、场景不同。虽然具备商业化可行性，但是因为两个评估对象（产品价值、使用场景）不一致，因此加大了商业化的难度。

案例：一起教育科技的产品主要包括三大产品服务体系：大数据驱动的学校教育平台（一起小学、一起中学）、以个性化学习为目标的家庭教育平台（一起学）、连接公益力量的社会教育平台（一起公益）。一起教育科技的产品服务体系如图2-26所示。

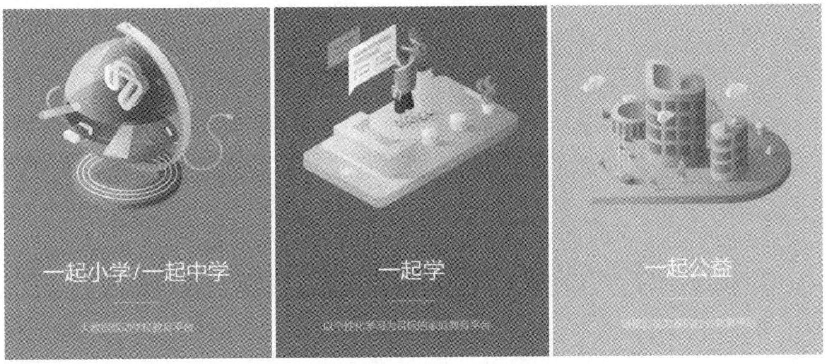

图 2-26

其中，“一起小学”同步学校教学进度，覆盖练习、评测等教育场景，通过大数据和人工智能等教育科技手段，帮助老师减负增效、学生培养学习兴趣、家长掌握学情，让学习成为美好体验，主要包括了语文在线作业产品、数学在线作业产品、英语在线作业产品。

一起教育科技的作业产品拥有规模化个人用户，因为很难在“一起小学/一起中学”的作业类 App 内直接实施商业化，所以公司面向学生群体（用户群体之一）推出个性化学习类的增值产品，比如旗下的中小学在线辅导平台“一起学”。与“一起小学/一起中学”的作业类 App 相比，“一起学”是不同用户价值、不同使用场景的产品，商业化策略是外部增值变现。

第3章

商业化产品的六种形态和计费方式

导读： 在互联网时代，商业化产品的形态太多了。本章的内容旨在帮助你尽量了解多种形态的商业化产品和它们的计费方式。建立对商业化产品多种形态的认知，可以让我们具备更宽阔的商业化视野，从而让产品找到最佳的变现出口。本章讲的计费方式大部分更偏向于商业化产品自身的计费方式，较少介绍其所依附的平台或者公司的整体赢利模式。

3.1 商业化产品的形态和演化趋势

3.1.1 六种典型的商业化产品形态

互联网的出现让产品形态的丰富度获得了极大提升，究其原因是通过互联网赋能所创造的产品形态更加多样化，而不再局限于传统的、能够看得见和摸得着的产品。从这个角度来看，互联网化的产品主要有两种形态：第一种，传统产品通过互联网化升级成的新型产品，可以理解为“+互联网”的产品，比如经过互联网化改造的实物产品及服务；第二种，互联网创造的新型产品，尤其是各种虚拟产品及服务。

互联网化背后的本质其实是“数据的流动”，这种流动态的产品载体（价值载体）本身具备了灵活的、可持续迭代的塑造性，在一个载体中能够整合多种产品形态。从这个角度来看，往往不存在绝对意义上的、属于哪一种形态的商业化产品，混合形态已经成为商业化产品的常态。

当然，为了便于归类分析，从商业化产品的存在形式（价值载体）来看，我总结了六种常见的互联网商业化产品作为重点分析对象，它们分别是实物产品、软件产品、广告产品、会员产品、内容产品、数据产品。

提示：流动态的价值载体可以拆分为价值、价值载体、流动态。

首先，价值对应的是带给客户的利益，价值载体是指产品本身。比如，感冒药治感冒，治感冒是价值，感冒药是价值载体。商业化产品的价值载体对应的是满足客户利益的承载体，如果没有这个承载体，客户的消费意愿就没法真正达成。

其次，流动态其实就是产品互联网化（或者数字化）之后的状态。它对应的是不可流动的，即传统的实体产品是物理的、没有经过数字化的、不可流动的。比如，我们生产了一只固定形状的杯子，一次性成型，卖给了客户，那么客户所拥有的就是这个形状的杯子。然而，当我们购买并使用一款 SaaS 产品的时候，这种产品往往是可以通过云端持续迭代升级的，并且当 SaaS 产品里植入了内容服务的时候，内容本身也是可以通过云端持续更新的。在这种情况下，我们买到的产品是可以按需求进行个性化匹配的，且可以进行功能及内容的迭代更新，是持续变化的（即流动的）。

3.1.2 各种商业化产品的“跨界融合”成为常态

在传统商业时代，甚至在互联网发展早期，商业化产品的形态相对比较单一，比如我们会通过卖硬件变现、卖软件变现、卖广告变现，而它们的变现都是独立进行的，相互之间很少关联。因此，负责广告设计的可能认为只需要知道广告的变现逻辑，负责软件设计的可能认为只需要知道软件的变现逻辑，诸如此类。随着互联网的飞速发展，做商业化产品越深入就越会发现，产品变现的方式多样且灵活，并且也在不断地变化演进，变现本身并没有一个固定的公式。唯有了解商业化产品的多种形态，掌握多种商业化的可能发生场景，才能更好地评估并落地商业化实践。

影响商业化产品形态不断演进的主要原因如下。

1. 同一款产品可能会出现多种商业化可能性

与传统的电视相比，我们当下购买到的以小米、乐视为代表的智能电视已经不仅仅是一台硬件电视。我们可以通过电视内置的生态系统买到自己喜欢的内容，比如开通影视会员看电影、开通体育会员看足球直播等，甚至连开机的时候我们都不得不观看一段电视广告。

案例：以小米智能电视为例，除了电视机（硬件），小米公司还为用户提供了内置系统的会员服务。比如，小米影视会员。用户在付费成为会员后，可以观看院线电影新片、热播大剧等内容，甚至还可以免费享受爱奇艺的 VIP 服务（属于联合会员福利）。再比如，小米儿童会员。小米为 0~8 岁的儿童精心挑选了 34 万分钟、全球 30 个国家和地区的优质动画，用户在付费成为会员后，可以观看这些内容。

2. 商业化的横向性会导致跨产品的商业化整合

随着互联网应用场景的不断丰富，跨场景的产品需求造成的产品商业化整合越来越频繁。这要求我们掌握多场景的商业化产品形态，并能够进行有效整合。

案例 1: 致力于帮助餐饮等行业实现互联网信息化的科技公司：二维火。它面对的线下餐饮商家对互联网系统的需求往往是多场景并发的，比如会覆盖点菜、排队、收银、厨房、会员、进销存、财务等。公司产品群涵盖了 SaaS 产品、硬件产品、App 产品、维护服务等多个形态的商业化产品，最终会组合形成系统解决方案提供给商家。因此，只有通过横向的、多种形态的产品整合才能解决餐饮商家的多场景需求。二维火的手机收银解决方案如图 3-1 所示。

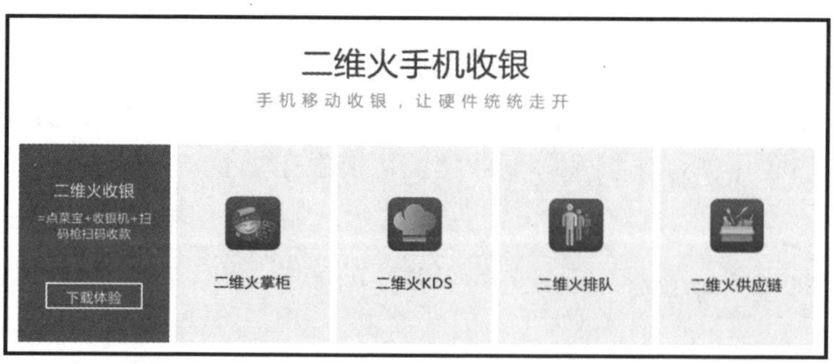

图 3-1

案例 2： 专注于为 4～12 岁小朋友提供北美外教 1 对 1 英语学习的 VIPKID。当我们为孩子购买一门在线课程的时候，实际上买到的是一整套课程包服务。这里面包含了主修的课程、公开课、FM 音频学习内容、数字图书馆的原版英文电子绘本等。由此看来，VIPKID 的销售产品进行了横向的关联产品整合。我们买到的不仅是课程产品，还是配套结合了多样化学习内容的一个产品组合，这些产品都会帮助孩子学习与成长。这些不同形态的产品都是经过提前设计，进而最终整合到学生账户里面的。

3. 产品的交付形态正在不断改变

我们能够感受到互联网时代的变化趋势是从卖硬件到卖软件、从卖产品到卖服务。在演进过程中，商业化产品的交付形态是在不断改变的，这也是互联网思维在产品演进上的具体表现。

案例： 以音乐产业为例，音乐的载体在过去的十几年中发生了翻天覆地的变化，从过去的唱片变成了现在的流媒体。赢利模式从唱片获利模式转变为依靠流媒体的综合获利模式。对于歌迷来说，过去我们需要花钱买唱片，而现在能够免费听到正版音乐。当然，我们要想下载某些歌曲或者听更高品质的歌曲，就要花钱购买付费服务，比如 QQ 音乐的付费体验模式。

综合以上三个原因，在这个快速发展的商业时代，了解多种形态的商业化产品，对产品本身的商业化迭代至关重要，这会帮助企业降低经营风险。

3.2 实物产品和计费方式

3.2.1 两种典型的实物产品

实物产品是指以物理实体形式存在的商业化产品。实物产品分布广泛，我们只关注互联网产品，即“实物+互联网”的产品。实物产品的覆盖范畴可以放宽到所有被赋予互联网应用模式的产品，甚至也可以包括实物产品与互联网相结合输出的新型服务。从这个角度出发，主要有两种典型的实物产品：数字化硬件、实物服务。

1. 数字化硬件

从互联网应用模式的产品角度来看，以智能手机为代表的个人电子产品、以智能电视为代表的家居电子产品、以收银机为代表的商用电子产品都是典型的实物产品。这些实物产品的一个重要特征就是软件与硬件相结合，即它们已经不仅是传统的静态实物产品，因为通过植入软件系统而实现了联网，还属于互联网产品。

2. 实物服务

从实物产品与互联网相结合输出的新型服务角度来看，实物服务主要是指即时性或者中短期的产品租赁服务。比如，我们可以租赁摩拜单车短程骑行，也可以通过滴滴租赁出租车长途出行等，这些都是实物产品与互联网相结合提供的服务。

3.2.2 实物产品的三种典型的计费方式

比较典型的实物产品的计费方式有三种：通过产品整体销售计费、通过产品租赁时长计费、通过产品服务用量计费。

1. 通过产品整体销售计费

这类计费方式最常见，就是为产品制定标准价格并销售。比如，一台电脑多少钱，一部手机多少钱等。

2. 通过产品租赁时长计费

这类计费方式主要依据用户使用产品的时长计费。比如，实时计费、按天计费等。比较典型的实时计费案例有共享单车，用户可以通过智能手机使用周边的单车，在到达目的地后把单车停放在路边合适的区域，关锁实现电子付费。

3. 通过产品服务用量计费

比如，我们通过滴滴 App 使用出租车服务，计费方式是按照到目的地的实际路程计费。

以上是从产品计费方式的视角做分析，这个视角更偏向于终端用户，而我们知道，与其他形态的商业化产品相比（比如软件产品、内容产品、广告产品、数据产品），实物产品的产业链要更加复杂，处于产业链不同位置的企业所实施的商业化策略也存在巨大差异。因此，要在实物产品上建立完整的商业化视角，不仅仅需要关注终端计费，还需要再增加另外一个视角：基于产业链的产品整体赢利模式。

实物产品的产业链层次要比其他形态的商业化产品更加丰富，且实物产品更加注重上下游协作。在成熟的产业链生态中，同样一款产品往往会先经过产业链上游协作生产，然后再通过下游市场流通到达终端用户手中。我们需要将视角扩展到企业在产业链中的经营模式，并重点关注企业如何通过控制生产与销售渠道实现商业化变现，达到赢利目的。

3.2.3 五种典型的生产实物产品的企业经营模式

从产品的生产与销售渠道两个核心维度考虑，针对实物产品建立的比较典型的赢利模式有以下几种：①自己生产、自己销售；②外包生产、自己销售；③只生产、不销售；④只销售、不生产；⑤以上几种情况的混合经营模式。

提示：一款实物产品可以衍生出多种变现方式，比如通过硬件内的软件产品变现、通过硬件内的内容产品变现、通过硬件内的广告产品变现、通过硬件之外的增值服务产品变现等。此处将实物产品作为一款销售产品来分析，注重从产品本身的产业链经营模式获取营收及利润，而这些延伸出来的商业化产品将放在本章其他形态的商业化产品中单独分析。

1. 自己生产、自己销售

这是指企业将品牌、设计、生产、仓储、营销、物流、售后等商业化过程一体化掌控，其实就是控制了该产品的核心产业链。

案例：互联网铜工艺品牌“铜师傅”是一家专注于自主设计、生产、销售的铜类工艺品家居文创企业，获得了顺为资本和小米生态链的投资，是典型的自己生产、自己销售的企业。

自己生产、自己销售的企业很多，而且本书主要讲解互联网产品，为什么在这里要举一个工艺品企业的案例呢？主要目的是表达工艺制造业已经处于互联网升级的风口。有的人可能会觉得做工艺品的公司科技含量不高，但是小米生态链负责人刘德曾对媒体表示，“越来越多的东西开始有科技属性，它昨天不是科技公司，不代表明天不是科技公司”。

在产品打造和经营理念上，铜师傅和小米有一些相似之处。在 CEO 俞光眼里，在消费升级的风口里，同时包含着文化、精神和颜值的升级。对于电子产品来说，功能升级是非常重要的一个方面，但铜师傅所代表的工艺制造业也处于升级的风口。铜师傅官网的截图如图 3-2 所示。

图 3-2

2. 外包生产、自己销售

各大手机品牌商往往采用供应链外包生产，然后自己销售的模式。在这种模式下，产品的品牌、知识产权等核心资产均掌握在手机品牌商手中。

案例：以苹果公司为例，其供应商汇聚了全球各个行业的科技龙头企业，产业链非常庞大，富士康就是供应商之一。比如，富士康是某个系列苹果手机的生产商，但没有向终端个人销售苹果手机的权力，而苹果公司可以向终端个人销售。

3. 只生产、不销售

对于这种模式来说，比较典型的是各种硬件厂商的代工厂生产模式，常见的有以下几种：①OEM（Original Equipment Manufacturing，原始设备制造商）模式，俗称代工（生产）；②ODM（Original Design Manufacturing，原始设计制造商）模式，俗称贴牌（生产）。在上个案例中，富士康就是苹果公司的 OEM 或者 ODM。

简单来讲，OEM 模式是指硬件厂商不生产，但是控制核心技术及设计（知识产权），通过合同委托其他厂家（代工厂）生产，但这些代工厂不直接销售；ODM 模式是指代工厂在 OEM 模式的基础上加入了设计服务，并且可以与委托方协商是否保留知识产权。

4. 只销售、不生产

这类产品往往通过 B2C 类或者 B2B 类的电商平台进行销售，而产品的生产者成了平台的供应商。

案例：唯品会是此类模式的代表。唯品会的主营业务为利用互联网在线销售品牌折扣产品，通过与各个行业的品牌商进行合作，实现了涵盖名品服饰鞋包、美妆、母婴、家居等各大品类的销售。同样，作为电商平台，唯品会采用的是典型的 B2C 模式，而淘宝采用的是 C2C 模式。因此唯品会不能像淘宝那样，让商家入驻进行销售，而是统一采购商品并销售给个人。

5. 混合经营模式

混合经营模式是将以上两种或者多种模式组合形成的，比如同一家零售商对某个品类的产品采取品牌合作的模式引进产品进行销售，而对另一个品类的产品则以开发和推广自有品牌为主，生产则可以选择外包或者自产。当然，无论哪类产品，都通过统一渠道销售。

案例：混合经营模式的案例很多，在零售行业比较常见，比如世界知名的传统零售公司沃尔玛、老佛爷百货、高屋岛百货、玛莎百货等采用的都是这种模式。以沃尔玛为例，它在全球范围内拥有众多品牌供应商，以实体卖场作为销售渠道，这就是只销售、不生产的模式。

此外，沃尔玛也在不遗余力地开发和推广“自有品牌”。那么沃尔玛为什么要开发自有品牌呢？自有品牌是零售商直接外包给生产厂家的，品质有保证，并且因为不经过任何中间商，成本低、价格低。如果个人买家不太注重品牌知名度而看重产品本身的品质，那么这样的产品往往因为物美价廉而备受青睐。

据公开资料显示，2018 年沃尔玛对自有品牌进行了战略调整，将此前拥有的多个自有品牌进行了整合，形成了惠宜、Marketside、George 三大品牌。惠宜负责自有品牌的包装食品与日化用品，Marketside 的产品从烘培类产品慢慢扩展到鲜食，而 George 则是一个新引入的自有品牌，产品集中在服装和纺织方面。

沃尔玛的自有品牌战略也折射了背后的消费升级诉求，即当拥有稳定的客源之后，如何通过提供更加可控的优质产品来提升消费体验，如何通过改善产品的成本结构来提升坪效与降低个人买家的购物成本。沃尔玛的自有品牌经营模式同样出现在电商领域（更确切地说是新零售领域），比如网易严选、小米有品。

3.3 软件产品和计费方式

3.3.1 两种典型的软件产品

软件产品主要为应用型软件，根据用户的需求提供对应的功能。比如，一个企业的 ERP 系统、一个手机应用软件、一个数据库系统等。像操作系统、系统软件以及中间件等底层软件不在我们的分析范围内。应用型软件的商业化产品形态也在逐步演化，主要分为两种：传统桌面软件、SaaS 产品。

1. 传统桌面软件

最开始的软件普遍是桌面应用形式的，依据软件授权（Licence）计费，用户获得授权并能正常使用软件的完整功能。进入 21 世纪后，SaaS 模式开始兴起，作为云计算的一种重要应用模式，目前已经成为行业主流。

2. SaaS 产品

SaaS 产品的用户不用再购买授权，而是依据功能需求及使用时长等按需订购。对于很多企业用户来讲，它消除了企业购买、构建、维护基础设施和应用程序的需要。我们分析的软件产品主要是 SaaS 产品。

3.3.2 软件产品的五种典型的计费方式

此处只对 SaaS 产品进行分析。SaaS 产品最典型的计费方式包括以下几种：①依据使用时长计费；②依据资源使用量计费；③依据使用功能计费；④依据使用人数计费；⑤以上几种情况并行计费。在商业化实践中，前四种模式一般较少独立实行，往往在自己作为主计费方式的同时，与其他计费方式并行，即第五种模式。

说明： 与实物产品相同的是，一款软件产品也可以衍生出很多种变现方式，比如通过软件内的广告产品变现、通过软件内的内容产品变现、通过软件之外的增值服务产品变现，同样放在其他类目，在此不再单独分析。

1. 依据使用时长计费

这类计费方式主要依据用户使用产品的时长计费，往往表现为将产品的整体使用时长打包计费（比如 SaaS 产品经常采用按月计费、按季度计费、按年计费等模式）、将产品的某项高价值服务单独依据使用时长计费，见下面的案例。

案例： 融云是国内专业的即时通信云服务提供商。融云旗下有多种云服务产品，比如即时通信产品、实时音视频通话产品。融云先为音视频通话产品制定以千分钟为单位的标准使用价格，然后按照用户的实际使用时长计费，并且在此基础上推出了包月服务，如图 3-3 所示。

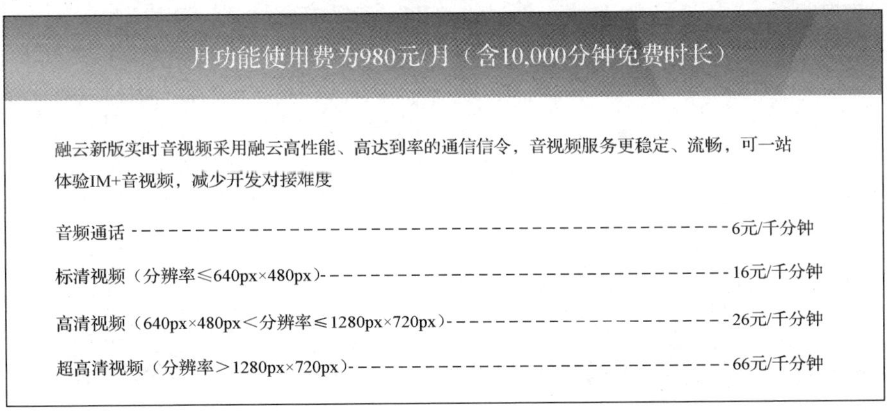

图 3-3

2. 依据资源使用量计费

这类计费方式主要通过控制产品内的资源使用量计费，往往表现为用户直接付费购买资源、用户免费使用的资源达到上限后再付费购买额外资源等。使用资源的种类有很多种，比如常见的有存储空间、手机短信、电子邮件、群数量/群人数、GET 请求（向服务器发送索取数据的一种请求）、网络流量等，它们的共同特征是均具备资源消耗属性。

案例 1： 七牛云是国内领先的以视觉智能与数据智能为核心的企业级云计算服务商，旗下有一款对象存储产品，这款产品按照资源实际使用量计费（如图 3-4 所示），且提供多种计费方案，为企业节省 IT 支出成本带来了很大帮助。

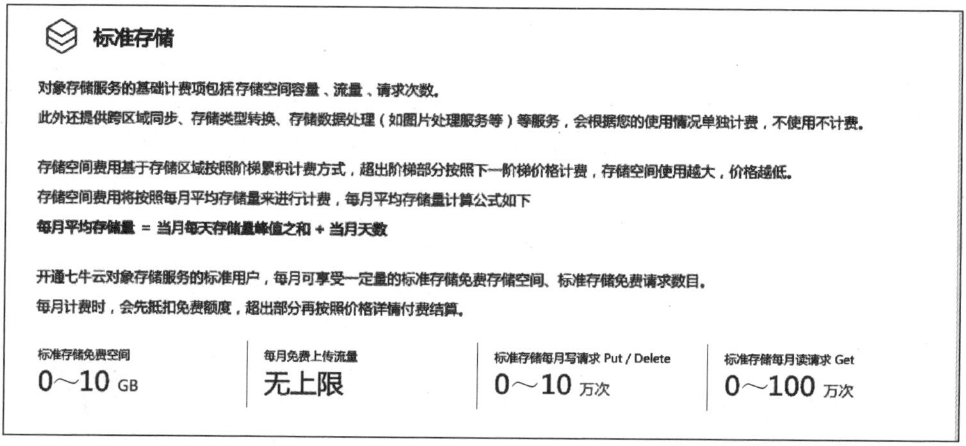

图 3-4

案例 2： SendCloud 专注于解决企业触达用户的需求，为企业提供邮件、短信、语音通信等 SaaS 产品，并按照实际使用量计费。其中，依据邮件使用量的计费方式如图 3-5 所示。

月发送量为 10000封以内	月发送量为 10001～50000封部分	月发送量为 50001～100000封部分	月发送量为 100001～200000封部分
59元/每月	5.6元/千封	5.3元/千封	5元/千封

图 3-5

3. 依据使用功能计费

这类计费方式主要依据用户使用功能的多少计费，往往表现为通过不同等级的产品版本控制不同功能的开放、将某些功能设置为单独付费开通等。

案例： 有赞微商城是商家在移动互联网上开店的利器，为了帮助商家提升营销效果，提供了大量的营销插件。目前，有赞微商城分为三个版本：基础版、专业版、进阶版。每个版本提供给会员的功能权限存在差别，有些插件在当前版本中无法使用，需要单独购买。比如，对于多人拼团（如图 3-6 所示），基础版的会员就无法使用，需要单独开通。

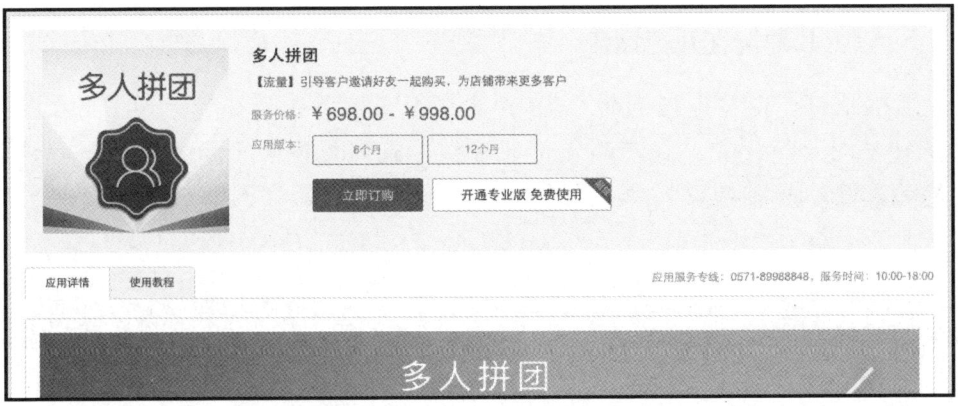

图 3-6

4. 依据使用人数计费

这类计费方式主要通过控制产品的用户数（或者子账户数）计费，往往表现为设置每增加一个用户的价格、设置基于不同用户数的梯度价格等。另外，随着用户数增多，产品往往会结合使用功能、使用资源等划分不同等级的版本。

案例： 销售易是国内专业的移动 CRM 服务商，旗下的销售云可以支持不同规模企业的不同销售流程管理需求，实现销售自动化。销售云以企业使用人数为基准，同时结合不同等级的功能，设置了四个版本的计费标准，如图 3-7 所示。

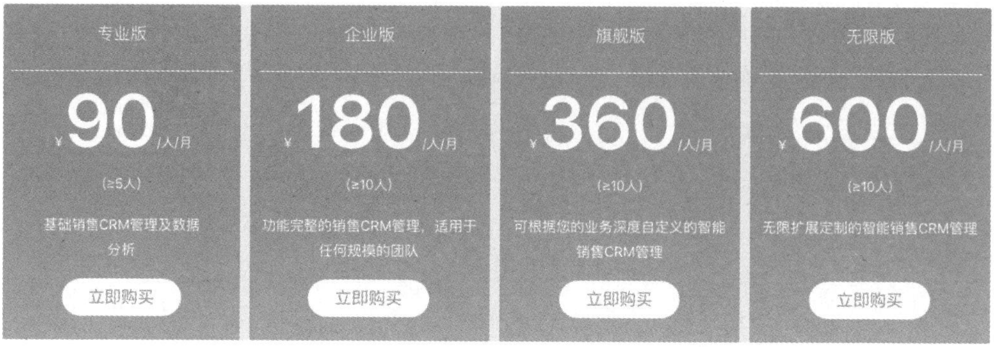

图 3-7

5. 以上几种情况并行计费

客观地讲，目前市场上的 SaaS 产品极少采用单一的计费方式，而往往采用多种方式并行计费。在产品定价的时候，我们更偏向于以其中的一种计费方式为主导，同时辅以其他的计费方式，它们各自的案例也说明了这一点。

3.4 广告产品和计费方式

3.4.1 六种典型的广告产品

广告产品主要是基于产品的流量价值挖掘提供的增值营销型产品，是大多数互联网公司构建赢利模式的首选产品。Google 的广告模式最典型，开创了互联网广告收费的先河。比较典型的互联网广告产品主要有以下几种。

1. 搜索引擎广告

搜索引擎广告是指广告主在搜索引擎上自主定价投放的广告。在广告自主投放后，在搜索结果的显著位置（竞价排名）展示广告信息，按照用户点击次数计费（CPC）。比较典型的搜索引擎广告有百度推广和淘宝直通车。①百度推广（如图 3-8 所示）。百度推广通过对搜索推广账户的优化，让搜索结果取得较高的推广排名，可以用来扩大销售，进行品牌推广、产品推广、本地推广、App 推广等。

②淘宝直通车。卖家设置与推广产品相关的关键词和出价，当买家搜索相应的关键词时，推广产品获得展现和流量，实现精准营销，卖家按所获流量（点击数）付费。

图 3-8

2. 信息流广告

信息流广告是指位于信息流（Feed）产品内容（如新闻资讯、社区内容等）中的广告，是一种原生广告，通过与产品内容或者功能接近的形式展现给用户。与传统广告的主要区别是，它通过用户大数据的聚合、算法等技术手段实现了针对目标用户的精准展示，实现了“信息找人”，而不是传统广告的“人找信息”。

典型的信息流广告有今日头条广告和百度信息流广告。①今日头条广告，支持人群定向（性别、年龄、兴趣、商圈等）、智能定向（深度建模学习、还原受众与品牌关系、智能圈定兴趣人群）、内容定向（锁定特定品类文章、实时建立关联、加深品牌印象），并覆盖今日头条、抖音短视频、西瓜短视频的海量用户资源。②百度信息流广告，可以在百度 App、百度首页、百度贴吧、百度手机浏览器等平台进行穿插展现。今日头条广告如图 3-9 所示。百度信息流广告如图 3-10 所示。

图 3-9

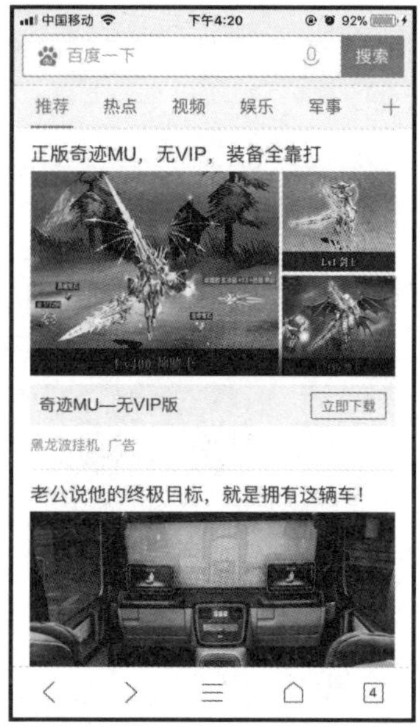

图 3-10

3. 门户网站广告

门户网站广告是指位于综合门户网站或者行业门户网站中的广告，往往包括多种形式的广告。图 3-11 所示为汽车之家在 PC 端的门户网站广告。

图 3-11

4. 电商平台广告

电商平台广告是指位于电商平台中的广告产品，往往包括多种形式的广告。比如，阿里巴巴旗下的阿里妈妈的广告产品淘宝直通车，如图 3-12 所示。

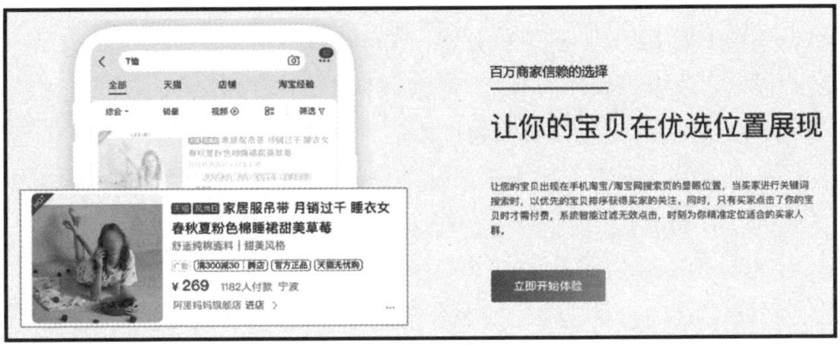

图 3-12

5. 社交平台广告

社交平台广告是指在社交平台中植入的广告，往往包括多种形式的广告。比如，腾讯的社交平台广告有微信朋友圈广告（以类似朋友的原创内容形式在朋友圈中展示的原生广告，如图 3-13 所示）、微信公众号广告（在微信公众号文章底部、中部、互选广告、视频贴片四个广告资源位展示的内容广告）、QQ 空间广告［QQ 空间广告出现在用户的好友动态中，是一种融入用户生成内容（User Generated Content，UGC）中的原生广告］等。

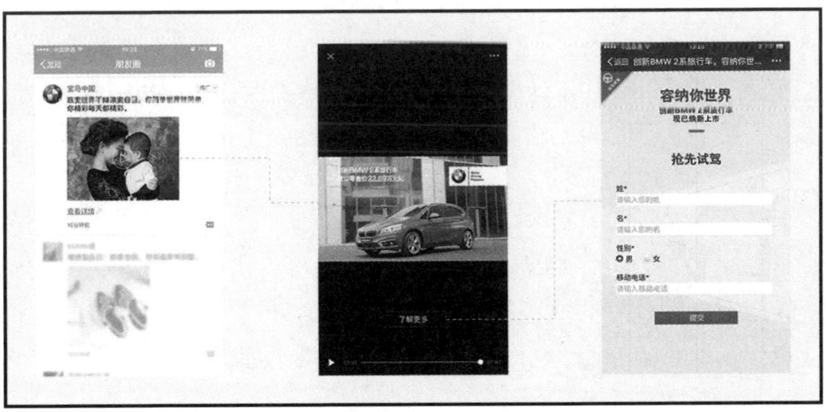

图 3-13

6. 联盟广告

联盟广告即依托内外部整合的媒介资源建立的广告产品。联盟广告往往包括多种形式的广告，比如原生广告、Banner 广告、插屏广告、开屏广告、积分墙等。典型的联盟广告有百度联盟广告、阿里联盟广告和腾讯联盟广告。①百度联盟广告，主要依托全球最大的中文搜索引擎，为联盟伙伴的流量增值。②阿里联盟广告，主要依托阿里系电子商务平台，为联盟伙伴的流量增值。③腾讯联盟广告，基于腾讯联盟生态体系，依托广点通技术，为联盟伙伴的流量增值。

3.4.2 广告产品的五种典型的计费方式

下面仅罗列主要的计费方式，并且依据广告产品的历史演进分析它们的优劣。

1. CPT

CPT（Cost Per Time，每时间段成本）是一种按时间计费的方式，国内的很多网站都是按照“一个星期收多少钱”这种固定的计费方式收费的。为什么将 CPT 放在第一位呢？因为 CPT 计费方式是传统媒介（传统纸媒、电视等）计费方式的延伸，但这种计费方式往往较难精确地评估投放效果。

2. CPM

CPM（Cost Per Mille，每千人成本）是衡量广告效果的一种基本形式，即只要展示了广告主的广告内容，广告主就要为此付费，并据此计算每展现给 1000 个人需要花费的成本。比如，门户网站的 Banner 广告、视频网站的贴片广告等优质的广告资源通常采用 CPM 计费方式。在广告精确度上，CPM 计费方式比 CPT 计费方式有了提升，但依然无法精准地评估广告投放转化率（比如，点击转化率）。

3. CPC

CPC（Cost Per Click，每点击成本）是一种按点击计费的方式。比如，关键词广告一般采用这种计费方式，比较典型的是百度推广。CPC 计费方式将广告计费标准锁定到了用户点击行为，进一步提升了广告投放转化率。

4. CPA

CPA（Cost Per Action，每行动成本，即按行动计费）是一种按广告投放的实际效果计费的方式，但具体的效果（即行动）需要在投放广告时，由广告主与广告商事先约定好。比如，按回应的有效问卷量或注册量计费、按电子邮件的有效送达量计费、按 App 的有效下载量计费、按产品的有效下单量计费等，这样就不会对广告投放量进行限制而直接考虑效果。由此，CPA 计费方式在 CPC 计费方式的基础上进一步将广告效果往后端锁定，触及了点击量背后更直接的商业价值。

5. CPS

CPS（Cost Per Sales，以实际销售数量甚至销售额换算广告费用）是一种按实际销售效果计算广告费用的方式。这种方式更适合购物类、导购类、网址导航类的网站，它们需要精准的流量才能带来转化。CPS 计费方式将广告效果最终锁定到了产品销售，这往往是需求方最直接的广告目的，即通过广告投放提升销售量。

当然，还有很多其他形式的广告计费方式，在此不再赘述。

3.5 会员产品和计费方式

3.5.1 三种典型的会员产品

会员产品主要是指基于产品的核心价值提供的增值服务（包括但不限于功能、内容、服务等形式）。对于会员增值服务并没有统一的定义，一般是指根据用户需要，为用户提供的超出常规服务范围的服务，或者采用超出常规的服务方法提供的服务。会员产品按会员种类可以大致分为以下三种，分别代表了互联网产品实现会员增值的不同策略。

1. 等级付费会员

等级付费会员是指通过建立不同的会员等级来实现差异化的增值服务，这在当前的互联网行业中非常常见。比如，爱奇艺 VIP 会员，首先建立了会员等级，同时在会员等级的基础上引入了会员成长体系。目前，爱奇艺 VIP 会员成长体系共分为 LV1 至 LV7 七个级别，这七个级别分别取决于会员获得的成长值，对应的会员特权不一样，进而实现了梯度化的增值服务。成长值取决于会员开通类型及周期。爱奇艺 VIP 会员的等级特权如图 3-14 所示。

等级权益	LV1	LV2	LV3	LV4	LV5	LV6	LV7
会员红包	-	-	-	-	3个（5天）	5个（10天）	10个（30天）
专属弹幕	-	-	-	-	璀璨渐变	璀璨渐变	璀璨渐变
尊享皮肤	-	-	-	-	可使用	可使用	可使用
电视会员天	-	-	7天	与V3共享	30天	与V5共享	60天
fun会员天	-	-	7天	与V3共享	30天	与V5共享	60天
体育会员天	-	-	7天	与V3共享	30天	与V5共享	60天
赠片资格	-	-	1次/月	2次/月	3次/月	4次/月	5次/月
积分折扣	-	-	9折	9折	8折	8折	7折

图 3-14

2. 超级付费会员

超级付费会员是指为付费用户打造的高级会员服务，往往通过提炼多项极具增值价值的服务，并整合周边延伸产品及外部合作产品形成会员服务包。超级付费会员目前在互联网行业中已经成为商业化主流趋势。图 3-15 所示为网易游戏超级会员。

3. 付费联合会员

付费联合会员，即联合会员，是指通过与合作平台的付费会员产品进行捆绑形成的新会员产品。比如，饿了么与哔哩哔哩联合推出的“宅 E 块”、喜马拉雅与腾讯视频推出的联合会员等。联合会员往往在享受合作双方原有权益的基础上，还会享受额外的权益赠送，并且获得价格上的优惠。

图 3-15

3.5.2 会员产品的三种典型的计费方式

会员产品的计费方式相对比较简单，最常见的是按月计费、按季度计费、按年度计费这三类计费方式，在此不赘述。这里对计费方式延伸出来的会员产品整体赢利模式进行分析，主要面向三种类型，分别是免费增值赢利、梯度增值赢利、附加增值赢利。

1 免费增值赢利

这种赢利模式代表了一种产品的商业化路径，与直接收费的产品不同，制定了“免费+付费”的组合赢利策略。它在免费模式的基础上实现了增值收费转化，让用户先用免费的产品，在使用过程中购买付费增值服务，或者借助免费产品实现对其他用户收费。

免费的形式有很多种，比较常见的有以下几种：①永久免费，比如 360 安全卫士是永久免费的。②限定次数免费，比如 SendCloud 每天有 50 封的免费电子邮件发送额度。③限定时间免费，比如很多 SaaS 产品都提供固定的免费试用期。④限定功能免费，比如我们只能使用腾讯企业邮箱的免费版本的有限功能。⑤限定人数免费，比如腾讯企业邮箱的免费版本只能让有限数量的人免费使用。产品形态不同，增值产品的付费形式的计费方式也不相同，我们可以参考前面分析的各种形态的商业化产品的计费方式。

2. 梯度增值赢利

这种赢利模式的重点在于增值梯度的建立维度，并以此搭配对应的会员特权建立赢利模型。以会员产品为例，比较常见的是建立双重维度，即会员等级（比如，普通会员、黄金会员、白金会员等）、会员期限（比如，月会员、季度会员、半年会员、年会员等）。爱奇艺 VIP 会员、QQ 会员等个人用户产品又引入了第三个维度：会员成长，进而建立了基于三重维度的赢利模型，但它们控制会员成长的策略不一致。爱奇艺的会员成长值=开通/续费赠送成长值+观影成长值+任务成长值-非会员下降值，且采用固定成长值与赠送成长值的方式。比如，会员开通年卡即赠送 1200 点/年，在会员期间每天都会获得固定成长值。爱奇艺 VIP 会员的购买套餐如图 3-16 所示。QQ 会员依据活跃度获得成长，但可以通过升级为付费会员实现成长加速。

购买套餐	开通/续费赠送成长值			过期会员
	学生会员	黄金会员	钻石会员	
年卡	1200点 / 次	2000点 / 次	3000点 / 次	下降6点 / 天 直至成长值降为0
季卡	/	200点 / 次	300点 / 次	
月卡	30点 / 次	60点 / 次	90点 / 次	
自动续费		每月多赠送30点		

图 3-16

3. 附加增值赢利

这种赢利模式本质上是一种捆绑赢利，即以主体产品为基础，捆绑依托于主体产品的附加增值产品，并且采用打包的销售价格。这种赢利模式不仅促进了主体产品的销售，还为附加增值产品带来了大量的用户体验入口，进而间接促进了附加增值产品的二次销售。还以乐视电视为例，我们体验了乐视赠送的影视会员服务，当会员到期后选择续费，这就相当于重复购买，而电视只能买一次。

3.6 内容产品和计费方式

3.6.1 六种典型的内容产品

内容产品是一个相对比较宽泛的概念，我们接触到的内容产品有很多种。如果从内容格式来看，内容产品可以分为文字、图片、音频、视频等格式的产品。但要从商业化角度界定内容产品，还要考虑内容的需求来源。下面主要介绍几种典型的内容产品。

1. 在线娱乐产品

在线娱乐产品即供大众娱乐的消费产品。从内容格式来看，这类产品又可以进一步分为在线音乐产品和在线视频产品。

（1）在线音乐产品。比如 QQ 音乐、网易云音乐等，用户可以付费收听一首高品质的歌曲，获得更好的音乐体验。

（2）在线视频产品。比如优酷、爱奇艺等，用户可以付费购买 VIP 会员看一部好看的电影，获得更好的视频体验。

2. 在线阅读产品

在线阅读产品即供大众阅读的消费产品，比如起点中文网、百度阅读、QQ 阅读、微信读书等，用户可以付费购买一本喜欢的电子书，获得更完整的阅读体验。

3. 在线素材产品

在线素材产品即供用户出于工作或其他需要而下载素材的产品。从内容格式来看，在线素材产品又可以进一步分为在线文档产品和在线图库产品。

（1）在线文档产品。比如国内知名的道客巴巴、百度文库等，用户可以付费下载工作所需要的一个文档。

（2）在线图库产品。比如千库网、千图网等，用户可以付费下载所需要的一张图片。

在线素材产品均提供付费（或者付平台币）的素材下载服务。

4. 在线教育产品

在线教育产品即用户出于工作或者学习的需要而选择的在线付费学习产品，在线教育本质上是一种服务产品。在线教育的类型有很多种，在内容格式与学习的形式上比较典型的内容服务有以下几种。

（1）视频直播课程。用户可以付费购买一门在线课程，老师通过视频直播的方式教学。

（2）视频录播课程。用户可以付费购买一门在线课程，通过老师提前录制好的视频进行学习。

（3）在线自主学习。用户可以付费购买学习账户，进行学习能力的检测及知识点的学习，这主要发生在 K12 领域。

5. 知识付费产品

知识付费可以被简单地理解为把知识变成产品或服务，以实现商业价值。比如，在在行、分答、得到、喜马拉雅等明星产品中，用户可以付费订阅一个知识专栏，定期收听推送的内容（文字或者音频），这在一定程度上解决了用户的知识焦虑。知识付费与在线教育有所区别，在线教育侧重于在较长周期内系统性地提升某一个方面的专业技能或者能力，而知识付费侧重于利用碎片化的时间提升个体认知水平。

6. 专业信息产品

专业信息产品即用户出于对专业性的信息需求而选择付费购买的内容。比如，用户付费开通钛媒体的专业版 VIP 会员，可以更早、更准确地了解全球一级市场，内容包括数据库［全球 TMT（科技、媒体、通信）市场数据及密报］、在线课堂（TMT 领域“大咖”的课件分享）、好书（好书第一时间推荐）、研报（行业前瞻研究及 TMT 细分市场分析）。

3.6.2 内容产品的四种典型的计费方式

内容产品是非实物性质的、数字化的虚拟内容服务，典型的计费方式包括以下几种：①按内容单品计费；②按内容使用时长计费；③按内容使用量计费；④以上几种情况并行计费。

1. 按内容单品计费

这类计费方式主要通过为单品制定标准价格计费。比如，以在线阅读产品为例，知乎为一本电子书制定标准价格，用户可以在知乎中购买；以在线教育产品为例，网易为一门课程制定标准价格，用户可以在网易云课堂网站上购买；以知识付费产品为例，得到为一门精品课制定标准价格，用户可以在得到 App 中购买。这些内容单品的购买方式与常规电商产品相同，主要特点是在购买之前，无论是一次性内容交付还是给出内容纲要后未来分多次交付，这些单品的内容都是确定的。用户购买得到的类电商模式的内容单品页面如图 3-17 所示。

图 3-17

2. 按内容使用时长计费

这类计费方式主要通过控制内容的使用时长计费，往往表现为在付费会员周期内可以体验增值内容。比如，以在线娱乐产品为例，爱奇艺为 VIP 会员设计了包年、包季、包月服务，会员可以在付费期间观看电影院上映的最新电影、热剧、独播内容等；以知识付费产品为例，得到设计了付费年度专栏，用户可以在得到 App 中订阅专栏并在一年内定期收听内容；以在线素材产品为例，百度文库的 VIP 会员可以在付费期间免费下载指定文档、免费阅读精品图书等；以专业信息产品为例，钛媒体的专业版 VIP 会员可以在付费期间准确获得全球一级市场资讯。这些其实都是将优质内容资源整合后打包售卖使用特权的模式。爱奇艺的 VIP 会员特权如图 3-18 所示。

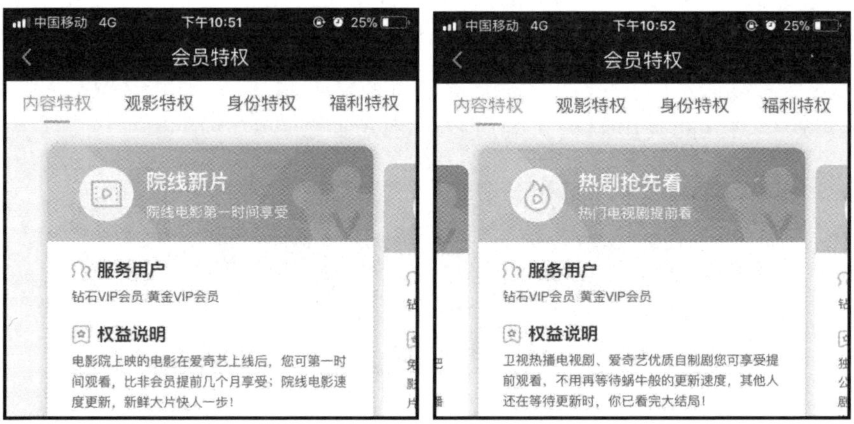

图 3-18

3. 按内容使用量计费

这类计费方式通过控制内容的使用量计费，往往表现为购买一定数量的内容包。比如，以在线娱乐产品为例，QQ 音乐的 VIP 会员可以下载一定数量的歌曲；以在线素材产品为例，百度文库的 VIP 会员拥有一定数量文档的下载特权。QQ 音乐与百度文库的 VIP 会员的下载特权分别如图 3-19 和图 3-20 所示。

图 3-19

图 3-20

4. 以上几种情况并行计费

比如，按内容使用量与按内容使用时长并行计费，对于这种情况不额外举例；再比如，按内容使用时长与按内容单品并行计费，百度文库的 VIP 会员可以下载免费文档并拥有固定数量文档的下载特权，但是要想下载个别付费文档就需要再单独支付费用（可以享受会员折扣）。

3.7 数据产品和计费方式

3.7.1 五种典型的数据产品

数据产品是一个很大的范畴，此处我们不去分析基础设施类的数据产品，比如数据仓库、数据源、Hadoop、大数据软硬结合一体机等，而更关注用户应用型数据产品。如何对这种数据产品进行定义，业界暂无统一定论。我们可以参考老读悟发表的《数据产品经理的前世今生》，他认为数据产品是可以发挥数据价值，辅助用户做更优决策（甚至行动）的一种产品形式。

用户应用型数据产品的种类被很多人讨论过，比如按产品的使用对象可以分为面向政府用户的、面向企业用户的、面向个人用户的、面向企业内部的、面向企业外部的等。这里更关注从产品的表现形态进行区分，即数据产品通过什么样的产品（服务）形式为用户带来价值。按这个维度划分，典型的数据产品有以下几种。

1. 分析工具类产品

该类产品通过为用户提供统计分析工具，帮助用户进行业务分析，属于常见的产品形态。这类产品通常需要建立多个维度（比如，时间、类型、来源等）来对数据进行筛选，往往使用图表的方式（比如，曲线图、饼状图、柱状图等）直观地表达分析结果。

典型的产品有以下几种：①统计分析类产品，比如百度针对网站统计的流量分析工具、百度针对移动应用统计的数据分析工具、阿拉丁针对小程序的统计分析工具等。②商业分析类产品，比如微软旗下的商业分析服务产品 Power BI。③市场分析类产品，比如阿里妈妈的达摩盘，它是基于商业化场景打造的数据管理合作平台。

2. 运营增长类产品

该类产品根据企业的产品运营场景构建精细化数据分析平台，为业务提供运营决策方案，甚至直接驱动业务执行，也属于常见的产品形态。

典型的产品有以下几种：①智能运营类产品，比如 GrowingIO 的智能运营，它基于用户行为分析与洞察构建一站式精细化运营平台，帮助企业系统化管理运营活动，制定精细化运营策略。②智能推荐类产品，比如神策的智能推荐，它以用户行为数据为基础，通过机器学习算法帮助企业构建智能物品分发中心，实现“千人千面”的个性化推荐。

3. 数据应用类产品

该类产品主要是指基于大数据应用技术的云服务产品。典型的产品有阿里云的大数据产品“DataV 数据可视化”，它旨在帮助非专业的工程师通过图形化的界面轻松地设计专业水平的可视化应用。类似的产品还有构建基于流式数据分析和应用的 DataHub、构建海量关系数据的图计算服务 Graph Compute 等。

4. 数据服务类产品

该类产品为各个行业提供数据采集、数据整合、数据标注以及数据云服务，本质是售卖数据（或者数据 API），但是这些数据经过分类、编辑、清洗、去隐私等加工操作，往往搭配数据应用工具或者接口进行使用。典型的产品有数据堂、iDataAPI、BasicFinder。

5. 解决方案类产品

该类产品是指基于用户的个性化需求提供的数据解决方案。这类产品的用户既有来自政府的各个部门，也有来自各个行业的企业。典型的产品有阿里云的云上数据集成解决方案、云上大数据仓库解决方案、人地关系数据智能解决方案、个性化搜索和推荐解决方案等。

3.7.2 数据产品的三种典型的计费方式

数据产品典型的计费方式包括以下三种：①按使用时长计费；②按使用次数计费；③按数据量计费。

1. 按使用时长计费

这类计费方式主要按照数据产品的使用时长计费。比如，分析工具类产品 Power BI 是微软旗下的一种基于云的商业分析服务产品，按月收取用户费用，并在此基础上按照用户数量与使用容量并行计费。Power BI 产品的计费标准如图 3-21 所示。

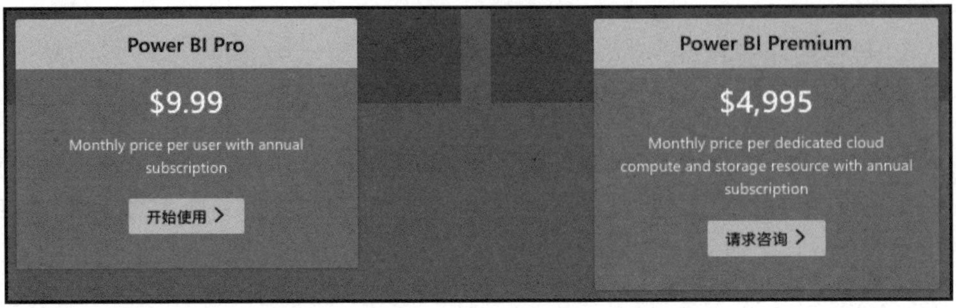

图 3-21

2. 按使用次数计费

这类计费方式主要按照数据产品的使用次数计费。比如，数据服务类产品 iDataAPI 利用先进的数据采集、处理及分析技术，用创新的方法把互联网数据接口化，在此基础上按照 API 的使用次数进行计费，如图 3-22 所示。

图 3-22

3. 按数据量计费

这类计费方式是指按照处理的数据量计费。比如，阿里云有一款大数据产品叫敏感数据保护（Sensitive Data Discovery and Protection，SDDP），可以帮助企业从资产的海量数据中快速发现和定位敏感数据，追踪敏感数据的使用情况，并能够呈现可视化总览图，让用户实时了解资产。这些敏感数据包括用户资料、技术资料、个人信息等。这款产品支持按数据量计费，具体计费标准如图 3-23 所示。比如，用户的某个关系型数据库服务（Relational Database Service，RDS）

中有 200 张数据表，SDDP 针对 200 张表执行全量敏感数据扫描后，账单费用为 200×0.6=120 元。

计费功能	数据来源	价格（元）	计费单位
敏感数据识别	RDS/MaxCompute（结构化数据，按累计数据表数量计费）	0.6	表
	OSS（非结构化数据，按累计对象文件数量计费）	0.6	GB
数据脱敏	RDS/MaxCompute/OSS	0.5	十万个单元格
异常检测	RDS/MaxCompute/OSS	暂时免费（公测中）	-

图 3-23

第4章

从零到壹设计一款商业化产品

导读： 本章试图提炼出从零到壹设计商业化产品的通用思路，重点介绍宏观设计逻辑，即具备普适性的全链路商业化产品设计流程，而不倾向于介绍某款单品类产品的设计细节。

4.1 商业化产品的"七步设计法"

"商业化产品"存在已久，接触互联网变现的人都不会陌生。这个词在最近几年的热度持续攀升，主要是受到互联网需求的影响，这包括了拥有巨大流量的平台型公司（比如字节跳动等）的商业化需求，也包括了各种业态的产品在商业化阶段的专业度提升需求。商业产品经理们所接触的变现产品种类越来越多。比如，抖音、快手等短视频产品的变现方式除了常规广告，还有直播打赏、内容付费、MCN 孵化等，甚至在很多垂直行业中开始出现商业化产品专岗需求，比如互联网教育领域的课程商业化、互联网医疗领域的服务商业化等。

越来越多的企业认识到，影响公司赢利的因素除了好的产品和强势的销售，还需要专业的商业化设计能力。反之，即使坐拥百万、千万甚至亿级用户，或者配置了豪华的销售团队，商业化产品设计能力的缺失也会导致公司达不到预期的赢利目标。

那么，我们到底应该如何设计一款专业的、具备竞争力的商业化产品呢？你们可能会从不同的视角给出不同的答案，这可能是岗位差异造成的。然而，当我们从公司的视角考虑商业化产品设计时，就必须具备全局思维，即面向商业化全链路来设计可闭环变现的产品。

在商业流通市场中，无论商业化产品属于哪种形态或者哪个种类，产品所遵循的商业化底层逻辑是相通的，即无论你的变现模式是卖流量、卖软件、卖服务，还是其他的变现模式，最终你卖的都是“商品”，都需要遵循商业化规律和一些普适的商业操作标准。

结合各类产品商业化的实施共性，我提炼出了一套商业化产品设计流程，为了方便记忆起名为“七步设计法”，如图 4-1 所示。此流程适用于广告产品、会员产品、内容产品、数据产品等。由于各类产品的商业化特性不同，个别环节会存在差异，你可以灵活使用。

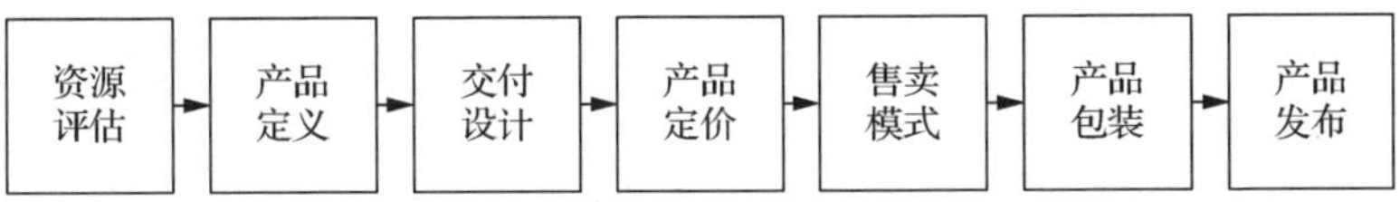

图 4-1

对于熟悉商业化流程的人，此七步仅供参考。商业化新手可以借此建立商业化全链路的宏观设计视角。以下几点需要特别说明。

1. 与 BRD 比较

在第 2 章中，我们分析了 BRD，与商业化产品的“七步设计法”相比，两者的相似之处为都会基于市场、客户需求、产品/解决方案、赢利前景、销售模式等做相关工作，不同之处为 BRD 主要面向产品或者项目立项，是一个独立的需求分析文档，而“七步设计法”是在项目正式启动后的商业化实战体系，会将 BRD 中涉及的核心内容以及需要增加的工作项统筹管理并落地实施，涉及商业化各个环节和各个部门的协作执行，并直接决定了商业化产品能否成功进入市场。

2. 关于产出物

“七步设计法”在每一步都会有产出物，并且是真正应用到公司商业化工作中的。由于每个公司的商业化流程存在差异，因此阶段产出物会不同。此处不通过表格列举的方式给出精准的产出物，只做举例说明，比如：

（1）第一步，输出 BRD、资源评估报告等。

（2）第二步，输出单品设计规划、解决方案设计规划等。

（3）第三步，输出 PRD（产品需求文档）、产品交付清单等。

（4）第四步，输出产品报价单、SKU（Stock Keeping Unit，库存量单位）目录、财务模型等。

（5）第五步，输出售卖渠道策略、售卖政策、销售协议等。

（6）第六步，输出各类商业化产品包装资料、商业化产品官网等。

（7）第七步，输出产品发布管理文档、各类产品培训资料等。

4.2 资源评估

如果按照前端商业化的原则，比如按照传统的产销思维来设计一款商业化产品，那么流程往往是这样的：分析目标客户和消费需求，设计满足客户需求的产品，然后经过后续一系列商业化操作直到产品完成销售闭环。然而，当前互联网产品，尤其是积累了规模化资源（流量资源、用户资源、数据资源等）的产品，商业化实施的起点往往是资源评估，即评估资源的“可售卖价值”。

“可售卖价值”是指通过深挖产品资源能够实现的变现潜力。比如，通过挖掘产品资源利用广告产品、会员产品、电商产品等实现变现。资源评估工作的重要性不言而喻，在大部分实施商业化的互联网公司中，这项工作往往由商业化负责人主导（如商业产品总监、商业化副总裁等）。

本节通过分析几类典型的资源评估策略供设计参考。

4.2.1 广告类资源评估分析

广告类资源评估主要针对广告产品的变现可行性，“可售卖价值”在这里是指流量资源产生的广告价值。广告是典型的商业化产品，当一款产品要通过广告产品变现的时候，我们首先要评估流量资源是否已经具备了规模化变现的价值基础。商业化团队首先要做客户群体分析，还要对产品整体的资源数据进行宏观评估，测算流量资源的整体价值，对能够变现的广告资源进行分类分级处理，提升变现效率。商业化团队在资源评估的基础上，要进一步完成广告系统设计、广告样式设计、客户群体定义、价值机制选择、产品包装、售卖策略制定等后续工作。

我们用一款具备海量用户的 App 产品来模拟一下广告价值的评估过程，不同类型的产品会造成评估过程差异巨大，并且评估过程往往需要借助一系列的、外部的与自主研发的监控分析工具完成，此过程仅供参考。

1. 用户规模

这个环节评估的是一共有多少人在创造流量。这句话可以理解为广告变现的基础是流量，而流量的来源是用户。评估用户规模除了了解整体用户数，重点要关注活跃用户数，主要参考的指标有 DAU、MAU（月活跃用户数），该类指标可以直接作为广告价值估算的依据。

2. 用户画像

这个环节评估的是什么特征的人群在创造流量。要想将流量实现有效变现，就要清楚地知道 App 使用人群的兴趣爱好、行为习惯等，即要清晰地描绘用户画像。要精准地分析用户画像，往往要借助大数据技术与智能算法。对用户画像的分析同时也是构建精准营销系统、搜索引擎、推荐系统、广告投放系统的前提。当然，这些技术方面的投入门槛及成本比较高。成熟的、规模化的平台往往选择自主研发，而如果要考虑节约研发成本且快速变现，那么我们也可以选择与专业的变现平台合作（通过 SDK/API 等直接将第三方广告接入产品）。

下面是一个典型的用户画像：

（1）基础信息。基础信息有用户的性别、年龄、学历、所在地等。

（2）兴趣爱好。兴趣爱好有游泳、健身、汽车、美食、养生等。

（3）消费层次。消费层次有用户的消费能力水平、消费方向等。

通过评估用户画像，我们能够识别出主力消费人群，并对消费人群进行分层。一般认为，经济发达地区的、年轻的、高学历的人群是消费的主力军，即能够带来更高的广告价值，我们可以将面向此类人群的广告价格调高。当然，也会存在低质量的用户，他们会整体拉低广告价值。

3. 流量质量

这个环节评估的是 App 用户创造的流量的质量。典型的评估维度如下：

（1）用户黏性。此维度评估 App 使用时长。使用时间越长，说明用户黏性越高，广告得到曝光的机会越多，相应的广告价值就越高。另外，我们还可以用 DAU 与 MAU 的比值（DAU/MAU）来衡量。比值越高，说明一个月内重复使用产品的用户比例越高，用户黏性越高。

（2）使用频次。此维度评估 App 的使用频次。App 的打开频次越高，广告得到曝光的机会越多，相应的广告价值就越高。

（3）流量高峰。此维度评估在什么时段的流量最大，用户最活跃。相应地，在流量高峰时广告价值高，我们可以提高广告定价。

4. 广告资源

这个环节评估的是 App 有哪些可以售卖的广告位、这些广告位的价值如何、如何制定产品化策略等，同时我们需要结合前面三个评估环节综合分析。重点评估的维度如下：

（1）资源分类评估。此维度首先进行广告位全局统计，比如 App 开屏页、首页 Banner（专题栏）、信息流、频道固定位、内容页底部位等。

（2）资源分级策略。此维度首先评估每个广告位的价值和预期收入，这里面包括了每个广告位的样式、售卖方式、价格估算等评估因素，然后进行资源分级，匹配不同的商业化策略。比如，最优质的广告位往往由商业化团队自行把握，用自有产品体系提升变现效率，可以自己接广告（与品牌合作、按 CPM 或 CPT 计费方式结算），而较差的广告位可以选择通过 SDK/API 接入广告平台（按 CPC、CPM、CPA 等计费方式结算）。

（3）产品设计策略。通过资源的分类分级，我们会初步形成广告变现的产品需求。无论是完全由企业自建广告系统，还是接入专业的变现平台，商业化产品的细节设计工作就都可以正式启动了。

4.2.2 会员类资源评估分析

会员类资源评估主要针对会员产品的变现可行性，“可售卖价值”在这里是指用户资源产生的付费会员价值。会员是典型的商业化产品，当一款产品要通过付费会员体系变现的时候，我们首先要做的是评估付费会员体系搭建的可行性，即要评估会员产品是否具备足够的“可售卖价值”。典型的评估维度如下。

1. 用户规模

这个环节评估的是产品是否具备足够的用户规模。用户规模的评估同样重点评估 DAU 与 MAU。一般来讲，在用户规模太小的情况下强行商业化，意味着较低的投入产出比和较高的商业化风险。但也不排除面向较少数量的核心用户推出会员服务，这类用户就是“铁粉”。

2. 用户画像

这个环节主要评估用户画像，主要目的是分析满足用户核心利益的会员服务有哪些，以及是否还可以增加周边产品甚至引入外部的产品共同为会员提供服务。我们还要在此基础上评估不同用户的付费意愿度，见 4.3.1 节的内容。

3. 消费频次

这个环节主要评估用户的消费（使用）频次。一般来讲，用户在升级为会员后，如果不经常行使会员权益，那么会员价值就得不到体现，会员流失率就会增加，这会降低会员到期后的续费率（复购率）。比如，电商会员的消费频次直接决定了会员价值。再比如，视频网站会员的使用频次过低就会导致会员权益浪费。

以上这些将直接影响我们是否进行会员产品变现和会员体系的设计细节，而一旦条件具备，就可以正式启动会员体系搭建工作，比如对会员进行分类、分级、权益设计等。

4.3 产品定义

对于从零开始设计的后端商业化产品，我们在完成产品的资源评估后，接下来就要定义（规划）产品或者产品体系。对于前端商业化产品，我们在刚开始就要对产品进行定义（规划）。那么如何定义一款产品呢？在复杂的商业化业态的公司中，产品的种类多，不同类型的产品在不同的营销场景中的定义方式不同，且往往要与公司的商业化指标相互呼应。

商业化产品的定义解决的最核心问题主要有以下几个：

（1）产品的目标客户群是哪些？是一类客户还是多类客户？需要用一款标准产品还是需要适配多款标准产品（体系）满足客户需求？

（2）产品所在的商家场景是什么？怎么通过场景向客户介绍产品？

（3）产品在商业化序列产品中的位置在哪里？与周边产品的营销关系怎么样？

（4）产品在公司赢利模型中的位置在哪里？贡献的是利润、营收，还是引流？

要想成功定义一款商业化产品，至少要解决以上的一个、几个甚至全部问题。基于这些问题，下面介绍四个常见的产品定义方法：目标客户定义法、商业化场景定义法、营销模型定义法、财务模型定义法。

4.3.1 目标客户定义法

这是最常用的产品定义方法，即定义产品一定要做客户需求分析，这决定了我们设计的产品能否真正满足客户需求。在不同的商业化背景下，客户需求分析的场景不一样。比如，后端商业化更多的是评估现有客户的消费需求和产品延伸服务能力，而前端商业化更多的是评估潜在市场的客户需求。下面我们对各种需求评估场景进行逐一分析。

1. 评估产品核心价值的增值需求

我们可以通过评估增值需求来判断是否可以推出匹配的增值服务。“增值服务”即超出普通客户服务范围的服务，我们可以通过定义增值服务向客户收取额外的增值服务费。各个互联网产品的付费会员、网络游戏中的付费道具等就是典型的增值服务，增值服务需求的评估主要基于以下两点：

（1）以现有产品的核心价值为基础。通过“核心价值”推出的主体增值服务，因为直接与客户使用产品的核心利益相关，因此能够得到最好的会员付费转化率。如果不是基于产品核心价值设计的增值服务，那么整体的付费转化路径和运营策略都会有差异。

（2）以产品核心价值的周边延伸服务为辅助。以产品核心价值的周边延伸服务为辅助是指在实现了主体增值服务的基础上，围绕产品核心价值进行延伸服务搭配，以达到让整体增值服务更加饱满的效果，同时增加了延伸服务的触达面积，但我们要适当控制延伸服务在整体增值服务中的比例。

案例：爱奇艺定义的VIP会员特权主要包括以下四项内容：内容特权（院线新片、海量高分大片、热剧抢先看、新剧集提前看）、观影特权（广告特权、蓝光1080P、杜比全景声、会员赠片）、身份特权（尊贵标识、尊享皮肤、明星见面会、参与综艺录制）、生活特权（每日福利、生日礼包、明星影视周边、特价电影票）。其中，爱奇艺的产品核心价值是在线观看视频，内容特权与观影特权是完全基于产品核心价值的增值服务，而身份特权与生活特权则是基于产品核心价值的周边延伸服务。

2. 评估现有客户的延伸消费需求

如果通过评估产品的现有核心价值发现无法直接实现增值，我们就要进一步挖掘客户的延伸消费需求，进而定义新的产品。基于社区与社群产品的电商增值服务就是此类产品的代表。

案例：互联网行业经常用粉丝经济、互联网营销等词语评价小米的成功，但小米真正在商业上的成功却要归功于对客户延伸消费需求的挖掘，这里最重要的一点就是性价比。小米手机是极具性价比的产品，但小米手机的利润被严格控制在了5%，那怎么挣钱呢？当一个人买了小米手机后，他还会产生其他延伸的消费需求。比如，他还需要一个手机充电器，有了手机充电器还需要插线板，在插线板上还可以一起使用小电灯、小风扇等。这些产品虽然也可以从其他地方买，也很便宜，但小米通过极致的产品设计体验与一流的渠道供应商控制实现了极高的产品性价比，而且这些产品的利润率远远超过手机，小米就这样通过多元化的零售场景赚钱了。

3. 评估现有产品的跨客户群体服务能力

如果一款产品已经成功服务了现有的客户群体，那么同样模式的产品是否可以用于服务另外一个客户群体？这样的产品定义方法也比较常见，比如微信产品从个人服务领域跨到企业场景服务企业客户，由此产生了企业微信；罗辑思维的得到产品从成人知识付费领域跨到K12领域服务学生群体，由此形成了少年得到。

案例： 我们都知道“得到”是一款成功的服务于成人领域的知识付费产品。得到经过多年运作，在验证商业模式的同时，形成了成熟的产品经验和对KOL资源的运营管理能力。得到的思考逻辑是如果你已经是得到的客户，并且有一个孩子或者准备要一个孩子，那么一定需要面向孩子的知识服务。面向孩子的产品与面向成人的产品虽然都是知识服务，但是需要的运营服务体系是不一样的，这个时候就需要面向不同的客户群体重新定义一款新的产品，这就是少年得到。

4. 评估客户需求判断有无市场机会

前面讲的三个产品定义方法都是基于现有产品做的评估，还有一种情况是我们面对一个细分市场来做客户群体分析，判断有无市场切入机会。当我们确定要进入这个细分市场时，就要基于这个细分市场的客户需求进行新的产品定义。此类产品案例有面向年轻人的中高端全新茶饮品牌、面向中国新中产消费群体的全新电商品牌“网易严选”等。

补充： 广告产品比较特殊，尤其是泛行业广告平台，比如百度、字节跳动等。从严格意义上讲，它们是后置做精细化客户群体分析的。这代表了这类产品的特征：先有产品再找客户，刚开始的产品定义直接源于商业化战略或者资源能力评估。

从平台广告产品来看，其客户群体分析大致可以从两个维度进行：一是基于行业属性，比如房产、机械、化工、汽车等；二是基于投放目的，比如品牌宣传、在线销售、线下到店、应用下载等。

基于行业属性的客户群体定义只是最初级的客户划分，在广告系统搭建中往往会被直接设置到客户注册和入驻环节。在广告产品真正发布后，商业化运营团队会基于不同行业的客户做更加精细的客户群体分析，以促进销售达成广告营收目标。

4.3.2 商业化场景定义法

既然是商业化产品，在设计的时候一定要找到产品的商业化场景。在常规的互联网产品应用领域，大多数产品设计是基于商业模式的创新设计。因为创新模式往往对标了传统应用场景，因此新产品带给客户的场景过渡就较容易完成。在硬科技领域［比如大数据、人工智能、工业互联网、高端机器人、虚拟现实/增强现实（VR/AR）、区块链、3D打印、无人驾驶汽车、石墨烯、基因测序（精准医疗）、量子通信、高端机器人等应用领域］中，产品的设计逻辑会出现倒置，即不是先有商业化场景再寻找满足场景需求的产品，而是先有硬科技再寻找商业化场景，并且往往先有的只是技术本身，或者实验室产品。在这种情况下，基于商业化场景进行的产品定义就会发挥作用。

如果将产品一分为二，即技术与场景两个部分，那么我们会面临两种定义新产品的方法，即分别在常规商业化场景与创新商业化场景中进行产品定义。

第一种：新技术+常规商业化场景=新定义产品

这类定义方法是指在常规商业化场景中找到新技术的商业化落地方式并完成产品定义。常规商业化场景即在之前已经存在的场景，新技术为其带来了全方位提升。

案例：阿里云有一款产品叫智能视觉生产（Intelligent Visual Production，IVPD），官方简介如下：IVPD以视觉AI能力为基础，综合平台能力和业务数据积累，面向传媒娱乐、工业制造、数字营销等行业，提供视频、模型、图像等视觉内容的智能化生产服务，帮助客户提升生产效率，压缩生产周期，实现生态闭环。

我们知道对视觉内容（如图片）的处理是已经存在的商业化场景，比如我们可以用Photoshop修图，而IVPD则提供了更强大的视觉处理能力，并找到了具体的商业化落地场景。

IVPD可以用于图片的处理和分析，以增强第三方应用的服务能力。IVPD让使用者的工作效率获得了提升，并且为使用者减少了大量的算法研发投入。

第二种：新技术+创新商业化场景=新定义产品

这类定义方法是指在创新商业化场景中找到新技术的商业化落地方式并完成产品定义。创新商业化场景即在之前并不存在的场景，是一个“无中生有”的场景，但却创造了用户价值（包括经济效益）。

案例：阿里云有一款产品叫视觉计算服务（Visual Compute Service，VSA），官方简介如下：VSA 是一款弹性可伸缩的视觉智能计算服务，提供视觉数据接入、AI 算法训练、计算资源调度的能力，通过 API 支撑开发业务应用，同时帮助开发者提升视觉 AI 创新效率，专注核心业务创新。

新技术产品有一个典型特征，即如果仅从技术功能或者技术特性来包装展示，那么客户往往较难捕捉产品价值，因为客户没有使用场景感。因此，阿里云为这款产品做了全新的场景定义：①目标人员识别。使用者给出目标人员的照片，VSA 直接进行智能匹配，一旦匹配成功就触发预警。②群体聚集事件识别。VSA 可以通过算法对监控区域的人群进行分析，一旦识别为聚集就触发预警。③人流和车流预警。VSA 实时监控道路、卡口的交通情况，一旦识别为拥堵就触发预警。

4.3.3 营销模型定义法

当公司具备多款商业化产品的时候，无论是从公司自身体系化产品组合营销的角度考虑，还是从为客户提供一站式营销解决方案的角度考虑，公司都需要建立营销模型，然后确定每款产品在模型中的位置，进而为公司整体的营销目标进行产品的定义与设计。下面通过一则案例说明如何通过建立营销模型定义不同种类的商业化产品，并将这些产品整合到模型中以达到共同的营销目标。

案例：在汽车垂直媒体领域中，最早出现的产品基本都是粗放式的广告产品，比如各种合约广告，成本高且不聚焦。后来出现了精准营销的广告产品，可以依据目标受众进行广告营销，避免了流量浪费。现在的汽车垂直媒体营销产品更加多样化、智能化，将广告与为汽车品牌商定制的内容营销及体验产品结合，同时通过媒体用户大数据分析实现智能高效营销，效果可控。

图 4-2 为某个汽车垂直媒体建立的营销模型，它其实是一个针对客户行为建立的营销漏斗，其中针对不同的核心营销目标实施了不同的营销匹配策略，并同时匹配了能够满足营销目标的商业化产品。因此，每款产品从营销的角度来看都不是孤立存在的，无论是对公司的产品设计还是对客户的购买认知都做到了精准定义。

消费者行为数据	核心营销目标	匹配策略	匹配的商业化产品
关注意向层	提高曝光度	营销广告曝光	曝光广告、精准广告、霸屏广告、竞品拦截广告等
兴趣车型层	提高认可度	定制内容传播	专业化的内容产品、智能营销产品、社群传播产品
购买意向层	增加线索量	吸引用户留资	智能到店服务、车展服务、团购服务

图 4-2

（1）关注意向层。该层是营销起始层，即流量入口层，核心营销目标是提高汽车品牌商及目标车型的曝光度。为实现该目标匹配的策略是通过营销广告曝光，那么在这一层定义的商业化产品主要是曝光广告、精准广告、霸屏广告、竞品拦截广告等。

（2）兴趣车型层。该层的核心营销目标是提高客户对目标车型的认可度。为实现该目标匹配的策略是为汽车品牌商定制专业化内容，并进行社交传播提升正面认知，那么在这一层定义的商业化产品主要是专业化的内容产品、智能营销产品、社群传播产品等。

（3）购买意向层。该层的核心营销目标是增加客户产生的线索量。为实现该目标匹配的策略是通过各种手段与场景吸引用户留资，那么在这一层定义的商业化产品主要是智能到店服务、车展服务、团购服务等。

4.3.4 财务模型定义法

商业化产品的定义直接关系到公司赢利，无论公司有一款产品还是多款产品，一般都会通过建立财务模型来对赢利情况进行预测。当多款商业化产品构成一个变现矩阵时，每款产品贡献的营收及利润都是不同的。从投资回报率的角度来看，公司往往会依据以下三个最核心的影响因素进行产品定义。

1. 财务级产品定位

因为不可能每款产品都成为营收或者利润支柱，所以每款产品都需要找到自己的财务定位，即为整体营收及利润目标贡献了什么核心价值。

2. 预算及资源分配

公司需要将预算及资源（比如，流量资源）合理地分配给不同的产品，进而让所有产品的整体投资回报率达到最大。

3. 产品间复购转化

公司需要将所有产品进行分层，通过挖掘客户在不同产品之间的延伸需求实现客户复购其他产品。

案例：很多互联网公司都搭建了基于整体产品群的商业化变现路径，比如 360、搜狗、小米、淘宝、罗辑思维等，这几年炒得很热的概念就是“三级火箭”。“三级火箭”本质上是一个基于商业化变现的财务模型（如图 4-3 所示），即通过三级变现路径将产品分层，每层产品都拥有属于自己的财务级产品定位，公司在不同的产品上投入的预算及制定的营销策略都是精准的，并且只有将各个产品进行关联整合运营，才能最终完成商业化变现。

财务模型及变现路径	搜狗	小米	罗辑思维
搭建高频流量池 免费、低利润	输入法	小米手机	社群脱口秀
沉淀商业化场景 免费、低利润、中利润	浏览器、网址导航	多元场景零售产品	得到App
完成商业闭环 高利润	广告产品	某高利润产品	内容付费产品

图 4-3

客观来讲，无论是基于全局产品的营销模型，还是基于财务模型进行分层产品的定义或者其他同级别的定义方法，都是一种较为理想化的产品设计路径，这需要前瞻的商业化战略视野及强大的落地能力做依托。

在大多数时候，企业往往先陆续设计了各种产品，并且已经形成了各种产品独立的销售模式。但为了实现更高效率的营销或者达到更高的战略目标，企业要对产品群进行全新的定义与组合，这可以理解为商业化战略的升级与迭代。

4.4 交付设计

我们已经依据上面所讲的产品定义方法或者企业自有的方法，对产品进行了明确的定义，接下来就要开始产品设计了。本节不介绍常规的产品设计流程，而重在介绍交付设计思路。在常规的产品设计流程中，比如，在定义好一款产品后，对需要功能开发的部分输出PRD、产品原型等然后进入技术研发阶段，或者对需要内容的部分输出内容标准、运营策略等然后进入内容研发阶段。

交付设计针对的是产品的售卖标准，不仅包括产品本身，还包括交付给客户的一整套服务内容。由此，我们来看商业化产品交付设计的三项核心工作：交付设计原则、产品交付标准、产品交付流程。

4.4.1 交付设计原则

透过现象看本质，只要是在市场上流通的产品，无论什么形态的产品，都脱离不了商品的本质，即商业化设计存在共性。比如，流量固定到一个广告位上就是一个商品，多项权益打包成一个会员服务就是一个商品，出租车通过App接单并在线结算的服务就是一个商品等。那么在设计不同类别的产品时，我们需要遵循什么设计原则与策略呢？

用户产品与商业化产品最大的不同之处就是交付，更确切一点是规模化交付，而支持规模化交付的前提是产品的标准化设计。企业需要与客户通过商业协议进行产品交易，进行履约交付，而这也是企业能够获取营收及利润的核心途径。“易交付与规模化”的交付设计原则的重点有以下几点。

1. 标准化

无论是面向个人用户的产品，还是面向企业用户的产品，标准化程度越高意味着产品交付效率越高。标准化的对象俨然涵盖了所有产品类型，包括但不限于功能、内容、服务、数据等。比如，对于一款SaaS产品来说，如果销售的是100%标准化的产品，那么交付的成本极低。如果产生了定制化需求，交付成本就会提高，超过了一定限度就直接变成定制开发了。

2. 自动化

在标准化产品的基础上，我们要进一步实现自动化交付，让产品通过自动化系统交付，而不能靠人工或者线下的方式交付。将各类产品（流量、内容、服务等）通过自动化（数字化、在线化）方式进行交付，是系统化设计的核心目标。比如，对于广告产品来说，最早的合约广告通过人工购买的方式实现交付，而后来出现的程序化购买则基于自动化系统和数据进行广告交付。与人工购买相比，程序化购买可以极大地提升购买效率与降低交付成本。

3. 完整性

商业化产品设计首先要保证交付的完整性。与用户产品的设计思路相同，最小可行产品（Minimum Viable Product，MVP）模式同样适用于商业化产品。不同的是，后者更强调交付的完整性，而不是单点体验。比如，你为商家交付了一套系统解决方案，但这套解决方案缺失了业务流程中的一个关键模块，导致整套解决方案无法顺利实施。虽然研发投入少了，但是这样的成本控制是无效的。

4. 综合成本

尤其对于创新的产品或者全新的领域，综合成本往往是一个“X 因素”。对于客户来讲，他的最大成本是学习与时间成本。在保证产品体验的同时，如何通过捆绑好的服务并搭配持续的运营策略来留住客户，塑造可持续的消费场景，是做产品设计时需要关注的一个关键因素。但同时我们要关注企业的交付成本，比如在设计一款会员付费产品时，我们都知道越好的体验就越能吸引客户购买，但如果不考虑后端运营及服务的交付能力而过度设计，就会造成交付成本过高而无法持续。

5. 客户平衡

我们从客户处获取利润，往往会以牺牲产品体验为代价，而适度地降低产品体验在商业化指标的实现诉求下往往是被允许的，但我们需要找到一个平衡点，这需要在长期的商业化运营中不断优化迭代。

4.4.2 产品交付标准

产品在实际销售的时候并不是单一的使用权转移，而往往是在售出产品的基础上搭配售后服务、增值产品等，以提升产品使用效果及客户满意度。从这个角度做反向思考，即在刚开始设计产品时，我们就要将产品售出后的一系列配套交付内容做前置设计。比如，当设计一款面向企业用户的产品时，我们要思考如何通过一整套的服务让客户更高效地使用产品并获得回报；当设计一款面向个人用户的产品时，我们要思考如何交付真正有价值的产品，真正让客户受益，从而提升复购率。在此，我们仅分析面向企业交付的产品设计，通过以下三个步骤来看实际的产品交付设计过程。

第一步：交付标准设计

你的产品的交付标准（售卖标准）是什么？在工作中，我们往往会遇到这类问题。交付标准的设计核心考量的是我们能够给客户交付的价值体系，即为了帮助客户成功，在提供核心产品的基础上，还需要配套什么样的服务、内容等，才能够让客户真正地把产品用好并产生效果。交付标准通常需要写入合同或者作为附件成为合同不可分割的一部分。

案例 1： 公司 A 是一家 K12 领域的课程服务提供商，为教育培训机构、幼儿园等提供多元化课程服务。公司 A 的一门中英双语教学的美术课程产品在向客户交付时，除了要交付课程本身的教材和教具（核心产品），还需要配套设计完整的交付体系，见表 4-1。

表 4-1

交付分类	交付项目	内容描述	数量	交付形式
教材和教具	教材	教师用书（中文版）	1 本	实物图书
		教师用书（英文版）	1 本	实物图书
	教具	教师上课用具	1 套	实物材料包
		学生上课用具	20 套	实物材料包
师资培训	线上培训	课程教师录播培训视频	8 个	在线服务
	线下培训	总部集中培训	1 次	线下服务
		派教师入校培训	1 次	线下服务

续表

交付分类	交付项目	内容描述	数量	交付形式
市场支持	宣传视频	课程宣传视频	1个	电子文件
	招生方案	课程特色招生方案	12个	电子文件
	招生物料	招生单页（源文件）	1个	电子文件
		招生海报（源文件）	1个	电子文件
		招生易拉宝（源文件）	1个	电子文件
课程授权	授权书	正版课程授权书	1个	实物版

这套交付体系依然不能构成完整的交付标准，在此基础上还需要进一步明确各个交付项目的交付时间、交付流程等交付细节，这才最终构成了该课程产品的交付标准。

第二步：交付标准包装

当设计完交付标准后，我们往往需要将核心的交付内容提炼出来，通过商业触媒展示交付体系，形式包括但不限于电子文件、实物手册/单页、官方网站等，即作为客户触媒出现，以提升业务效率。同时，交付标准的包装展示往往与计费方式、产品价格一并出现，即从“产品+定价=报价单”的逻辑出发来包装展示。

案例 1：腾讯的企业邮箱分为基础版与专业版，当我们购买了专业版企业邮箱以后，腾讯交付了一整套的功能及服务。专业版即在基础版服务的基础上，增加了诸如开放接口能力、邮箱审核、邮箱备份、个性化登录、对外名片、专有域名、专家在线服务等一整套的交付内容，而这就是腾讯企业邮箱专业版的交付标准。腾讯企业邮箱的基础版与专业版分别如图 4-4 和图 4-5 所示。

案例 2：以下内容是今日头条信息流广告（微动样式）的交付标准，并通过官网进行包装展示。

标准一：该广告的展现样式是一个微动图片，微动图片是指某部分发生细微的、重复的运动，从而具有动画观感的静止图片。

标准二：该广告支持终端 iOS 6.0.3 及以上版本，Android 5.8.0 及以上版本，Android lite 5.9.3 及以上版本。

标准三：该广告支持投放炫幕落地页。

图 4-4

图 4-5

标准四：该广告支持动态词包、创意搜索。

标准五：该广告支持 GD 优选人群定向。GD 是 Guarentee Delivery 的缩写，是保证递送的意思，采用 GD 策略的广告属于保量广告。

标准六：该广告的推广目的是支持落地页（外链）访问量。

标准七：该广告支持关闭广告评论，以 Web 页面打开。

标准八：该广告支持表单提交，支持电话拨打。

标准九：该广告支持优选模式、轮播模式、标签模式。

标准十：该广告支持第三方监测。

标准十一：该广告不支持投放京东 GD。

标准十二：该广告不支持应用调起。

第三步：交付标准延伸（售后服务设计）

交付标准设计的优劣直接影响了售后服务质量的好坏，但还无法全面覆盖售后服务体系，我们需要从交付标准再进一步延伸设计整体的售后服务，并且售后服务也同样要通过加载到合同里实现对客户的保障性承诺。

案例：公司 A 是一家知名硬件设备制造商，以下是公司 A 旗下某款硬件产品的销售合同摘录。其中，销售合同通过约定质保服务为产品销售起到了增信的作用，并且通过将售后服务体系标准化约定保障了产品口碑。

（1）货物质量保证期（以下简称“质保期”）为甲乙双方正式验收合格之日起 12 个月。

（2）在质保期内出现质量问题的，乙方应在甲方通知之日起__日内妥善处理，并免费提供保养、维修、更换等售后服务。

（3）在质保期内出现质量问题的，产品更换部分的质保期相应顺延。乙方履行的保修义务，以双方书面确认的记载为准。乙方不履行保修及售后服务或履行保修及售后服务后货物仍然不能正常使用，或者虽对产品维修、更换__次以上，产品仍无法达到合同约定的要求和标准正常运行，甲方有权单方聘请第三方进行维修或更换，费用及责任由乙方承担。在质保期结束后，乙方仍应向甲方提供最优惠的售后服务。

4.4.3 产品交付流程

对于任何一款发布的商业化产品，我们都需要为其设计一个标准化的产品交付流程，要达到两个目的：第一，提升企业内部交付管理效率；第二，提升客户服务体验。

案例：沿用 4.4.2 节的课程产品案例说明，当客户购买了课程产品以后，公司 A 需要进行产品交付，整个销售及交付的核心流程如图 4-6 所示。

（1）销售环节。销售人员在签单后，需要将该客户业务流转到下游交付部门，且通过 CRM 系统进行流转并跟踪。

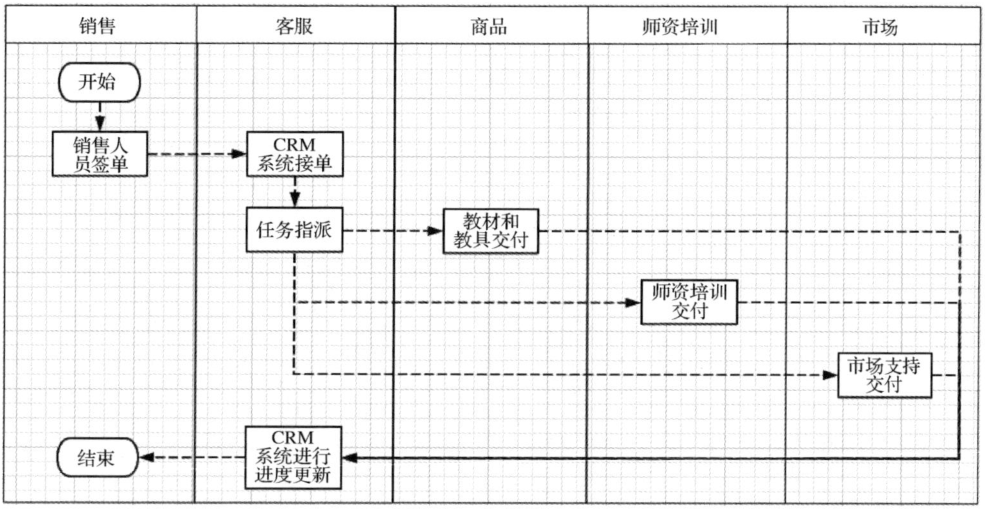

图 4-6

（2）客服环节。在公司 A，产品交付工作由客服部门进行统筹管理，客服人员在核对交付内容以后，与各个交付部门确认并进行交付排期，通过 CRM 系统进行交付任务的指派，把教材和教具指派给商品人员交付，把师资培训指派给师资培训人员交付，把市场支持指派给市场人员交付。

（3）商品环节。商品人员收到交付任务并按照交付排期进行交付，交付完成后在 CRM 系统进行进度更新。

（4）师资培训环节。师资培训人员收到交付任务并按照交付排期进行交付，交付完成后在 CRM 系统进行进度更新。

（5）市场环节。市场人员收到交付任务并按照交付排期进行交付，交付完成后在 CRM 系统进行进度更新。

4.5 产品定价

随着企业在商业化道路上越走越远，面临的商业化场景会越来越多，建立起一套完整的售卖产品管理机制是企业的重要工作。与产品的交付设计同步进行的是产品定价。本节从三个方面分析产品定价的工作，分别是定价链条、定价步骤、定价管理。

4.5.1 定价链条

商业化产品的定价链条如图 4-7 所示。将定价链条的上下游关联在一起形成的核心定价工作主要有三项：第一，制定计费方式；第二，制定产品价格；第三，产品 SKU 管理。

如图 4-7 所示，该定价链条在不同类型的商业化产品中具备普适性，尤其对于拥有多款商业化产品的公司，建立健全的 SKU 管理制度是驱动产品销售规范化、高效化的有力举措。

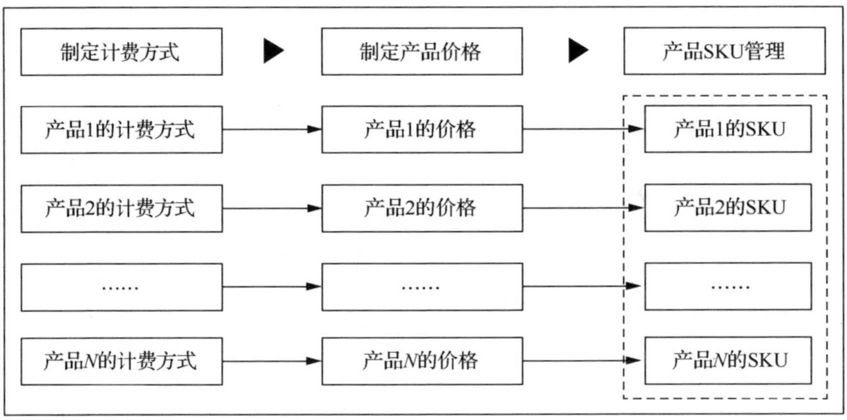

图 4-7

1. 制定计费方式

计费方式是产品定价不可分割的一部分，并且是产品定价的基础。在第 3 章中我们了解到，不同类型的商业化产品的计费方式不同。需要说明的是，在各类产品越来越精细化的价格管理背后，计费方式的管理也更加精细化，既包括内部计费控制，又包括给予客户的计费说明。图 4-8 所示为融云的计费方式，其中每个计费标准都通过独立页面做单独说明（不做展示）。

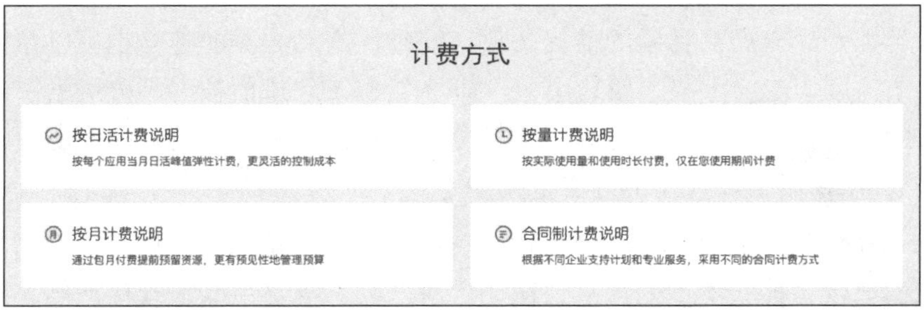

图 4-8

2. 制定产品价格

产品定价是一个持续的过程，需要从生命周期的视角来进行专业化管理，后续的 4.5.2 节与 4.5.3 节分别介绍了定价步骤与定价管理。

3. 产品 SKU 管理

SKU 是一个来自零售领域的概念，特指一个单品，定义为库存最小单位，例如一件衣服可以用颜色区分（如白色、红色、蓝色），也可以用尺码区分（如 X 号、XL 号、XXL 号、XXXL 号），白色 X 号服装、红色 XL 号服装、蓝色 XXL 号服装都属于不同的 SKU，并且对应着不同的 SKU 编码。这样，企业在发货的时候不容易混淆。当然，这是从零售库存的角度定义的 SKU。

当从业务的角度出发时，我们还可以将 SKU 定义为最小销售单位或者最小业务管理单位。比如，对于一款会员产品，客户可以包月购买，也可以包年购买，那么包月会员与包年会员就是两个 SKU；对于一款 SaaS 产品，客户可以购买版本 A，也可以购买版本 B，版本 A 与版本 B 就是两个 SKU。

提示：我们需要区分单品与品种的概念，在商业化产品中，一个品种可以对应一个单品，也可以对应多个单品。比如，如果一个会员产品只按年费套餐售卖，那么会员产品作为一个商业化产品品种，只对应一个单品。

随着一家企业的商业化产品种类不断增多，商业化产品的 SKU 管理的紧迫性不断提升。无论这些 SKU 是通过电商平台管理并发布，还是采用了其他替代形式（比如，用 Excel 表格管理），企业的 SKU 管理制度都要建立起来，我们应该从哪几个关键环节着手建立商业化产品的 SKU 仓库呢？

（1）建立产品分类。建立产品分类是指为多元化的商业化产品建立分类，而产品分类也是建立产品目录的前提条件。同时，产品分类的建立也可以帮助我们从业务的角度锁定一个最小销售单位，即一个 SKU，进而被产品分类索引的所有 SKU 就组成了整体的 SKU 仓库。产品分类往往是多个维度的，即不能用一个维度来完成 SKU 索引，典型的分类依据如下。

① 维度一：商业化产品类型。这个分类维度是指从销售与客户需求的角度来看，我们提供了什么类型的产品，比如广告产品、会员产品、软件产品、硬件产品等。

② 维度二：商业化终端类型。这个分类维度针对多个商业化终端的情况，先区分不同的产品终端，再区分每个终端下的细分商业化产品。比如，字节跳动的广告产品按照商业化终端类型分为今日头条、抖音短视频、火山小视频、西瓜视频、穿山甲广告等。再举一个复杂的例子，阿里云的产品按照一级分类分为云计算基础、安全、大数据、人工智能、物联网、开发与运维、企业应用、行业引擎；每个一级分类又分为二级分类，比如云计算基础包括弹性计算、存储服务、数据库、云通信、网络；每个二级分类又分为三级分类，比如弹性计算包括云服务器、高性能计算 HPC、容器服务、弹性编排、应用托管等；每个三级分类的下一级产品才是终端产品，比如云服务器的产品有云服务器 ECS、轻量应用服务器、FPGA 云服务器、GPU 云服务器等。

③ 维度三：行业及业务属性。这比较偏电商化一些，尤其对一些实物类且适合通过电商平台发布来销售的商业化产品比较适用。

（2）建立产品目录。无论是什么类型的商业化产品，在数量多了之后都需要以目录的形式进行统一管理。产品目录有以下两个用途：第一，统筹管理单品，为每个单品锁定产品分类，同时也可以建立编号，达到提高管理效率的目的；第二，对产品目录进行包装，形成目录价格表，作为销售工具。

案例：阿里云服务器的实例价格表（产品目录）如图 4-9 所示。

（3）建立单个产品报价。“给我发一份报价单”，在日常销售中我们经常会遇到这样的客户请求。在设计了一款产品的交付标准之后，通过制定计费方式与产品价格，我们就可以制作一份完整的产品报价单了。同时，通过为这个产品建立分类甚至目录，这个产品就能够接受统一管理。

云服务器实例价格表

阿里云服务器价格地域不同价格也不同，阿里云惠网以华北3地域为例的云服务器价格表如下：

实例规格	vCPU（核）	内存(GB)	按量(小时)	标准目录月价(元)	优惠月价（元）	年付月价（元）	3年付月价（元）	5年付月价（元）
通用型 (g6) ecs.g6.large	2	8	0.35	168.0	168.0	142.80	92.40	63.84
通用型 (g6) ecs.g6.xlarge	4	16	0.7	336.0	336.0	285.60	184.80	127.68
通用型 (g6) ecs.g6.2xlarge	8	32	1.4	672.0	672.0	571.20	369.60	255.36
通用型 (g6) ecs.g6.3xlarge	12	48	2.1	1008.0	1008.0	856.80	554.40	383.04
通用型 (g6) ecs.g6.4xlarge	16	64	2.8	1344.0	1344.0	1142.40	739.20	510.72
通用型 (g6) ecs.g6.6xlarge	24	96	4.2	2016.0	2016.0	1713.60	1108.80	766.08

图 4-9

4.5.2 定价步骤

在市场上存在很多关于产品定价类的文章与书籍。为什么产品定价有这么高的关注度？因为产品定价直接影响企业收入，是整个商业化产品设计过程中的重要一环。同时，与用户产品相比，只有具备了价格的产品才可以称为真正意义上的“商品”。在制定产品价格的基础上，企业可以进一步制定经营目标（营收、利润、成本控制等）、经营计划等。

下面综合互联网商业化产品的共性，从普适性的角度界定产品的定价流程，主要分为以下四个步骤：第一，定价目标；第二，定价评估；第三，定价决策；第四，定价验证。因为产品类型不同会导致实际定价步骤及方法有差异，所以此步骤仅供参考。

1. 定价目标

我们需要结合商业化战略确定定价目标，即产品定价为实现战略目标服务。比较典型的定价目标有以下几个。

（1）提升市场占有率。这种定价目标一般将产品定价指向低价产品，且往往利润率较低，即不考虑赢利。目的是加速抢占市场，提升市场占有率，满足更大规模客户的需求。为了更快地达成市场目标，在低价产品的基础上我们还经常采用补贴的形式。

案例：小米公司构建了一套完整的商业化产品矩阵，。其中，小米手机在矩阵中起到的作用是获取用户，以提升市场占有率，。因此，小米手机的定价策略是低价策略（对应的是高性价比）。

（2）提升产品总营收。这种定价目标一般将产品定价指向公司的核心创收产品，且保证一定的利润率。因为产品定价指向的是核心创收产品，所以对产品的品质要求较高，提升了客户黏性和客户忠诚度，形成了良好的产品口碑。字节跳动的广告产品、腾讯的游戏产品、阿里巴巴的电商产品等都是核心创收产品。

（3）提升产品利润率。这个定价目标一般将产品定价指向高价格、高利润产品，提升商业化整体利润率，聚焦高端产品运营。

案例：在智能手机行业，苹果手机的定位一直为高端手机，即高价格、高利润的手机，而国产手机的价格在过去很多年都在2000～3000元徘徊。随着手机性价比时代的结束，很多厂商也进入了高端手机领域，比如华为、OPPO、vivo等厂商都在不断提高旗舰机型的定价。

2. 定价评估

定价评估主要包括三类：第一，产品成本评估；第二，客户价值评估；第三，竞争对手评估。定价评估的过程是一个信息收集的过程，为接下来的定价决策提供了直接依据。

（1）产品成本评估。这部分工作往往由财务团队完成。典型的成本主要有固定成本和变动成本两种。①固定成本。固定成本是指不随生产或者销售收入的变化而变化的成本，比如办公室的租金、研发团队的工资、销售团队的提成、研发设备的投入等。②变动成本。随着业务开展的逐步深入，有些成本出现变化，比如销售收入增长带来了原材料采购成本降低、部分交付内容线上化带来了交付成本降低等。

（2）客户价值评估。这部分工作往往由产品或业务团队完成，即评估目标客户为什么要购买你的产品（如提升经营效率、提升营业收入、降低经营成本、提升品牌号召力、彰显身份地位等）、影响目标客户价格敏感度的因素是什么（如采购紧迫性、采购预算、替代品等）。

（3）竞争对手评估。这部分工作往往由产品或业务团队完成，要从价格竞争的角度进行竞品分析，主要分析内容包括谁是产品目前的竞争对手、存在哪些潜在的竞争对手、竞品的刊例价和实际发生的交易执行价格分别是多少、竞品的定价目标（如市场占有率、总营收、利润率）是什么、竞品公司的优势与劣势是什么、我们的产品的竞争机会在哪里。

3. 定价决策

在经过初步的定价评估后，我们就要进行定价决策。定价方法分为很多种，有目标利润定价法、成本加成定价法、客户价值定价法、市场竞争定价法等。在定价的时候，我们往往不是采用其中的一种方法，而是以其中一种方法作为定价依据，然后以其他定价方法为辅做定价修订，进而决策出一个初步的产品定价。

（1）目标利润定价法与成本加成定价法。这两种定价方法都是目前市场上最常用的方法。首先来看目标利润定价，即在产品成本的基础上进行定价，使得产品价格能够支撑企业实现目标利润。核心流程如下：企业根据产品总成本与预期的产品总销量确定要达到的目标利润，然后进行价格推算。这种定价方法需要用到收支平衡图，一款商业化产品在发布前已经产生了很多经营成本，在推向市场后还会继续产生各种成本，因此我们要通过综合成本及收入分析，找到该款产品的收支平衡点。

这种方法一般适用于发展成熟的大型企业，比如具备垄断性的或者市场占有率比较高的企业。在竞争中处于弱势的或者处于创业期快速发展的企业，往往较难强行制定利润率并达到预期目标，需要配合其他定价方法共同使用。目标利润定价法的相关公式如下：

产品价格=（产品的单位变动成本+产品的单位固定成本）/（1-销售税率）+目标利润/预计销售量×（1-销售税率）

目标利润=（产品的单位变动成本+产品的单位固定成本）×预计销售量×成本利润率

产品价格=（产品的单位变动成本+产品的单位固定成本）×（1+成本利润率）/（1-销售税率）

以上公式考虑了销售税率与成本类型，如果不考虑两者，则公式如下：

产品价格=产品的单位成本+产品的单位成本×成本利润率

=产品的单位成本×（1+成本利润率）

目标利润=产品的单位成本×预计销售量×成本利润率

比如，一款智能硬件产品的单位成本是500元，成本利润率是40%，则产品价格=500×（1+40%）=700（元）。在应用公式时，我们需要注意成本利润率与销售利润率的区别，后者是利润与销售收入的比例，前者是利润与产品成本的比例。

与目标利润定价法类似的是成本加成定价法，即按产品的单位成本加上一定比例的成本利润率制定产品价格的方法，公式如下（不考虑销售税率与成本类型）：

产品价格=产品的单位成本+产品的单位成本×成本利润率

产品价格=产品的单位成本×（1+成本利润率）

其中，目标利润定价法与成本加成定价法的区别在于，目标利润定价法公式中的产品的单位成本包括研发生产成本和期间费用，而成本加成定价法公式中的成本只是研发生产成本，两个公式中的成本利润率也不同。因为这两种定价方法都是从企业视角出发的，所以我们还需要进一步考虑在产品整体生命周期中客户的需求变化，进而制定更加符合客户需求的价格。

此外，在产品定价基础上的企业收益的预估是产品商业化的重要环节，这会影响企业在一个财务年度的整体经营指标制定。对于一些获得了风险投资，尤其是签订了经营收益协议的企业来说，合理的产品定价可以提升企业的竞争力，降低经营风险。

（2）客户价值定价法。客户价值定价法可以让产品价格反映出给客户带来的实际价值。我们要进行产品定价，就要评估产品的客户价值，因为产品价格由价值决定，且受供需关系影响。客户价值即你的客户认为这个产品能够提供多少价值。红杉资本将其定义为客户感知价值（Perceived Value）。

如何确定客户价值？基本策略是从多个维度做客户价值逐项分析，包括但不限于效率提升价值、成本降低价值、形象提升价值、管理提升价值等，进而根据这些价值综合评估一个价格区间或者价格。

案例：公司A是一家招聘管理系统服务商，旗下的招聘管理系统是一套支持集团化管控的“集团版”解决方案产品。这款产品直击企业客户的关键需求并将价值量化：①提高效率，将简历筛选效率提升3倍以上，将职位管理效率提升3倍以上，将与候选人沟通的时间减少50%等。②降低成本，成倍提升简历资源利用率，使得招聘预算更加精准，降低采购第三方测评/笔试工具成本80%以上。③优化流程，优化业务管控及业务协作的流程，量化招聘过程及结果。④提升形象，提升雇主品牌形象，提升社交渠道影响力。

通过以上价值分析，公司A能够大致评估该系统对企业产生的客户价值，并进一步形成产品价格。从销售的角度来看，公司A为企业客户介绍这些价值，容易引导企业客户预估产品为其带来的利益，进而使其对比价格决定是否采购。

（3）市场竞争定价法。我们还需要进一步考虑市场竞争因素，只有产品价格具备市场竞争力，企业才能够赚取足够利润。如果企业所在的是一个相对成熟的市场，那么可以选择对标同行竞品。企业可以分析竞品价格及变化趋势、竞品销量、竞品成本等，将其作为自己产品的定价依据。如果企业所在的是一个全新的市场，即尚未遇到竞品，那么需要预判未来出现竞品后的价格对标局面，预留操作空间，不能将价格定得过高或者过低。

4. 定价验证

通过前面的三个步骤，我们已经能够得出一个产品价格，但这往往基于企业的主观判断，还需要进一步通过市场调查验证定价的合理性。或者我们得出的是一款产品的几个可能价格，还需要选择出客户最可能接受的产品价格。那么后面就需要进行定价验证或者测试，可选的方法比较多，比如价格断裂点模型（Gabor Granger）、价格敏感度测试（Price Sensitivity Meter，PSM）心理价差测试、品牌价格抵补（Brand Bircc Trade off，BPTO）测试等，在这里不做具体介绍。

此外，在产品标准价格的基础上，企业往往会结合营销策略制定更加灵活的价格政策，以此提升整体收益。如果企业在经营过程中发现现有价格无法实现预期利润，就要评估是否需要调价或者通过降低经营成本的方式平衡收益。

4.5.3 定价管理

哪个部门负责定价？哪些部门协作定价？对于不同类型的产品，定价管理的归口部门及跨部门协作方式存在差异。我们能够看到的一个趋势是，随着互联网商业化场景越来越多，产品种类越来越丰富，营收规模越来越大，商业化产品的定价工作呈现出专业化细分的趋势。按照企业内部定价管理演化的趋势，典型的定价管理模式有以下几种。

1. 市场营销部门主导的定价管理

市场营销部门主导的定价管理是指由市场营销部门做定价归口管理，研发部门、生产部门、采购部门、财务部门等关联部门协助。这是最典型的、最传统的企业定价管理模式，一直沿用到互联网行业，适用的产品类型包括但不限于硬件产品、软件产品、内容产品、服务产品等。

案例：公司 A 是一家玩具生产企业，产品定价程序如下：

（1）成本核算。财务部门负责收集成本数据，研发部门、生产部门、采购部门等配合收集。财务部门负责计算产品生产的各种成本，包括生产总成本、平均成本、边际成本等。

（2）价格调研。市场营销部门负责对市场同类产品进行价格调研，主要分析竞品价格、竞品销量、竞品成本、价格趋势等，为定价提供市场依据。

（3）初步定价。市场营销部门界定产品的售卖方式（可以有多种），结合财务部门的成本数据初步拟定产品价格方案，并在此基础上对产品的销量做初步预估，然后报送公司管理层。

（4）最终定价。市场营销部门组织产品定价决策会，邀请公司管理层和前期参与定价的各个关联部门参会，结合管理层和各个部门的意见最终确定产品价格，同时提交财务部门备案。

2. 商业产品部门主导的定价管理

商业产品部门主导的定价管理即由商业产品部门做定价归口管理。不同类型的公司对商业产品部门的定位可能不一致，此处的商业产品部门专指负责主导全链路商业化产品设计及运营的部门［比如，广告产品部（或者广告事业部，或者更大的商业化中心）、会员产品部（或者会员事业部）等］。这种定价管理模式非常适用于资源变现类产品。

资源变现类产品的定价是一个复杂的过程。以广告产品为例，定价过低会使自身资源价值折损并且效益不足，定价过高会超出广告主预算同样会造成效益损失。资源变现类产品很难采用一个规范化的资源变现定价管理模式，企业只能整合各种因素综合评估定价。商业产品部门往往是变现资源的挖掘者与产品设计者，因此对产品定价起着主导作用。

3. 产品定价专家主导的定价管理

产品定价专家主导的定价管理即将定价工作独立出来，针对复杂的商业化业态专门做定价管理。这种定价管理模式一般出现在规模化变现的新兴互联网平台领域，比如汽车新零售平台、新出行服务平台、大型云服务平台等。这些平台往往具备以下典型特征：极度丰富的产品品类、极度庞大的SKU库、极高要求的定价效率。下面通过一个案例介绍在此类平台上定价专家的工作职能。

案例：公司A是一家多元化的汽车后市场一体化服务平台。在线下，公司A在全国28个省/市/自治区、250多个城市设立了近900家汽车配件供应网点，服务了数万家汽车维修厂；在线上，公司A精准定位目标客户，提供车主购车后全生命周期的服务，让客户能够就近、平价、放心地保养车。由于涉及庞大的汽车后服务品类及SKU数量，公司专门设置了定价专家岗位，具体职责如下：

（1）负责核心定价模型与策略的设计、定价体系的搭建，使客户数量和销售额最大化。

（2）为品类经理制定流程，以建立更好的定价理念，从而使销售额和客户数量最大化。

（3）搭建定价团队，以支持B2B和B2C业务的定价需求。

（4）在产品线评审过程中支持品类经理制定定价策略。

（5）利用以前的促销活动和客户数据制定更具成本效益的促销定价。

（6）制定定价策略，减少积压产品、季末产品和过期产品的库存。

从以上案例中我们可以看到，在产品定价专家主导的定价管理模式下，企业将不再基于综合产品因素评估的定价程序和粗放低效的跨部门协作定价程序，而会借助更专业化的定价模型和定价体系来实现规模化的、高效率的平台级定价管理。

4.6 售卖模式

商业化产品的售卖模式（销售模式）也是产品设计的一部分，从互联网产品销售的角度来看，主要涉及三类设计内容：售卖渠道、售卖系统、销售合同。

售卖模式的设计与产品的其他设计环节息息相关，比如售卖渠道关系到产品价格的设计标准、产品交付流程设计、产品的销售策略与包装策略，售卖系统关系到在线产品的完整性设计，售卖合同关系到产品交付流程标准及合同制定等。

4.6.1 售卖渠道

从售卖渠道的分类来看，互联网产品与传统产品并无本质区别，即主要分为直客销售与渠道销售。直客销售就是直接面对终端客户，渠道销售就是通过渠道代理商卖给终端客户。

1. 直客销售

如果选择直客销售，那么对产品设计流程的关键影响有以下几个：

（1）对交付设计的影响。在交付标准的设计环节，我们需要直接面向终端客户设计交付标准；在交付流程的设计环节，我们需要直接面向终端客户设计交付流程。

（2）对产品定价的影响。在产品定价环节，我们需要直接面向终端客户制定售卖方式与产品价格。

（3）对产品包装的影响。在产品包装环节，我们首先需要直接面向终端客户进行产品包装，包括但不限于多品包装、单品包装、方案包装等，然后需要直接面向终端客户进行整体包装，比如通过打造面向终端客户的官方网站进行全方位价值展示。

（4）对产品发布的影响。在产品发布环节，我们需要直接面向终端客户发布产品。

2. 渠道销售

如果选择渠道销售，那么对产品设计流程的关键影响有以下几个（概要）：

（1）对交付设计的影响。在交付标准的设计环节，我们需要面向终端客户设计交付标准，然后面向渠道代理商设计产品售出后的交付流程；在交付流程的设计环节，我们需要单独设计面向渠道代理商的权益标准与交付流程。

（2）对产品定价的影响。在产品定价环节，我们需要首先面向终端客户制定售卖方式与产品价格，其次面向渠道代理商制定产品合作价格。

（3）对产品包装的影响。在产品包装环节，我们首先需要面向终端客户进行产品包装，提供给渠道代理商作为销售工具，然后面向渠道代理商进行产品包装，提供给营销团队作为招商合作工具。

（4）对产品发布的影响。在产品发布环节，我们需要首先面向终端客户进行产品发布，其次面向渠道代理商进行产品发布（比如，新品的渠道合作政策）。

总结：对于一款产品的售卖渠道，我们可以选择直客销售，也可以选择渠道销售，还可以同时选择两者，可以根据产品特性灵活选择售卖渠道。比如，一款广告产品既有面向品牌大客户的直客销售，又有面向广告代理商的渠道销售。

4.6.2 售卖系统

在确定了产品的售卖渠道后，接下来我们要考虑产品在整个客户生命周期中的交易模式。从互联网产品设计的角度来看，我们需要通过设计在线系统满足交易过程中的各类场景需求。这也可以理解为，售卖系统就是支撑商业化产品的经济系统。

1. 面向直客的系统

售卖系统首要的服务对象是终端客户，我们对售卖系统的设计需要站在客户的角度思考，即从以客户为中心的消费周期角度分析我们对售卖系统的设计需求。我们先从不同种类的消费场景中概括客户最关注的核心需求，进而分析如何通过售卖系统设计来支撑这些客户需求。

（1）前置消费。客户往往关注通过什么渠道（如自有购买渠道、第三方电商平台等）可以买到产品、需要支付的产品金额（如直接在线支付的金额、使用优惠券后的金额等）是多少、如何进行在线支付（如直接支付或者预充值支付）、如何进行订单及售后跟踪、如何统筹管理消费数据（如财务账户是否完善）等。

（2）过程扣费。客户往往关注在产品使用过程中会产生哪些扣费行为（如今日头条等的推广账户充值）、扣费标准（如竞价标准）是什么、如何通过系统功能来监控扣费行为（后台竞价运营）、如何查看扣费报表（如综合竞价报表）等。

（3）客户结算。如果客户还参与了产品代理、产品分销等活动，那么还会关注自身收益及结算规则等，并借助便捷的客户终端来实时参与（如收益查询、提现等）。

提示：各类商业化产品的售卖系统差异很大，以上分析仅供参考，更具体的售卖系统设计分析见 6.3 节。

2. 面向渠道代理商的系统

我们如果需要借助渠道代理商进行销售，那么还需要考虑为渠道代理商提供便捷的系统接入，或者为接入渠道平台开发接入端口。

（1）自主渠道系统建设。自主渠道系统建设包括但不限于建设招商系统、渠道代理商销售管理系统等。

（2）集成第三方售卖平台。比如，SSP（广告媒体平台）接入 ADX（广告交易平台）进行流量分发。

4.6.3 销售合同

销售合同的签订是商业化产品区别于用户产品的一个重要特征，同时也是商业化产品进入市场流通必不可少的组成部分。销售合同的内容设计直接关系到企业的切身利益，也同时关系到销售人员的个人利益。

销售合同的制定、修改及管理往往由企业法务部门负责，但合同的主要条款则需要体现商业化产品的各种要素。我们从合同内容的角度出发，看一下商业化产品设计中的关键要素如何在销售合同的主要条款中体现。

1. 标的

标的是指销售合同的当事人双方权利与义务共同指向的对象，是订立合同的前提。具备明确交付标准（交付物，包含产品或者服务）的商业化产品往往直接作为合同标的出现。标的可以是单一的产品，比如一台电脑。标的也可以搭配其他产品或者服务，比如前面提到的课程产品的交付标准包括产品授权、教材和教具、师资培训、市场支持。这个交付标准就是合同标的，可以直接写入合同，也可以作为合同的附件出现。

2. 数量

数量是针对合同标的来讲的，在确定标的数量的同时应该明确计量单位。从商业化产品的交付标准来看，无论是一种还是多种交付内容，都需要明确交付的数量。还以课程产品为例，我们需要明确课程交付清单中各项交付内容的数量，比如教材的数量、教具的数量、培训的次数等。

3. 价款

价款是最容易理解的，我们需要将设计好的产品计费标准、产品价格在合同中做明确说明，并结合标的及数量得出合同总价款。

另外，履约期限、双方责权、违约责任、知识产权等合同条款在此不做分析。总之，通过公司法务终审发布的销售合同往往标志着一款商业化产品从法务合规的角度进入可售状态。

4.7 产品包装

产品包装环节属于商业化下游工作，在大多数互联网公司中都由业务部门（比如，营销中心下设的商业策划部、商业化中心下设的商业运营部等）主导。

产品包装的产出物直接面向终端客户或者合作伙伴，那么商业化产品包装的目标是什么呢？首先，最重要的一点就是提升销售效率，从这一点来看，产品包装的首要目标是为销售团队设计各类销售工具；其次，企业出于对外展示商业竞争力的整体性需求，还需要更完整的包装策略以输出品牌形象。

基于以上两点，我总结了四类实战包装策略，分别是基于产品体系做多品包装、基于卖点提炼做单品包装、基于业务场景做方案包装、基于完整价值做整体包装。

4.7.1 基于产品体系做多品包装

多品包装是指将企业的多款甚至所有商业化产品进行综合包装展示，比如我们会通过一个 PPT 或者 PDF 文件了解到百度、今日头条、腾讯等公司的广告产品体系。在做多品包装的时候，我们要遵循以下四个原则。

1. “秀企业”

“秀企业”的内容可多可少。知名企业可以做简要介绍（比如，只用一个 PPT 页面），甚至不介绍而直接进入下一步“秀资源”。非知名企业则要解释清楚你们是谁，即企业定位。

2. “秀资源”

“秀资源”属于典型的后端商业化战略下的产品包装逻辑，即充分展示产品拥有的流量资源优势、用户资源优势、内容资源优势、数据资源优势等，并且注重利用数字进行直观表达。

案例：公司 A 是一家汽车领域的垂直媒体，广告产品是公司 A 的核心商业化产品。在公司 A 发布的商业化产品介绍资料中，对公司拥有的核心商业资源进行了整体包装，主要包括以下几点：

（1）流量优势。用户覆盖量全网领先，移动端流量高速增长，用户活跃度高。产品的整体 DAU 达到了 3900 万人，移动端流量占比为 75%，每天内容被阅读 4.7 亿次，同时在线交流的用户数为 40 万人等。

（2）线索优势。每年近 1 亿条销售线索，转化率全网最高。2017 年，购车转化率（汽车成交数量/独立用户数）为 43%，市场贡献率（汽车成交数量/当年乘用车销量）为 44%。

3. “秀产品”

“秀产品”即对所有的商业化产品进行介绍。我们可以先通过一个产品矩阵图来表达整体的商业化产品体系，然后再介绍单款产品，或者直接对单款产品进行介绍。

4. “秀案例”

“秀案例”即展示成功案例，比如铺陈合作企业的 Logo、经典案例分享等，用数据与效果说话，让客户为产品代言。

4.7.2 基于卖点提炼做单品包装

当我们要发布一款商业化产品时，一定会从客户需求的角度进行产品包装，首先要考虑的问题就是客户为什么会购买这款产品。如果把这个问题抛给产品经理，那么得到的答案往往是产品具备价值点一、价值点二、价值点三、价值点四……当然，这是基于产品基础价值点进行的包装，并非不对，只是看问题的角度不一样。

从销售的角度进行产品包装，则要避免只铺陈价值点，而要真正切中客户的"购买要害"，即将客户真正愿意掏钱的点挖掘出来，这就是卖点提炼。卖点提炼策略如图 4-10 所示。

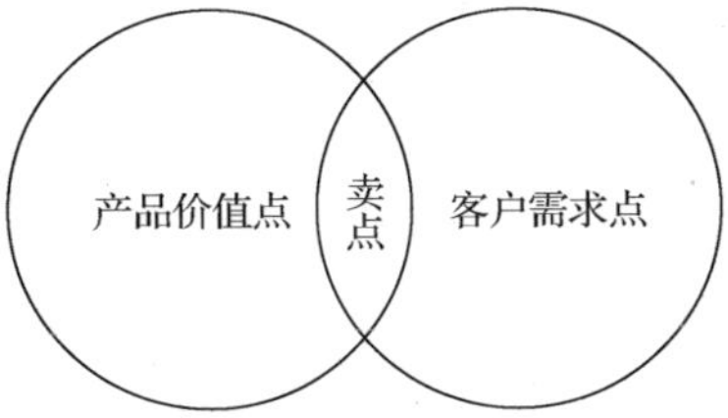

图 4-10

产品卖点往往是精要表达且具备竞争优势的。下面介绍三个最关键的卖点提炼策略：自身特色包装、品质优势包装、性价优势包装。

1. 自身特色包装

产品通过自身特色包装要表达出"人无我有"，基于创新产品或者产品的创新特色进行提炼包装，要表达"是我创造了这类产品""是我创造了这类产品的全新使用场景""只有我的产品才具有这样的特色"等。

2. 品质优势包装

产品通过品质优势包装要表达出"人有我优"，当竞争对手也在卖同样的产品，且指向同样的目标客户群体时，我们需要提炼产品的品质优势，在产品质量、产品效果、服务质量或者延伸价值上取胜，提升消费满意度。这是在产品同质化竞争的大环境中应用得最频繁的卖点提炼策略。

3. 性价优势包装

产品通过性价优势包装要表达出“人优我廉”，此处的廉并不单指便宜，更多的是指性价比高，我们需要提炼出客户能够感知的高性价比信息，让客户感觉到企业的让利或者优惠，提升品牌亲和力。

总结： 卖点提炼只是单品包装的切入点，且并不固定是从一个点切入还是从几个点同时切入进行包装。在卖点提炼的同时，我们还需要同步展示产品的一系列基本参数及内容，全面展示产品价值。

4.7.3 基于业务场景做方案包装

我们还会碰到很多需要单独进行包装的业务场景，即介于单品包装与多品包装中间状态的包装需求，比如为某个营销活动或者短期项目方案进行包装、为某类子客户群体单独打造的合作方案进行包装等。

基于业务场景的方案包装与常规的市场活动方案包装有本质的区别，后者重在活动策划实施，而前者重在商业化包装，经过包装的业务场景方案作为面向客户的销售工具出现。因此，在方案包装里必须要体现包装对象（活动、解决方案等）的商业价值及合作方式，以达到最佳的销售转化率。

案例： 某汽车媒体打造的“看车团”活动。对于汽车品牌商来讲，这不仅是一次活动，更是一次集推广、集客、助销于一体的完整营销服务解决方案。它包括了营销策略制定（整体方案设计）、消费线索拦截（全站流量布局、截留意向人群）、线下客户转化（专人现场引导、保障活动效率）、增值服务导入（提供结案报告、帮助商家追踪销售）等一站式服务流程。汽车媒体在此基础上提供合作政策，比如活动售卖方式（按场售卖）、合作价格等。

4.7.4 基于完整价值做整体包装

多品包装、单品包装、方案包装这三类产品包装策略都是面向营销场景的，但无法完整展示产品依托企业输出给客户的整体价值。

我们呈现给客户的应该是一个专业、完整、完美的商业化体系形象，要将产品的整体价值释放出来，而不能只为了达成单一的销售目的，所以更要从产品的战略定位、品牌策略、使用说明、售前服务、售后服务、运营服务、潜在价值等多个维度进行整体包装。在现实的商业化实践中，有很多产品或者项目往往做不到或者做得不完善，这反映出产品的商业化能力不足。

我们通过一个案例了解整体包装中的关键对象。

案例：公司A计划利用人工智能技术开发一款硬件产品，要想让这款产品进入市场接触客户，就必须进行一系列的商业化包装，并在此基础上深度结合互联网思维。这其中包括的需求往往有以下几个：对产品进行用途包装，将包装展示出来以便让客户知道产品用途；对产品进行品牌包装，将包装展示出来以便向客户表达差异化价值；对产品进行使用包装，向客户提供产品的各种使用资料（说明书、视频等）；对产品进行物理包装，为产品设计精美的包装外壳；对产品进行销售包装，将产品卖点、价值充分展示给客户；对产品进行运营包装，为客户提供产品优惠政策；对产品进行售后包装，将为客户提供的售后服务保障展示出来等。

从以上案例中，我们可以看出，这是一套更加完整的商业化产品包装体系，用来充分梳理与展示产品的完整价值，并且通过各种触媒渠道传达和输出给客户，这就是第5章介绍的产品整体包装体系。

4.8 产品发布

商业化产品一旦完成发布就意味着销售工作正式启动，也往往意味着前面设定的产品业绩指标生效。

4.8.1 商业化产品的发布分类

1. 商业化产品的发布级别

（1）常规单品发布。这类发布级别是指新增了一款商业化产品，这款产品是一个全新的SKU，往往依赖于某一条业务线。比如，在某互联网平台的信息流广告业务线上新增一款广告产品。

（2）新产品线发布。这类发布级别是指新增了一条全新的产品线，里面包括了很多个 SKU。新业务线往往以品牌挂靠的形式沿用企业或者平台的品牌，然后自定义业务线的名称［如知乎的会员业务线（读书会员、盐选会员）］，企业也可以为新增的业务线单独设置子品牌。

（3）全新品牌发布。这类发布级别是指不仅新增了商业化产品甚至产品线，而且以独立品牌的形式运作，或者前期先发布了常规产品，后期通过全新商业化品牌来整合。比如，字节跳动的巨量引擎广告服务。

不同的发布级别，意味着整体的发布配套工作存在很大的差异。一个 SKU、一条产品线、一个全新品牌对各个商业化关联部门的需求是不一样的，我们需要结合实际情况做发布管理。

2. 商业化产品的发布类别

（1）to C 商业化产品。to C 商业化产品即面向个人用户的商业化产品，比如个人会员产品、内容付费产品等。

（2）to B 商业化产品。to B 商业化产品即面向企业用户的商业化产品，比如广告产品、SaaS 产品等。

不同的商业化产品的后端业务模式存在很大差异，参与发布的部门不具备可比性。to C 商业化产品依赖强大的运营体系变现，to B 商业化产品则更依赖强大的销售体系变现。

4.8.2 商业化产品的发布管理

产品发布是一项需要精细、严谨的管理才能够做好的工作。我们从一个案例来看一款广告产品的发布管理模式。

案例：公司 A 是一家亿级用户规模的互联网平台，广告业务是其核心商业化业务。图 4-11 是公司 A 商业化产品的发布流程（以常规单品为主），分为三个阶段：发布前、发布中、发布后。参与发布的部门包括产品部门、运营部门、销售部门、市场部门、客服部门、培训部门。只有各个部门通力协作才能完成产品整体的发布，让产品进入市场销售。

<table>
<tr><th rowspan="2">部门</th><th colspan="8">发布前</th><th>发布中</th><th colspan="2">发布后</th></tr>
<tr><th>配套资料（部分）</th><th colspan="4">培训计划</th><th colspan="3">培训通知、执行、考核</th><th>产品发布</th><th colspan="2">业务执行与产品迭代</th></tr>
<tr><td>产品部门</td><td>□《产品白皮书》
□《产品使用视频》
□《常见问题解答》
□《客户交付流程》</td><td rowspan="5">【发布评估】
主导：产品部门
评估发布时间
评估配套资料能否按期交付、初步拟定培训时间</td><td rowspan="5">【需求沟通】
主导：运营部门
销售需求明确、市场需求明确、客服需求明确</td><td rowspan="6">【培训准备】
主导：培训部门
培训内容明确、培训老师明确、培训时间明确、培训方式明确、培训地点明确</td><td rowspan="3">【资料下发】
（1）配套资料；
（2）培训资料</td><td colspan="3">—</td><td rowspan="6">【产品发布】
灰度发布；
全网发布</td><td rowspan="2">—</td><td>【产品迭代】
收集部门需求</td></tr>
<tr><td>运营部门</td><td>□《产品业务介绍》
□《产品报价单》
□《官网上新配套内容》
□《各类包装资料》</td><td colspan="3">【运营培训】
运营部门培训执行</td><td>【运营迭代】</td></tr>
<tr><td>销售部门</td><td>□《产品销售合同》
□《产品销售政策》
□《产品销售话术》</td><td colspan="3">【销售培训】
销售部门培训执行</td><td colspan="2">【销售执行】</td></tr>
<tr><td>市场部门</td><td>□《媒体宣传稿件》
□《市场宣传视频》</td><td rowspan="3">—</td><td colspan="3">【市场培训】
市场部门培训执行</td><td colspan="2">【市场执行】</td></tr>
<tr><td>客服部门</td><td>□《客服工作标准》
□《客服话术》</td><td colspan="3">【客服计划】
客服部门培训执行</td><td colspan="2">【客服执行】</td></tr>
<tr><td>培训部门</td><td colspan="3">—</td><td>由培训部门下发通知</td><td>由培训部门进行培训</td><td>由培训部门组织考核</td><td colspan="2">—</td></tr>
</table>

图 4-11

1. 发布前

（1）配套资料（部分）。配套资料是指从商业化产品发布的完整性角度考虑，各个部门需要交付的资料，这些资料能够保证产品发布后各个部门的业务顺利开展。

① 产品部门。产品部门需要交付《产品白皮书》《产品使用视频》《常见问题解答》《客户交付流程》。

② 运营部门。运营部门需要交付《产品业务介绍》《产品报价单》《官网上新配套内容》《各类包装资料》。

③ 销售部门。销售部门需要交付《产品销售合同》《产品销售政策》《产品销售话术》。

④ 市场部门。市场部门需要交付《媒体宣传稿件》《市场宣传视频》。

⑤ 客服部门。客服部门需要交付《客服工作标准》《客服话术》。

（2）培训计划。培训计划是指为产品发布做的前置培训计划，主要包括四个阶段：

① 发布评估。由产品部门主导，评估发布时间，同时评估各个部门的配套资料能否按期交付。在确认好发布时间后，产品部门初步拟定培训时间。

② 需求沟通。由运营部门主导，主要与各个参与部门沟通培训需求，并初步拟定培训内容。然后，运营部门向培训部门发起培训申请，转交培训部门组织实施。

③ 培训准备。由培训部门主导，确认培训内容、培训老师、培训时间、培训方式、培训地点等，制订详细的培训计划。

④ 资料下发。在培训前由各个部门下发配套资料和需要提前下发的培训资料。

（3）培训通知、执行、考核。

① 培训通知。由培训部门主持，下发正式的培训通知给各个需要参与培训的部门。

② 培训执行。由培训部门主持，按照培训计划组织相关部门进行培训。

③ 培训考核。由培训部门主导，对参与培训的人员进行考核。

2. 发布中

由产品部门主导，依据产品发布计划进行，选择灰度发布或者全网发布。不同的发布策略会影响业务部门工作计划的推进。

3. 发布后

（1）业务执行。在产品发布以后，各个业务部门（销售部门、市场部门、客服部门）立即进入业务执行阶段，执行既定工作计划。

（2）产品迭代。在业务执行过程中，各个部门不断收集市场反馈，并交给产品部门，进而不断优化、完善产品，提升客户体验。

第 5 章

从零到壹的产品整体包装体系

导读： 本章是对第 4 章中提到的产品整体包装策略的详细阐述，即结合科特勒产品五层次结构理论对产品整体价值进行包装，力求让产品具备更立体的商业形象，提升市场综合竞争力。此外，这套商业化产品包装体系也可以作为商业化运营工作的排查工具。

5.1 关于产品的整体概念

5.1.1 产品的整体概念：有形产品+无形产品

"产品的整体概念"是一个重要的市场营销理论，对企业的产品经营具有重要意义。在现实的商业世界里，通俗意义上的产品是指能够看得见、摸得着的东西，带有明确的视觉特征，同时通过提供不同功能来满足用户的不同需求。在现代市场营销学里面，这是一种狭义的产品理解。广义的产品既包括了视觉特征层面，又包括了心理感受层面。换句话说，产品既包括了有形的物质实体，又包括了无形的消费利益，这就是"产品的整体概念"。

举个感冒药的例子，消费者为什么要去买治疗感冒的药物？并不是为了购买感冒药的物理化学属性及实体，而是为了达到有效治疗感冒的效果。因此，仅从感冒药的例子来看，药的实体与药的效果是感冒药作为一款产品不可分割的两个组成部分。

将"产品的整体概念"归结为"有形产品+无形产品"，是典型的从用户的角度出发进行的解释，即我们需要建立“上帝视角”（用户第一）。互联网时代更加多样化的产品形态又让产品的整体概念发生了外延，但依然不影响“有形产品+无形产品”的整体概念构成，这主要体现在以下几点。

1. 产品从实物形态延伸到数字形态

传统商业时代的产品基本都是实物类的，而进入互联网时代后出现了大量的虚拟数字产品，比如软件产品、内容产品等。实物产品与数字产品为用户带来的价值具有很大的差异性，尤其在产品的所有权关系上。实物产品的售出往往意味着产品的所有权从卖家转移到用户，并且产品价值往往表现为跟随实物的一次性交付；数字产品更加侧重于让用户享受服务，且以提供产品的使用权为主（比如，用户获得了软件产品的一年使用权），同时关注产品价值的持续性交付，即产品可以通过互联网技术进行产品本身的不断迭代（比如，软件产品的持续功能迭代），进而实现最佳的用户体验。

2. 产品从静止形态延伸到交互形态

传统商业时代的产品基本都是一次成型的物理实体，是静止不可交互的，即与用户之间的关系是静默关系。互联网产品却因为实现了数字化而具备了强交互性的特征，产品成了与用户的对话窗。在线交互带来了更多的与用户对话的场景，使得为用户输送各种增值价值成了可能，并且效率会比传统的方式更高。

3. 利益从注重效果延伸到注重体验

传统商业时代的产品基本都是以效果为先的，功能型产品居多。互联网产品更加注重用户体验，通过体验创造经济价值，且形成了各种形态的体验经济产品，创造了除了效果之外的丰富的产品附加值。比如，智能电视带来了丰富的在线内容体验（而不仅仅是观看有线电视频道）、智能手机带来了多样化的应用价值（而不仅仅是打电话的价值）等。因为实现了数字化的跟踪，生产者能够实时获取用户体验效果反馈，并通过数据分析持续优化用户体验，提升用户满意度。

综合来讲，企业应该重视产品基于有形与无形的所有价值。从综合各类互联网商业化产品的角度出发，我们来看一下有形与无形的价值都包括哪些典型内容，分别见表 5-1 和表 5-2。

表 5-1

价值类型	价值内容
物质因素	具有物理性能、化学属性
技术因素	具有技术功能、技术性能
内容因素	具有内容价值、感官体验
外观因素	体积、重量、色泽、包装结构
经济因素	安全、维修保养、使用效果
时间因素	耐用性、使用寿命

表 5-2

价值类型	价值内容
信誉因素	品牌知名度、偏爱度
经济因素	价格折扣、优惠措施
服务因素	咨询、运送、安装、培训
保障因素	三包政策、交货期
社会因素	参与感、社交关系

从表 5-1 和表 5-2 中可以看出，产品的整体概念指向了产品的整体价值，这些价值包括了有形价值与无形价值。从用户的角度来看，有些价值是能够看得见、摸得着的，而有些价值却在无形中提升了用户的消费体验。

虽然我们能够感受到产品的整体概念所带来的价值，但是如果仅仅进行无序、无规则的价值铺陈，那么依然无法结构化地理解产品价值结构，也无法有效地实施面向不同用户价值的有效包装策略。因此，我们需要更加结构化的方法来解构产品价值，进而实施整体包装策略。

5.1.2 菲利普·科特勒的产品五层次结构

在现代市场营销学里，产品的整体概念在不断演进。近年来，以现代营销学之父菲利普·科特勒（Philip Kotler）为代表的北美学者用五层次结构来表达产品的整体概念，这五个层次分别为核心产品、基础产品、期望产品、附加产品和潜在产品。

说明：以上提到的产品五层次结构并不是一次性提出的，关于产品的整体概念分为几个层次、各个产品层次的定义以及名称都经过迭代。并且因为该理论发源于国外，国内对五个层次的翻译差异也会导致可能出现叫法不一致的情况，但各方（包括本书）对每个层次所要表达的内涵是一致的。

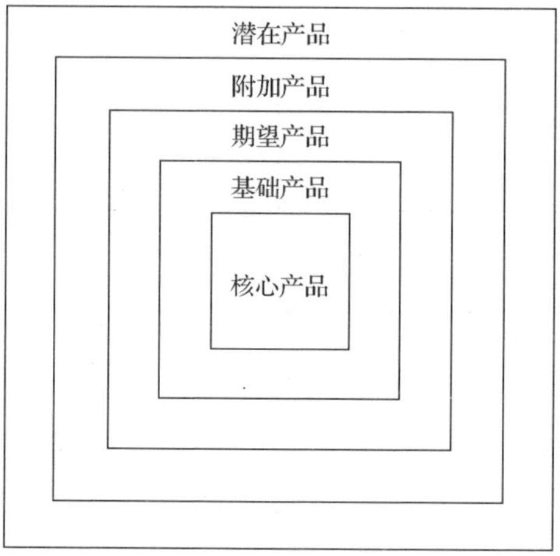

图 5-1

产品整体概念的五个层次清晰地体现了以消费者为中心的现代营销学理论。它的内涵与外延皆以消费者需求为标准，完整地阐述了消费者在选购和消费一款产品的整个过程中的心理历程。它深刻而有远见地解释了产品的整体概念，产品并不是一个固定的静态概念，而是一个内涵丰富的、动态的和有生命的概念，产品价值是随着消费者的参与而不断变化的。产品并不局限于有形的（无论是实物的还是虚拟的）产品，也包括了与此相关的品牌体验、服务体验以及各种增值价值等。我们需要理解以下两点。

（1）产品是一个动态价值体。产品是一个动态生命，产品价值是变化的，且每个用户心目中的产品价值都不一样，即对于同一款产品来说，有的人可能觉得很好，有的人可能觉得一般，甚至有的人可能觉得很差。因此，作为产品设计人员，我们需要在产品生命周期的各个阶段不断地思考它的价值，这会影响到对商业化产品设计及运营等进行一系列决策。在产品真正上市之前，我们往往无法客观地做到对价值的精准判定，即无法精准地判定产品是否能够达到用户预期。

“产品经理最担心做出一款低价值的产品，卖不动，不好用，但产品到底有没有价值或者价值有多大，却往往无法提前精准判定。” 这是很多产品经理面对的挑战。而这种对价值判断的不精准性以及用户个体预期的差异性，决定了产品价值是一个变量，即把同样一款产品给1000个人使用，所带来的效果是完全不一样的，会导致不同的用户预期与用户满意度。当下的公司为了精准地把握用户预期以及用户满意度，往往会通过各种用户数据对用户预期进行分析，或者通过便捷的交互手段来直接获得产品评价或者用户满意度评价。

因此，企业在从生产者的角度定义产品固定价值（比如，定义了产品的规格、产品的外观、产品的性能等）的同时，还需要站在用户的立场考虑动态的产品价值是什么，因为产品价值最终需要用户参与来共同决定。这就是为什么有的人觉得产品好，有的人觉得产品不好。觉得产品不好的原因是产品质量不行、服务不到位，还是其他价值没有达到用户预期？企业要为产品建立清晰的、结构化的、动态的价值模型，然后从多个维度去设计与交付这些价值，产品五层次结构的意义即在于此。

（2）产品谋求综合价值输出。从买方市场（用户方）来看，随着互联网行业的发展，无论是企业消费还是个人消费，对商品的消费需求都呈现出越来越多样化的特征，比如物质的、经济的、精神的，这就是体验经济的典型特征。因此，从市场角度来讲，产品商业化的核心就是关注消费体验（用户体验）。

从卖方市场（生产者）来看，随着互联网行业发展进入深水区，企业越来越重视建立自己的商业化体系。已经实现规模商业化的企业，谋求扩大市场占有率，提升市场竞争力；已经实现规模化用户的企业，谋求通过用户资源实现商业化变现，提升企业赢利能力；处于创业初期的企业，谋求更加健康良性的赢利模式，希望提前具备造血能力。这些诉求均建立在通过商业化产品为用户创造体系化价值的基础上。

下面对产品五层次结构做详细介绍。

1. 核心产品（指向用户核心价值）

核心产品（或者叫核心层）是指用户购买某种产品时所追求的核心利益，也就是用户真正要购买的服务和利益。核心产品在产品的整体概念中是最基本、最主要的部分。

由此，核心产品一定是为了满足用户需求、解决用户痛点而存在的，同时企业通过核心产品实现了自己的经营价值。因此，核心产品对企业与用户是同等重要的。

小结： 除了前面提到的感冒药的例子，下面再举几个例子让你进一步理解核心产品。

传统商品：消费者购买冷饮来解暑解渴，核心产品是解暑解渴，而不是饮料这种液体；女性购买口红来提升形象气质，核心产品是提升形象气质，而不是口红的实体。

互联网产品：360 杀毒软件的核心产品是电脑病毒查杀、百度推广的核心产品是获取商机、得到 App 推荐的各种在线课程的核心产品是认知提升、QQ 音乐会员的核心产品是音乐下载及品质提升。百度推广的核心产品的官网包装如图 5-2 所示。

这些例子都说明了一款成功的商业化产品必须能够给用户带来核心利益。

图 5-2

2. 基础产品（指向用户使用价值）

基础产品（或者叫基础层）是在满足用户核心利益基础上的物质的或者虚拟的有形表现形式，也就是产品基本的存在形式，是核心产品借以实现的产品形式。

从互联网产品的范畴来看，基础产品主要包括以下内容：功能元素（比如，功能、规格、属性、口味等）、视觉设计（比如，色彩、尺寸、美观性等）、用户体验（比如，产品使用过程中的整体感受）、销售内容（比如，产品功能及增值服务、产品价格等）。

不同形态的商业化产品在基础产品的表现形式上有较大差异，但从价值交付的角度来看，基础产品承载了交付核心，是核心产品的载体，是产品在满足用户需求基础上的核心关注对象。对于基础产品的存在形式来说，无论是有形的产品，还是无形的服务，都保证了用户能够接触到并购买到它。

比如，我们买一款苹果手机，会关注它的硬件配置、外观设计、操作体验、销售价格等，这些内容集合在一起就是基础产品。

3. 期望产品（指向用户期望价值）

用户在选购和消费过程中，逐步形成了对目标产品的属性、功能等的认知和对产品的心理要求，这就是期望产品（或者叫期望层）。这些要求往往包括符合用户喜好的属性要求、价格要求、功能体验要求等各个因素，是用户在购买产品时期望的一整套属性和条件。不同的人对同一款产品的期望是不同的。

那么我们如何判断产品的用户期望价值？基于产品的动态价值概念，产品的用户期望价值难以直接量化，而取决于每个用户对产品的满意度。用户满意度取决于产品是否达到了用户期望。我们可以用一个比值来判断：用户感知价值和用户期望价值的比值。一般来讲，比值越大，即用户感知价值越接近于甚至超出用户期望价值，用户满意度越大，反之越小。这样，我们就可以通过分析用户满意度来间接判断用户期望。

对产品的用户期望价值判断可以帮助企业做客观的产品营销引导，这也可以称为产品的"期望价值管理"。良好的消费预期引导是提升用户满意度的有力举措。结合消费预期引导，企业需要进一步提高用户感知价值，从而提高用户满意度。

补充：通过用户满意度评估产品的用户期望价值是一种后置的分析方法，即当产品实际产生消费后我们才能够通过用户分析获得结果。从互联网产品的角度来看，我们还可以借助大数据分析来形成前置的用户画像，进而提升用户期望价值判断的准确度。同时，为了更大概率地满足甚至超出用户期望价值，我们还需要通过不断优化基础产品、附加产品甚至潜在产品来提高用户感知价值。

4. 附加产品（指向用户附加价值）

用户在选购和消费产品时，除了获得基础产品（价值载体），还会获得一系列附加服务和利益（比如，实物产品的送货、安装、维修、培训等），甚至还包括了产品的各种优惠（比如，价格折扣、节日赠品等），这些统称为附加产品（或者叫附加层）。

案例：

场景一：小李刚搬了新家，客厅里缺少一台电视机，需要尽快购买并让家人能够看到喜欢的电视节目。

场景二：小李在对比了很多电视机品牌后，比较青睐小米智能电视，于是在确定了电视机型号、颜色、价格后，决定在京东的小米官方旗舰店中在线购买。

场景三：小李在购买之前查阅了小米电视的很多资料，听取了很多朋友的建议，在心中勾勒了买回小米电视后体验到的各种美好情景。

场景四：恰逢国庆节，小米电视降价优惠，并且参与满额返券活动，同时还推出了增值保障，例如全保修、延长保修、意外保。于是小李在国庆节当天下单并完成购买，由京东送货上门。在收到货后，小李选择了预约安装，于是安装人员按照约定时间上门进行了安装。

场景五：电视机在安装后大小合适，体验流畅，并且电视节目非常丰富，小李一家非常满意。

在这五个场景中，场景一对应了核心产品，即家里需要电视机并用来观看电视节目；场景二对应了基础产品，明确了产品品牌、型号、颜色、价格等；场景三对应了期望产品，即小李在购买之前有心理预期，初步形成了期望价值；场景四对应了附加产品，即小米电视的各种优惠与保障政策，并且提供送货上门及安装服务；场景五对应了期望产品，即小李一家在看电视的过程中，对电视非常满意，达到甚至超出了心理预期，代表了很高的用户感知价值。通过用户感知价值和用户期望价值的比值，我们可以得出结论，对于小李来说，这是一次愉快的购物体验，对于小米电视来说，这是一次成功的销售。

我们从上述案例中可以发现，电视机是一个常量，即拥有固定的参数、价格及服务，而电视机对于小李一家产生的价值却是一个变量。小李一家对电视机很满意，就会认为买得值甚至超值。但如果电视机尺寸不合适、操作体验不好或者视频内容不好，小李一家就会不满意甚至认为不值。

5. 潜在产品（指向用户潜在价值）

潜在产品（或者叫潜在层）是指用户在选购产品和消费过程中，还会发现产品供需双方之前均未发现的产品价值，也就是指此种产品最终可能增加和改变的价值。它也是企业努力寻求的满足用户并使自己与其他竞争者区别开来的新产品。潜在产品指出了现有产品可能演变的趋势和前景，但大部分企业往往都缺乏对潜在产品的敏感意识。

案例：诺基亚作为曾经的手机行业霸主，因为对智能手机行业发展趋势预测不足，损失了很多市场份额；柯达作为胶卷业的霸主，因为对摄影及拍照行业发展趋势预测失误，将摄影市场留给了快速崛起的数码公司。

诺基亚与柯达的案例告诉我们，企业要时刻保持对潜在产品的商业敏感度，因为这有可能意味着一个全新的市场机遇，并有可能将既有存量市场转变为新兴行业的增量市场，从而造成原有业务的失败甚至使企业受到毁灭性打击。

5.1.3 从产品五层次结构视角理解产品交付

作为产品从业人员，无论你是产品经理还是产品运营，为什么要建立对产品整体概念的认知呢？主要原因有以下三个。

1. 从产品五层次结构视角重新理解交付机制

第2章提到了商业化产品的五大运转机制之一：交付机制。我们需要思考下面的问题：我们可能面向用户做了很多交付内容，这些交付内容到底如何影响产品的最终价值？这些价值是什么类型的用户价值？

案例1：公司A是一家C2C类的教育类互联网平台。学生可以通过平台找到合适的机构与老师，机构也可以通过平台流量获得生源。我们都知道，平台对于机构的核心价值来源于网络效应带来的流量，这是平台之所以能够吸引机构入驻的核心原因。当然，平台要形成用户规模并不是一朝一夕能够完成的事情。因此，在平台运营初期缺乏流量的情况下，平台为机构和老师带来的生源（价值）很有限。于是，公司 A 决定研发基于社交自媒体传播的各类招生营销工具，并且大量招募市场服务团队为机构提供线下招生服务。因此问题就出现了：通过招生工具与招生服务确实为机构带来了生源（价值），但这种价值对于平台本身的价值（无论是用户价值还是商业价值）提升帮助却很少。为什么呢？因为通过招生工具及服务为机构带来的流量对于平台来讲是外部流量，即没有对平台自身流量形成增量并帮助到机构招生，因此这种交付是长期不可持续的伪价值交付（相对于平台的流量价值交付而言）。

因此，当我们为了满足用户需求而实施交付时，一定要基于现有产品的核心价值，然后在核心价值的基础上做延伸价值交付。如果脱离产品的核心价值实施外部交付，那么即使当下满足了用户需求，从长期来看这也是一种失败的交付机制，甚至产品的核心价值是否能够实现也会被质疑。

案例 2：小李在国庆节期间从京东上购买了一台小米智能电视，电视的价格要比平时便宜（使用优惠券购买）。电视经物流送货上门，小李通过客服预约安装。最后，小李观看到了丰富的视频节目，对这次购物非常满意。在整个消费过程中，小米公司做了多种形式的交付。比如，通过电视实物交付了核心产品与基础产品，通过优惠券、物流、上门安装等交付了附加产品，通过让小李拥有满意的消费体验交付了期望产品。这些通过不同形式交付的不同产品（价值）其实最终都影响了电视的价值。以上是乐观的消费过程，但如果出现一些消费问题，我们就要评估对产品价值的影响，即问题出在哪一层，对应的改进策略是什么。

综合以上两个案例，我们可以从产品五层次结构视角重新理解交付机制：产品交付必须要基于用户核心价值，否则就是伪价值交付；产品交付内容与产品多个层次之间形成了对应关系，我们可以借助产品五层次结构评估交付工作的完整性。

2. 从产品五层次结构视角重新理解交付设计

第 2 章列举了五类典型的产品交付形式，即技术团队驱动类交付、产品团队驱动类交付、运营团队驱动类交付、销售团队驱动类交付、客服团队驱动类交付。无论哪一类交付形式，最终都需要形成交付标准（售卖标准）。在设计交付标准时，我们通常会以交付清单的形式将各项交付内容列出，并且把一些延伸的服务放到合同中进行约定（比如，退换货保障等）。还以课程交付为例，见表 5-3。

表 5-3

交付分类	交付项目	内容描述	产品价值类型
教材和教具	教材	教师用书（中文版）	基础产品
		教师用书（英文版）	
	教具	教师上课用具	
		学生上课用具	
师资培训	线上培训	课程教师录播培训视频	附加产品
	线下培训	总部集中培训	
		派教师入校培训	
市场支持	宣传视频	课程宣传视频	附加产品
	招生方案	课程特色招生方案	
	招生物料	招生单页（源文件）	
		招生海报（源文件）	
		招生易拉宝（源文件）	
课程授权	授权书	正版课程授权书（亚克力板）	

当面对不同的交付分类和交付项目时，我们可以借助产品五层次结构来区分一下产品的层次。表 5-3 主要涉及基础产品和附加产品。如果将整个交付清单看成一款交付产品，那么其中的教材和教具就是基础产品，师资培训、市场支持、课程授权就是附加产品。

说明： 需要特别说明的是，因为基础产品是核心产品的承载形式，所以基础产品就代表了交付产品的核心价值。因此，在交付产品的整体价值中，基础产品的价值是大于附加产品的价值的。比如，在上面的案例中，主要卖的是教材和教具，价值大于其他三个交付内容。但是，如果主要售卖的是市场支持服务，课程属于赠送产品，那么基础产品就变成了市场支持服务。在不同的情况下，对于哪个在前、哪个在后、哪个是基础产品、哪个是附加产品，在交付清单的编辑中，我们需要特别明确，且需要向用户声明。

3. 从产品五层次结构视角延伸理解运转机制

第 2 章讲到了商业化过程、商业化产品的五大运转机制。产品五层次结构对于这两者是补充。如何来关联理解呢？

第一步： 先理解宏观的商业化过程，再理解运转机制。无论是产品商业化过程三要素（创造价值、传递价值、获取价值），还是三阶段（产品化、商业化、市场化），均指向了产品商业化的宏观运作逻辑，而五个运转机制正是在设计商业化产品时的核心关注事项。

案例： NBA 的一场比赛分为四节，每节 12 分钟，最后的比分决定了比赛双方的输赢。这就是比赛的宏观过程（对比产品商业化过程）。但你如果只知道宏观过程，那么是看不懂比赛的，还需要知道比赛机制（对比产品商业化过程中的运转机制），比如一支队伍有几个人、分别打什么位置、如何制定战术、如何计算得分、如何对犯规进行判罚等。商业化产品的运转机制视角正是在商业化宏观过程分析的基础上，进一步阐述了产品商业化过程中关注的核心机制。

第二步： 在第 1 章中讲到，运转机制是商业力量的来源，也同样是产生用户价值的来源。因此，在理解产品运转机制的基础上，进一步理解产品价值结构，可以帮助我们更细化与精准地看到在产品运转中产生的各种用户价值，进而围绕产品价值的全面提升目标来展开工作，产品的整体概念就提供了这样的一个视角。

5.1.4 用产品整体概念提升企业竞争力

越来越多的行业正在从卖方市场过渡到买方市场，产品也从生产者决策与交付价值过渡到基于供需关系的双向互动与共同作用交付价值，产品成了生产者与用户之间的沟通桥梁。在产品的整个消费周期中，产品价值是一直在变化的，是一个动态值。虽然企业可以通过控制产品设计过程来主导产品价值，但是产品真正实现效用（用户价值）还要取决于消费者。从产品五层次结构视角来看，企业无法主导产品的期望价值与潜在价值。

在互联网时代，产品的动态价值特征表现得更加显著，这主要是受到体验经济的影响。在传统的商业时代，虽然也会存在期望价值与潜在价值，但是产品价值更多地取决于企业的生产制造水平，优质的生产力往往能够保障消费者的满意度，而互联网时代的产品价值却更多地取决于用户体验，取决于产品在与用户强互动过程中所做的密集反馈与迭代升级，企业通过优质的用户体验来维持用户满意度。

那么，从企业经营的角度来看，建立产品的整体概念有什么必要性呢？

1. 通过产品的整体概念提升产品的市场综合竞争力

在残酷的市场竞争环境中，产品的整体概念决定了产品的市场综合竞争力，即企业无法仅靠产品的某一项价值赢得市场竞争。产品要想获得更大的市场规模，就必须以用户为中心，提供具备综合消费价值的产品，即提供满足消费需求的产品、符合消费期望的产品、超出消费预期的创新产品。如果企业不重视用户获取的产品整体价值，或者向用户提供了有明显价值缺失的产品，那么将会使用户满意度下降，从而影响产品的市场综合竞争力；而过度重视某一个局部层次对用户产生的价值，可能会给企业增加很多成本，降低企业的利润，也会最终影响产品的市场综合竞争力。

案例：公司 A 是一家 B2C 类垂直电商平台，在线销售电子产品。

首先，从用户的角度出发，我们来分析一下消费者在购买并消费一款电子产品的过程中可能获得的一些利益（价值）：平台品牌、电子产品、会员服务、产品折扣、购物积分、售前咨询、售后服务、物流服务等。这些利益都会对消费者的整体满意度产生影响，最终都会影响到这款电子产品的价值。

其次，从电商平台的角度出发，当我们认识到了一款产品对消费者的多种价值时，就要通过合理的企业投入来实现这些价值的交付，这就会产生成本。拿积分来讲，它一般作为主体产品的附加产品，假如平台在前期过分投入对积分体系的研发，但在运营过程中发现积分对购买意愿度与用户满意度的提升很有限，那么这种投入就存在浪费。因此，企业要合理评估各个层次的价值并有效控制投入，只有这样才能够有效地提升产品的综合竞争力。

2. 通过产品的整体概念评估顾客让渡价值

顾客让渡价值来源于菲利普·科特勒的《营销管理：分析、计划、执行和控制》一书。他认为，顾客让渡价值（Customer Delivered Value，CDV）是顾客总价值（Total Customer Value，TCV）与顾客总成本（Total Customer Cost，TCC）之间的差额，即 CDV =TCV−TCC。一般来讲，企业会选择价值最高、成本最低的产品，即以最大顾客让渡价值为优先选择。

其中，影响顾客总价值的变量因素主要有产品价值、服务价值、人员价值、形象价值。影响顾客总成本的变量因素主要有货币成本、时间成本、精神成本、体力成本。

结合产品的整体概念，我们来分析顾客让渡价值对于企业经营的意义：

（1）用户价值。产品的用户价值是一个动态概念，需要企业与用户共同创造。企业如果要打造一款让用户接受的产品，就必须全方位地参与到与用户的互动式经营中，建立一套以用户为中心的经营体系，让用户真正成为产品经营的参与者。无论是从影响顾客总价值的四个因素考虑，还是从产品五层次结构考虑，企业都需要综合考虑产品价值的来源，而不能单方面侧重于产品、价格、渠道、促销等企业主导的经营性要素。

（2）用户成本。首先，从企业的角度来看，商业化产品的首要目的是变现，但要同时考虑变现成本，并且需要从产品的整体价值角度考虑交付成本。其次，从用户的角度来看，用户购买产品付出的不仅是购买产品所需要的货币成本（基于交付成本），还包括了时间、精力、体力等非货币成本。因此，企业需要考虑用户综合购买成本，要降低用户成本就需要同时考虑货币成本与非货币成本，而不能只考虑降低影响产品价格的交付成本。

说明：此处的交付成本既包含了产品的生产成本，又包含了产品的实施及服务成本，是一种综合用户交付成本。

综上所述，通过结合产品的整体概念，我们更加充分地认识了顾客让渡价值的含义，这对于企业客观、公正地评价自己的产品价值具有重要意义，也指导了企业更加重视用户参与，使得经营产品真正与经营用户相互融合。

案例：公司 A 为了企业经营发展计划购买一套 ERP 系统，目前有两家可以选择的系统供应商：公司 B 和公司 C。在经过几轮沟通后，两家供应商给公司 A 留下了初步的印象：

（1）公司 B 与公司 C 均是能够提供系统产品的企业，但公司 B 的产品品牌知名度更高，企业发展历史更悠久，企业规模更大。

（2）B、C 两家公司的销售顾问均向公司 A 提供了产品资料，都十分详尽地介绍了他们的产品。相比较而言：首先，公司 B 提供的产品资料更加专业，不仅有实体手册，还有电子版，通过电脑或者手机能够方便地查找到公司 B 的产品信息；其次，公司 B 的销售顾问的整体素质要高一些，在 ERP 系统应用领域的专业度要高，而且在耐心、诚恳度、责任心等方面表现得更好。

（3）在系统的需求匹配度、用户使用体验、系统稳定性、数据安全性、系统可扩展性等方面，公司 B 的产品比公司 C 的产品具有一定的优势。

（4）在系统的售后服务上，公司 B 承诺的服务项目要比公司 C 更占优势，主要包括上门实施服务、技术培训服务、员工培训服务、运维服务等。

综合来看，公司 B 提供了比较好的产品价值、服务价值、人员价值和形象价值。很显然，从顾客总价值这方面来说，公司 B 优于公司 C。公司 A 还需要评估 B、C 两家公司产品的货币成本、时间成本、精神成本和体力成本等综合因素才能决定最终的采购选择。

5.2 面向产品整体概念的包装体系

5.2.1 商业化产品的“五层包装法”

问题：为什么要对产品进行整体包装？

在第 4 章中提到，对产品进行整体包装是基于产品的完整价值呈现用户诉求的，但依然需要加深理解。要想探寻包装的原因或者起源，我们还需要从商业化过程的三个要素考虑，即当我们创造了产品的原始价值后，如何通过体系化的包装策略让这些价值获得完美呈现，并且通过完整包装切实提升商业化过程实施的整体效能。

提升商业化效能不仅需要关注企业内部的产品价值主动创造过程，还要关注买方市场（用户）的价值感知。有两类核心举措能够切实提升商业化效能：第一，面向组织内部创建商业化各个环节的 SOP（标准化的作业程序），以提升规模化协作的效率；第二，面向外部市场创建 SOP 关键产能环节的商业化形象，即要将创造的价值形成用户感知。因此，企业要做商业化产品的整体包装，与用户形成价值互动，提升市场竞争力。

任何商业化产品都需要包装，包装是产品不可分割的重要组成部分。包装是一个很早就有的词汇，在我国国家标准（GB4122—83）的包装通用术语中，包装的定义是“为在流通过程中保护产品，方便储运，促进销售，按一定技术方法而采用的容器、材料及辅助物等的总体名称，也指为了达到上述目的而采用容器、材料和辅助物的过程中施加一定技术方法等措施”。这是一种狭义的定义，即面向实物或者物理的外包装，是包装的一种策略。

随着商业的发展，尤其是互联网行业的发展，无论是企业还是个人，对商品的消费需求都呈现出多维性的特征，比如物质的、经济的、精神的。尤其是当我们借助产品五层次结构建立了多维分析视角时，更能够理解包装的概念需要延伸的迫切性，且对包装的价值也需要重新审视。

由此，我们来总结为什么需要对产品进行整体包装。

（1）整体包装的本质是对产品综合竞争力的包装。商业化产品的竞争力需要外化为商业形象，并与外部市场对接。商业形象是一个相对宽泛的概念，不只是传统意义上的产品外观或者容器包装，更涉及商业化过程的方方面面。前面提到，提升商业化效能的举措之一就是针对关键产能环节进行包装，而不是在所有的商业化举措上投放包装精力。这些关键产能环节往往包括了战略、品牌、产品、促销、售前、售后、创新性等，整体包装就是将这些关键产能环节通过包装体系进行关联整合，从而以一个整体形象对外输出。

（2）整体包装是对产品五层次结构的细分价值输出。在我们了解了产品五层次结构后，通过这些不同的产品层次更容易有针对性地驾驭不同类型的用户价值。这让我们对产品价值的理解有了一个标准，也让我们具备了一个价值评估工具。

那么如何通过一套有效的包装策略将这些价值完整地呈现给用户呢？我们将商业化产品包装的关键内容与产品五层次结构做对比整合，构建了一套商业化产品的整体包装体系。它重点介绍了产品在各个层次的核心包装策略，并将各层包装按实施顺序做上下游整合，进而形成了有效提升产品商业形象的包装方法，即商业化产品“五层包装法”（五层产品包装），如图 5-3 所示。

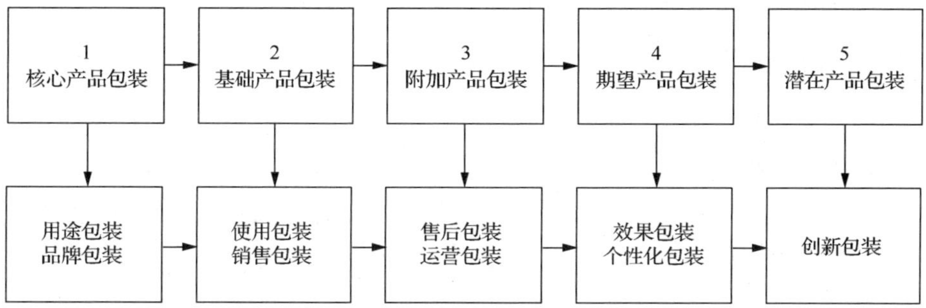

图 5-3

上面一层是产品五层次结构包装策略以及价值实现顺序，下面一层是对应的商业化产品包装策略及实现顺序，它将整个商业化包装体系结构化并形成多个包装模块，说明如下。

1. 核心产品包装

核心产品包装是整个商业化产品包装工作的起点，核心产品主要关注带给用户的核心价值。从产品包装的角度来看，我们最关心以下两大用户需求：第一，用户需要了解产品能够为其带来的核心价值（提供产品用途）；第二，用户需要了解产品的差异化价值（提供差异化价值）。这涉及两个包装策略：用途包装、品牌包装。

2. 基础产品包装

基础产品是产品的价值承载体。从产品包装的角度来看，我们最关心以下两大用户需求：第一，用户需要了解产品标准并获得使用帮助（提供使用帮助）；第二，用户需要了解产品的价值点，以提升对产品的理解，并促进销售。这涉及两个包装策略：使用包装、销售包装。

3. 附加产品包装

附加产品是产品的价值延伸。从产品包装的角度来看，我们最关心以下两大用户需求：第一，用户需要在购买政策上得到实惠（给予优惠让利）；第二，用户需要更多增值的售前与售后服务（提供增值消费体验）。这涉及两个包装策略：售后包装、运营包装。

4. 期望产品包装

期望产品的价值由用户参与主导。从产品包装的角度来看，我们最关心以下两大用户需求：第一，用户需要了解产品的预期效果（提供效果引导）；第二，用户需要尽可能满足个性化需求（满足个性化消费）。这主要涉及两个包装策略：效果包装、个性化包装。

5. 潜在产品包装

潜在产品的价值由用户参与主导。从产品包装的角度来看，我们最关心的用户需求为用户往往期待产品带来额外的惊喜。这主要涉及一个包装策略：创新包装。

5.2.2 产品整体包装的三个价值

菲利普·科特勒的产品五层次结构理论，可以使企业正确地认识产品，并且在商业化的过程中，企业结合产品的五个层次可以有针对性地开展设计、研发、营销、运营等商业化活动。产品整体包装对一家企业具有重要意义，企业可以通过提升商业化产品的整体形象来提升市场竞争力，获得用户忠诚度，从而实现可持续的商业化经营。产品整体包装为企业带来了以下价值。

1. 综合竞争力塑造

它帮助企业重视商业形象包装，打造综合竞争力，而不只注重产品本身的打造。产品整体包装覆盖了从售前、售中到售后的整个商业化生命周期。

案例： 公司 A 与公司 B 均是为企业提供 SaaS 产品的互联网公司。两个公司的产品功能都做得很不错。与公司 B 不太重视外在商业形象包装不同的是，公司 A 非常注重全方位的商业形象包装，比如“高大上”的官网与品牌形象、专业的销售画册与电子销售工具、专业的客户服务团队、更加丰富的增值服务体系、更加灵活的价格政策等。因此，公司 A 比公司 B 具备更强的综合竞争力。

2. 用户价值挖掘

它让企业更加关注用户对产品价值的创造，而不只重视企业创造的价值。因为用户存在“千人千面”的属性，所以企业需要建立灵活的用户期望匹配机制来提升用户价值的创造效果。

案例：一家购物网站展示相同商品的页面，可能因为消费者的不同购物需求或者个人喜好，会产生不同的购物体验，这就会造成不同的购物期望，即有的人觉得满足了预期，而有的人觉得预期未得到满足。这个页面产生的价值不受企业绝对控制，最终由消费者决定，我们不能认为一个精美的购物页面可以满足所有人的喜好。那么购物网站如何通过建立用户期望匹配机制来提升用户的购物体验呢？目前，在互联网行业中，比较典型的方法是智能推荐，即通过大数据与优势算法来分析消费者喜好并为其推荐可能喜欢的商品。

3. 多层次成本控制

它帮助企业控制在不同产品层次的包装投入成本，而不只控制狭义的实物外包装成本。基于产品五层次结构的价值识别，不同的产品在不同层次的价值比例是不一样的。因此，企业在商业化包装上的投入就需要进行有效区分。

案例：智能电动汽车是价格昂贵、技术含量高的产品，汽车厂商需要对消费者进行必要的使用指导，并提供专业的售后服务（比如汽车4S店服务）。在消费者购买电动汽车之前，汽车厂商就需要对售后服务进行包装并强化消费者的消费认知，以提升消费者的购买意愿。相比较而言，在开车的时候人们戴的蓝牙耳机的价格要低得多，并且售后服务不像汽车那样需要专业的付费保养与维修，因此汽车厂商对这种产品的售后服务包装投入要小得多。

5.2.3 产品整体包装的五种输出载体

商业化产品包装在输出形式上有两个特点：第一，局部输出。产品五个层次的包装策略都可以单独输出包装内容，并且都可以有自己的存在形式，这要视具体的应用场景来灵活使用。第二，整体输出。整体包装是企业提升产品综合竞争力的整体诉求。一个整体往往需要通过一个统一的载体集中产出，以达到统一商业形象的目的，这个载体通常就是企业面向市场的业务窗口。那么，都有哪些支持产品整体包装的集中输出载体呢？或者说都有哪些对外的业务窗口呢？典型的输出载体有以下几种。

1. 官方网站

官方网站（简称官网）是企业最重要的业务窗口，可以有覆盖多终端的各种形式，比如 PC 端、H5、微信公众号等。通常来讲，官网的各个子频道几乎涉及了产品包装的各个包装策略。当然，不同行业及产品在包装策略的组合展示上存在较大差异。本章后续的各个层次的包装策略基本都将产出形式指向了官网。

案例 1：下面看一个相对复杂的案例，作为本章后续内容的前置思考。腾讯云是典型的云服务类商业化产品，如图 5-4 所示。

图 5-4

我们简单介绍一下这个网站的内容组成（请自行登录腾讯云官网查看）：

（1）官网首页（不包含导航）从上到下的核心内容有轮播图、产品铺陈、支持 192 个场景的全栈解决方案、满足最苛刻的软件和服务需求的云市场、打造云计算技术生态与助力各行业客户成功上云的案例、腾讯云全球基础设施、售后保障（5 天无理由退款、免费备案、1 对 1 大客户服务、7×24 小时服务）。

（2）二级主频道有产品、解决方案、定价、文档、云市场、开发者、支持、合作与生态、客户。

思考：请在读完本章后续的内容后，思考以下三个问题：①以上列出的官网核心内容分别对应了五层产品包装的哪些包装策略？②这些经过包装的核心内容分别对应了产品什么层次的用户价值？③通过腾讯云官网的内容模块，你能够找到什么包装规律？

2. 移动自媒体

移动自媒体是指通过移动互联网建立的企业门户，比如微信公众号的订阅号、服务号等，微信公众号也建立了类官网的菜单结构。移动自媒体代表了移动互联网时代的企业业务窗口，地位不亚于PC端的官网。

3. 第三方渠道

第三方渠道是指企业依托外部平台账户搭建的展示平台，相当于另一个官网，比如企业通过阿里巴巴诚信通建立的贸易官网，可以实现B2B贸易。

4. 营销类页面

营销类页面是指能够对商业化产品进行包装传播的网页，往往用来获取目标客户的线索。比如，H5广告页面、搜索引擎营销落地页面等。

5. 电子类文件

电子类文件是指能够对商业化产品进行包装传播的文件，比如企业可以通过PDF、PPT等各类电子文件与客户对接。电子类文件往往是线下营销场景对商业化产品包装的需求。

总结：在以上五种输出载体中，官方网站往往是一家企业对商业化产品包装内容输出最完整的媒介。目前，移动互联网的营销趋势提升了企业移动自媒体的业务窗口地位。其他三种输出载体在包装内容的完整性上要弱，且更强调对具体应用场景中的商业化内容包装。

5.3 核心产品的两大包装策略

核心产品是指用户购买某种产品时所追求的核心利益，也就是用户真正要购买的服务和利益。从这个角度出发，企业在开发产品、宣传产品时应该确定产品能提供的核心价值，明确产品用途，只有有价值的产品才具有吸引力。那么如何确定呢？从用户的角度考虑，企业要解决两个消费动机：第一，我需要你（因为产品提供了核心价值）；第二，非你不可（因为产品提供了差异化价值）。

从市场营销的角度考虑，“提供产品用途”与产品定位有关，“提供差异化价值”与品牌定位有关。产品定位是用途包装的基础，品牌定位是品牌包装的基础。从这个角度来看，企业可以形成基于核心产品的包装思路：首先要解决产品定位与品牌定位的问题，然后才能在各个场景的商业形象层面实现一系列的包装举措（比如，产品一句话描述、产品概要、品牌标语、形象设计等）。

我将这个思路总结为先定位再包装。产品定位更侧重于企业对自身产品或者产品群的业务概括，即侧重于告诉用户产品是什么（你需要我）；品牌定位更侧重于企业产品在市场竞争环境中的用户心智占领，即侧重于告诉用户产品提供的差异化价值（非我不可）。

进一步来说，产品定位是从企业内部经营角度建立的策略，品牌定位是从外部市场竞争角度建立的策略，我们需要区分这两个包装策略对于产品或者企业的差异化价值，并在不同的商业化场景中合理利用。客观来讲，也存在两者融合混用的情况，即不排除很多企业用产品定位语句来直接做品牌包装。反之，用品牌定位来做用途包装。

5.3.1 用途包装

我们在对外宣传产品的时候，有时候会宣传单个产品，有时候会宣传集合产品，有时候会宣传产品所在的平台或者企业。依据“先定位再包装”的策略做如下分析。

1. 产品定位

我们需要先确定产品定位，那么如何来确定呢？产品定位在产品设计之初往往就已经被确定了。但那个时候的产品定位并未从面向市场及用户的角度进行规范化的语句编辑。因此，确定产品定位的关键工作就是依据起初的定位内容进行定位语句设计，并且让其能够达到通过媒介发布的标准。产品定位主要涉及三类产品：单个产品、集合产品、平台产品。

1）单个产品

单个产品是指单一的产品或者解决方案。企业可以直接针对一款产品或者解决方案的核心价值进行定位。单个产品的定位需要直观地表达出“我是谁”、“我提供什么样的服务”，甚至“我采用什么样的手段提供什么样的服务”。

案例 1: 人脸识别（Face Recognition）是阿里云旗下的一款产品，来自官网的产品定位内容如下：人脸识别实现了图像或视频中人脸的检测、分析和比对，包括人脸检测定位、人脸属性识别和人脸比对等独立服务模块，可为开发者和企业提供高性能的在线 API 服务，可应用于人脸 AR、人脸识别和认证、大规模人脸检索、照片管理等各种场景。

案例 2: 沪江开心词典是沪江旗下的一款学习工具，来自官网的产品定位内容如下：沪江开心词典是沪江旗下的背单词应用软件，通过闯关学习、好友 PK 等游戏化模式，让背单词变得更轻松。沪江旗下还有多款类似的产品，比如沪江听力酷是沪江推出的听力训练工具，将丰富的各语种听力素材分门别类，每日更新，适合想要提升外语听说能力的学习者；CCtalk 是沪江旗下的社群学习平台，以群组学习为核心，打造“学习型社交”的生态环境，鼓励用户在即时互动中创造内容、学习分享。

2）集合产品

集合产品是指包含了多款产品的业务集合，往往由一个公司或者一个独立品牌来承载这些产品。集合产品包装相当于将这些产品打包做集合式的商业化包装。与单个产品的定位不同的是，集合产品的定位往往先要涉及业务集合所在的公司或者品牌的整体定位，然后再给旗下的单个产品进行定位。

案例: 有赞是一个集合了多款产品的品牌。有赞官方的定位如下：有赞是一家商家服务公司，帮助每一位重视产品和服务的商家成功。有赞旗下拥有众多产品，主要产品包括有赞微商城、有赞零售、有赞教育等，解决方案包括小程序、直播、App 开店、定制服务等。每款产品和每个解决方案又有自己的独立定位，比如有赞零售的定位为全渠道一体化经营工具，帮助零售商家的门店和网店实现销售双增长。

3）平台产品

平台产品是指具备独立商业模式的产品，比如社交网络、电商平台等，且往往通过实施商业化具备了一款或者多款变现产品。因此，我们需要首先从商业模式的角度对平台进行宏观定位，然后再针对变现产品进行独立定位。

在定位商业模式之前，我们首先要进行系统的评估。商业模式评估更多的是企业或者项目基于自身商业逻辑的系统化的、宏观的评估。需要说明的是，商业模式评估需要客观合理，既不能过分扩大产品的价值边界，也不要界定得过于狭窄而不利于长期业务延展。

在商业模式评估之后，我们需要面向市场用户提炼出具备高度概括性的语言，用来直接表达战略定位。管理学大师彼得•德鲁克曾经说过，当今企业之间的竞争，并不是产品之间的竞争，而是商业模式之间的竞争。因此，从商业模式的角度来看，企业在创造、传递和获取商业价值的时候，通过商业模式定位来占据市场竞争环境中的有利位置，就成了企业战略的重中之重。

案例 1: 京东的 PLUS 会员是一款单一的会员产品，给用户提供增值会员服务，但京东平台本身又涉及以 B2C 为核心的平台型商业模式。

案例 2: 沪江，原名“沪江网”，在 2015 年完成了一次全面的产品战略升级与品牌重塑。从商业模式定位的角度来看，沪江强化了教育平台属性，其官方表达如下：“沪江是专业的互联网学习平台，致力于为用户提供便捷、优质的全方位网络学习产品和服务”。这句话概括性地介绍了沪江的业务，起到了商业模式定位的作用，明确了平台是什么。

因此，商业模式定位往往就是用一句简单的话概括出你是做什么的。进行类似商业模式定位的还有唯品会——一家专门做特卖的网站，QQ 音乐——中国最新、最全、免费、正版、高品质的音乐平台。

在实际的商业化场景中，这样的表达往往还不足以表达商业模式的完整内容，因此沪江会追加旗下业务介绍：“沪江旗下设有四大业务体系，包括学习资讯、学习工具、社群学习平台、优质课程平台，其中涵盖了语言、留学、升学、职场兴趣等丰富的内容”。

2. 定位包装

定位包装是指对单个产品定位进行媒介包装，以及对产品所在的矩阵进行媒介包装。典型的定位包装有以下几种。

1）单个产品定位包装

在完成产品定位以后，我们需要将产品定位进行包装并展示到输出载体上（比如，官方网站），以明确产品的核心价值。在官方网站中，典型的包装形式有以下几种：

（1）在官网首页中植入定位内容。此形式适用于单个产品与集合产品，在官网首页的主视觉区中对产品定位进行醒目展示，可结合语句、图片等，且一定要言简意赅。当然，很多时候需要与品牌 Slogan 或者其他营销标语相结合来综合评估，以决定谁出现在上面。

案例： 阿拉丁统计平台是阿拉丁旗下的一款统计产品，在官网首页的主视觉区中对产品定位“专注于小程序的统计分析平台”进行了醒目展示，如图 5-5 所示。

图 5-5

（2）在产品页面中植入定位内容。此形式适用于单个产品，为单个产品建立独立的展示页面，并在展示页面的主视觉区进行产品定位包装，以直观传达产品的核心价值。

案例： 云服务器 ECS 是阿里云旗下的一款产品，具有独立的页面，在页面主视觉区中即对产品进行了定位包装，如图 5-6 所示。

（3）在企业概况中植入定位内容。此形式适用于单个产品、集合产品与平台产品，即在“关于我们”的内容里面进行产品定位的阐述，同时配合业务内容介绍、企业发展内容介绍等。

图 5-6

案例：以摩拜单车的官网为例。摩拜单车是典型的硬件（实物）租赁类商业化产品。其中，关于摩拜单车（即企业概况）的内容如图 5-7 所示。

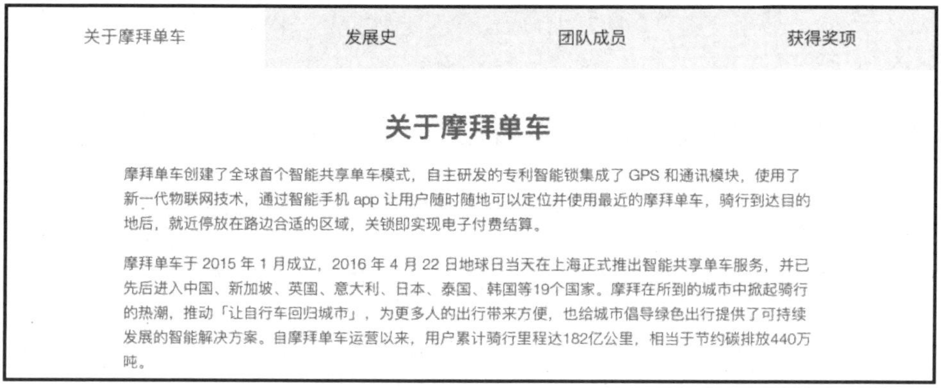

图 5-7

摩拜单车的战略定位包装内容为“摩拜单车创建了全球首个智能共享单车模式，自主研发的专利智能锁集成了 GPS 和通信模块，使用了新一代物联网技术，通过智能手机 App 让用户随时随地可以定位并使用最近的摩拜单车，骑行到达目的地后，就近停放在路边合适的区域，关锁即实现电子付费结算。”这段文字阐述了摩拜单车的产品定位、特色及价值用途等。在这段核心文字的基础上，下面继续追加了发展历史、用户规模、订单规模、骑行数据、所获奖项、品牌定位等内容，作为核心业务定位的补充。

2）产品矩阵包装

产品矩阵包装主要是指对集合产品进行媒介包装。在我们明确了集合产品的定位后，还需要为集合中的各个子产品或者子分类分别定位并建立索引（其本质是建立产品矩阵映射的价值体系的全局索引）。比如，将产品矩阵在首页中铺陈展示或者在首页频道栏中建立产品矩阵菜单，并通过植入单款产品链接方便用户直达目标产品页面。在产品数量及种类多了之后，产品矩阵在首页中的展示也可以直接升级为产品搜索引擎。

案例：百度智能云的产品体系分为 13 个产品类别，每个类别下面又包括了多款产品，如图 5-8 所示。

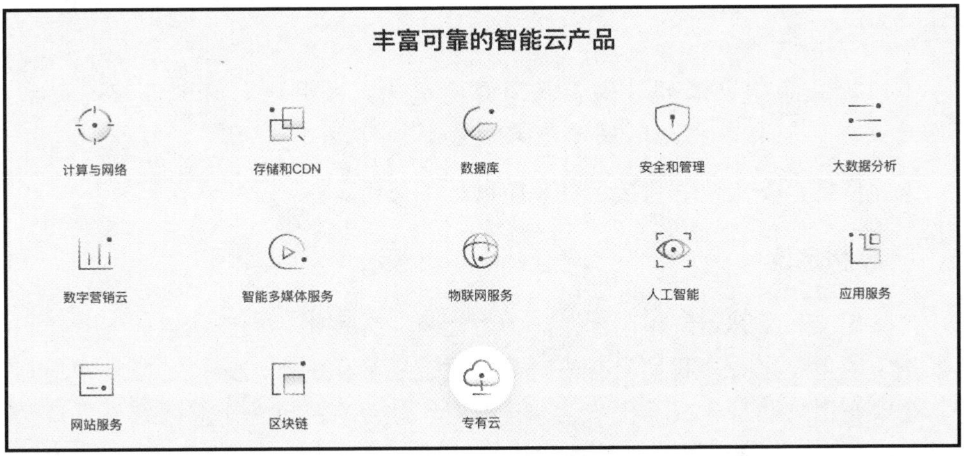

图 5-8

5.3.2 品牌包装

品牌包装是指企业从产品所在的外部市场环境出发，针对竞争对手确定差异化的市场定位，进一步从商业化产品的品牌形象上进行整体包装，占领用户心智并建立品牌意识。

需要说明的是，品牌包装策略的建立需要进行大量的竞争市场及目标用户调研，全方位评估市场竞争情况，同时描绘尽可能精准的用户画像，以此让品牌包装内容更加贴合市场与用户。

提示：对产品进行品牌包装可以提升市场竞争力，而产品品牌与企业品牌之间的关系分为以下两种不同的情况：

（1）相互独立。既有产品品牌又有企业品牌，两者独立共存，如字节跳动。2018 年，该公司宣布将使用字节跳动和 ByteDance 的企业品牌，不再使用“今日头条”代表公司对外的形象，而相应的“今日头条”则下沉为产品品牌使用。

（2）相互共用。相互公用分为两种情况：第一，只有企业品牌，没有产品品牌，企业品牌沿用给了旗下产品使用，比如有赞品牌及旗下各种产品（有赞微商城等）；第二，先有产品品牌，然后将产品品牌升级成企业品牌，比如滴滴刚开始是一款打车 App，后来升级为企业品牌并沿用到其他产品及业务上。

因此，在品牌包装的时候，我们需要明确产品品牌与企业品牌的关系，进而建立不同的包装视角，明确包装边界。

下面依据“先定位再包装”的策略做如下分析。

1. 品牌定位

产品定位与品牌定位不同的是，前者注重业务逻辑，后者注重业务差异。从市场竞争的角度来看，我们只有先对品牌进行差异化的市场定位，决胜用户心智端，才能在用户心目中取得优势，即没有对比就没有品牌。著名营销人李靖（公众号“李叫兽”作者）对品牌策略的阐释如下：品牌策略的本质，并不是 “提升形象，感动用户”，而是“在用户心智中，针对竞争对手确定有利位置。”这个阐释与 “先定位再包装”的策略一致，如果没有品牌定位，再好的品牌包装都显得乏力。再好的产品情怀、再感动的品牌故事，都不如一个实实在在的差异化价值能够打动消费者。

那么，我们如何进行品牌定位呢？典型的方法有以下几种。

1）竞品分析定位法

这种定位方法主要面向已经存在若干竞品的“红海”竞争市场，是最常见的定位方法。竞品分析定位法的步骤大致如下：第一，找到竞争对手，分析他们的产品价值以及优势；第二，确定品牌定位，找到自身产品的差异化价值与突破口；第三，对产品进行形象包装。

案例： 随着汽车产业在中国市场迅速发展，互联网二手车交易平台快速崛起，主要平台包括瓜子二手车、优信二手车、人人车等。各个平台为了提升市场占有率，均采取了差异化品牌策略。与其他平台主打二手车保质、二手车包退、二手车保修不同，瓜子二手车主打的品牌广告语是瓜子二手车直卖网，没有中间商赚差价。在传统二手车市场中因为中间商的存在，消费者害怕买贵了，瓜子二手车的这个品牌定位切中了消费者的痛点，与其他二手车平台的品牌定位形成了差异化。

2）空白需求定位法

这种定位方法主要面向需求尚未被满足的现有消费市场，企业需要具备敏锐的消费洞察力才能发现这些空白需求。空白需求定位法的步骤大致如下：第一，确定目标用户，分析这些用户尚未被满足的需求是什么；第二，确定品牌定位，找到区别于现有市场产品的新产品定位；第三，对产品进行形象包装。

案例： 网易严选是网易旗下的自营家居生活品牌，也是一个电商品牌，于2016年4月正式上线。彼时互联网行业整体面临的大环境是用户消费升级，核心用户是30岁左右、以一线白领为主的年轻人，这群人普遍具备高等学历与较高的收入，被称为“新中产群体”。这群人拥有着更高的消费需求，追求好看一点的、好用一点的、有品质一点的商品。网易严选走的是精选电商路线，主打高性价比、高品质，并浓缩提炼了品牌口号：好的生活，没那么贵。网易严选通过深刻洞悉用户，另辟蹊径地满足了新中产群体的空白消费需求，是品牌定位的典范。

3）创新市场定位法

这种定位方法主要面向全新开辟的产品消费市场，在当前市场上并不存在此类产品的消费需求。此外，5.7节关于创新包装的内容也正是从面向创新市场的角度阐述了“市场占位包装”，与此处的创新市场定位法一致。

2. 形象包装

在确定了品牌定位后，我们就可以进行形象包装了。品牌定位与形象包装是品牌包装不可分割的两部分，但也具备明显的区别：品牌定位更侧重于产品的差异化竞争优势界定；形象包装更侧重于在差异化价值的基础上，进行品牌外在形象以及情感表达等，当然，两者最终的目的都是共同完成品牌的用户心智占领。

如何实现差异化价值也要看品牌发展的阶段，即需要考虑品牌的市场知名度。刚进入市场的全新品牌往往更加注重差异化表现，旨在打造品牌知名度；而已经发展成熟的品牌则更加注重品牌的整体形象，旨在塑造品牌美誉度。

形象包装主要是指对品牌定位以及与定位有关系的延展内容进行整体包装。如果产品拥有独立品牌，那么进行独立包装。如果产品沿用企业品牌，那么对企业品牌进行包装。以下内容基于包装策略将不对两者的关系进行区分，典型的形象包装内容如下：

1）品牌定位包装

在确定了品牌定位以后，我们需要把品牌定位包装成品牌口号来进行市场宣传，即品牌 Slogan，它往往是用一句简单的话概括出给用户带来的价值，且注重差异化价值，强调的是一款产品或者一家企业最突出的优点。比如，滴滴的 Slogan 为“滴滴一下，美好出行”；饿了么的 Slogan 为“好而不贵，有滋有味”。

2）品牌理念及视觉包装

品牌理念与视觉包装是相互呼应的，即我们可以将品牌理念通过视觉元素的包装来直观传达与传播。这些元素包括了品牌名称、标志、标准字、标准色等。品牌理念往往是基于情感及文化的，品牌的视觉包装需要与品牌理念的出发点发生关联。

案例：沪江是典型的产品与企业共用品牌的案例。沪江的 Logo（如图 5-9 所示）可以被解读为“点滴学习，刷新自我；圆润的对话气泡彰显着学习交流的寓意；中间以弧线向上的箭头为主，形似互联网常用的刷新符号；在箭头尾部拖着三个圆点，从小到大，象征着点滴学习”。

图 5-9

对于沪江绿的解读为沪江绿是沪江的品牌标准色。绿色代表健康、希望、生长。而沪江绿在纯粹的绿色中加入少许橙黄，使得色调更具温暖和活力，象征着学习作为健康的生活方式，给人带来希望和成长。沪江绿配以纯粹的白，成为沪江 VI（视觉识别系统）中的主要颜色组合，清新、明快的风格，代表了积极向上的精神面貌和自由活泼的学习状态。

3）企业概况包装

无论是产品品牌还是企业品牌，都需要通过企业概况来进行综合阐释，以达到为产品品牌背书或者为企业品牌注释的目的。企业概况包装需要基于企业综合竞争力进行概括性描述，典型的包装内容有企业旗下产品及业务介绍、发展历史、企业规模、所获奖项、融资情况等，我们同时要将品牌定位、品牌视觉、企业文化整合进来一并包装。

案例 1：滴滴官网通过“关于滴滴”板块对企业概况进行了包装，主要包括关于我们、文化与价值观、发展历程、管理团队、社会责任、DDWN、洪流联盟，如图 5-10 所示。

图 5-10

案例 2：企业文化往往是企业概况的一部分。对企业文化的包装更确切的说法应该是对企业文化的塑造，但依然可以用包装的视角使得企业文化更贴合商业需求，并且同时凸显企业的社会价值。企业文化往往包括企业的使命、愿景、价值观等核心要素。比如，在价值观层面，苹果公司建立了卓越的环境责任：真正创新的产品，只影响世界，不影响地球。苹果公司通过官网进行包装宣传，如图 5-11 所示。

图 5-11

5.4 基础产品的两大包装策略

基础产品是在满足用户核心利益基础上的产品承载体。我们应该如何对承载体本身进行商业化包装呢？这其实是一个产品从可用（使用价值）到可卖（交换价值）的包装过程，背后的逻辑是对商品二因素的包装：使用价值包装、交换价值包装。

举例来讲，我们拟上线一款 SaaS 产品，产品已经经过测试验收并等待发布。经历过产品完整发布的人应该知道，产品上线并不是发布功能这么简单，而是需要多个部门协作的。

第一，使用价值包装。我们需要为产品建立帮助文档，比如为用户提供产品简介、使用说明、使用视频、快速入门指导、常见问题解答、相关协议等，这些包装动作通常由产品设计或者运营团队主导完成。我们将这类包装简称为“使用包装”。

第二，交换价值包装。我们需要为产品建立营销媒介，比如通过官网展示产品简介、计费方式、产品卖点、产品优势等，并且为销售人员提供各种形式的销售工具（电子文件、实体手册等），这些包装动作通常由商业运营或者商业策划团队主导完成。我们将这类包装简称为“销售包装”。

以上两种包装策略各自涵盖的内容在实践中会有穿插，但应用场景有明显差异。使用包装更多的是面向用户使用场景，销售包装更多的是面向用户营销场景。下面更详细地分析这两种包装策略。

5.4.1 使用包装

从包装的对象来看，使用包装主要面向单个商业化产品，其目的是通过便捷的手段教会用户如何使用产品。使用包装的对象主要分为虚拟产品（比如一款 SaaS 产品）和实物产品（比如一款智能硬件产品）。

1. 虚拟产品

虚拟产品的使用包装往往通过在线帮助文档或者电子文件来指导用户了解产品、使用产品。

案例 1: 阿里云为旗下的产品建立了完善的帮助文档体系，并专门为新用户建立了新手学堂。其中，帮助文档针对每一款产品做了详细的说明，比如产品简介、产品定价、快速入门、用户指南、常见问题、用户协议等。新手学堂更是从快速入门、最佳实践、视频教程、热门操作指南四个方面为新用户带来了更快捷和更高效的产品使用指导，如图 5-12 所示。

图 5-12

案例 2: Teambition 通过帮助团队轻松共享和讨论工作中的任务、文件、分享、日程等内容，让团队协作焕发无限可能。图 5-13 为 Teambition 的产品帮助中心。

图 5-13

2. 实物产品

实物产品的使用包装除了最基本的产品说明资料，还会涉及产品的内包装与外包装。下面针对单个商业化产品（比如一款硬件产品），分析内包装和外包装的重要性。

1）产品品牌识别

品牌是一个复合概念，而品牌识别是其中的重要构成。产品外包装作为品牌识别要素的一部分，承载了品牌传播的诉求。它引导消费者对品牌进行延伸思考，进而使消费者进行品牌复购。与品牌相结合的外包装设计，往往涉及一整套的视觉符号联想，对品牌 Logo 的设计起到了核心支撑作用。

一个好的产品外包装需要具备识别性，用于帮助用户区分这是你的产品而不是别人的产品。良好的外包装设计可以传递准确的产品信息并形成生产力与影响力。这是一个看“颜值”的时代，产品外观必须要“好看”。如果你的产品让用户第一眼看上去没有兴趣，就会大大降低用户了解产品“内在美”的概率。对于很多产品来讲，好看往往意味着更好的外包装。据研究表明，人所获得的信息大约有 80%来自视觉。因此，我们需要通过美好的视觉设计打动用户，与用户形成初步的连接，进而让用户了解产品的更多信息并产生购买欲。

“视觉经济”正在成为一个增长强劲的全新经济业态，这表现为以下两点：企业越来越重视视觉创意，愿意投入并承担高昂的设计成本；互联网产品消费大规模升级，用户越来越关注视觉感官类的用户体验。

案例 1： 卫龙辣条。卫龙高度重视产品质量，斥巨资改善辣条生产条件，把辣条做成了品牌，卫龙辣条甚至被称为零食界的“LV”。随着辣条产品的升级，辣条的外包装也在升级。升级后的外包装简约、干净，甚至还搭配英文凸显国际范。我们可以从图 5-14 中体会外包装对产品的影响。图 5-14 为卫龙辣条过去的外包装和现在的外包装。

（1）过去的外包装

（2）现在的外包装

图 5-14

2）整体包装体验

用户体验是从产品的外包装和内包装开始的，而不是从使用产品开始的。在做产品包装设计的时候，我们一定要考虑用户收到产品、打开包装、取出产品并开始使用产品的一步步真实场景，将其作为完整的用户体验的一部分。

案例： 我们通过苹果公司的产品来体会为什么要重视包装以及包装对用户体验的重要性。《史蒂夫·乔布斯传》一书中写道，艾夫（乔纳森·艾夫是乔布斯的工业设计搭档）和乔布斯对苹果产品的包装相当痴迷，并申请了多项专利。比如，2008 年 1 月 1 日，美国将 D558572 号专利授予了 iPod Nano 的包装盒。一打开盒子，用户就会看到四张图片说明 iPod 是如何被放置进像摇篮一样的盒子里的。2009 年 7 月 21 日，D596485 号专利被授予了 iPhone 的包装盒——配有坚硬的上盖以及内部光滑的塑料小托盘。

显而易见的是，无论是产品还是包装，iPod 与 iPhone 都带来了极致的用户体验。在一般情况下，消费者会认为美好的外部装饰意味着里面装有好的产品，而苹果公司深谙此道，并且因为卓越的产品包装设计而受益匪浅。

事实上，乔布斯对极简美学设计的追求众所周知。美国出版的《苹果内幕》(*Inside Apple*)一书进一步披露了乔布斯对设计的“执迷”。书中说，苹果公司设有专门的包装设计室，除了研究包装设计，更要研究顾客打开产品的真实体验。在产品上市前，设计人员要花费数月反复打开装有原型机的盒子，以寻求最佳的开盒体验。

我们从当前的市场环境来看，像苹果这样的企业之所以如此重视产品包装，真正的目的是要通过包装体验传递给用户企业对他们的重视感，赋予顾客一种尊贵的身份象征，提升用户满意度，从而产生更长尾的品牌效益。

3）产品配件搭载

我们在设计产品的内包装和外包装时，不能只考虑产品本身的用户体验，还要考虑搭载一系列的产品配件、产品说明材料（各种说明书、凭证等）等，这些配件也是产品的一部分。

案例：锤子坚果 R1 手机的外包装包括 Type-C to Type-C 数据线、快速充电器、Type-C 与 3.5mm 耳机转接线、取卡针、坚果 R1 手机的产品使用说明书、坚果 R1 手机的三包凭证、电子信息产品有害物质说明书。

4）用户交互入口

随着移动互联网尤其是智能手机的发展，产品的外包装越来越重视与消费者的交互。二维码的使用给外包装提供了良好的用户交互入口，使产品和消费者之间建立起一种紧密的联系。比较典型的二维码移动交互应用如下：通过二维码加载企业宣传及推广信息，诸如企业介绍、品牌故事、产品介绍、促销活动等；通过二维码加载电商入口，促进用户直接用手机下单购买；通过二维码加载会员服务入口，诸如会员注册、积分兑换、在线抽奖等。

5）方便物流运输

产品的内包装和外包装的一个重要用途就是方便物流运输。因此，一个好的包装一定要具备容易储存、不易破损、容易装箱等有利于物流运输的特点。

案例：锤子手机的包装盒的主要材料为黑卡纸。盒身的裱纸、内盒的衬垫用纸都是黑卡纸。锤子手机的包装盒内部有两个垫层，一层放手机，一层放配件。用户在打开锤子手机的包装盒后第一眼看到的不是手机，而是一个黑卡纸隔层，这样可以防止手机在物流运输的过程中碰撞盒身。

5.4.2　销售包装

从包装的对象来看，无论是个人消费产品还是企业消费产品，都需要进行销售包装。两者的相似之处是均需要对产品卖点、价值、优势等进行包装，并且还会整合其他价值层的包装内容，比如整合附加产品（运营包装、售后包装）、期望产品（效果包装）的包装内容等进行统一展示；两者的不同之处是个人消费产品往往通过电商平台进行在线销售包装，企业消费产品除了进行在线销售包装之外，还有各类销售工具的包装，用以支持线下销售。

1. 个人消费产品

个人消费产品的销售包装主要是指在线销售包装，主要手段是通过丰富的图文、音视频等方式对产品进行全方位的展示，比如淘宝、京东等电商平台的商品详情页包装。

案例：淘宝、京东等电商平台的商品详情页即典型的个人消费产品的销售包装。我们来看 OPPO R15 手机在京东的销售包装页面，如图 5-15 所示，这里面就涉及产品介绍、视频介绍、规格参数等内包装，当然也包括外包装（包装盒清单）的介绍以及售后服务等。

图 5-15

2. 企业消费产品

企业消费产品的销售包装主要分为两种：在线销售包装（侧重于线上销售场景）、销售工具包装（侧重于线下销售场景）。

1）在线销售包装

企业消费产品的在线销售包装主要是指通过官网（或者官方推广渠道）对产品进行展示。我们可以选择为每一款产品都设计一个独立的展示页面，展示的内容包括但不限于产品定位（核心产品）、品牌包装（核心产品）、产品价格、产品特色、产品优势、适用场景、客户案例、服务保障等。这个独立展示的页面与定位包装里面的产品矩阵包装产生了关联，即通过首页索引链接就可以进入这个展示页面。因为前面介绍过了产品定位及品牌的包装策略，所以下面只针对产品价格、产品特色、产品优势的包装策略做重点说明。

（1）产品价格包装。产品价格可以植入产品的独立展示页面，也可以通过单独频道进行展示。

案例： 图 5-16 是网易七鱼旗下在线客服产品的报价页面。

图 5-16

（2）产品特色包装。产品特色包装是指对单个产品提炼的特色价值进行包装。第 4 章讲到了基于卖点提炼做单品包装，产品特色的范畴要比产品卖点更加宽泛，它们基于用户需求，强调产品对用户购买的价值点。产品特色有时候与产品优势放到一起包装。

案例 1： 物接入（IoT Hub）是百度智能云旗下的一个物联网全托管云服务，帮助用户建立设备与云端之间安全可靠的双向连接及设备管理。图 5-17 为该款产品的产品功能（特色）。

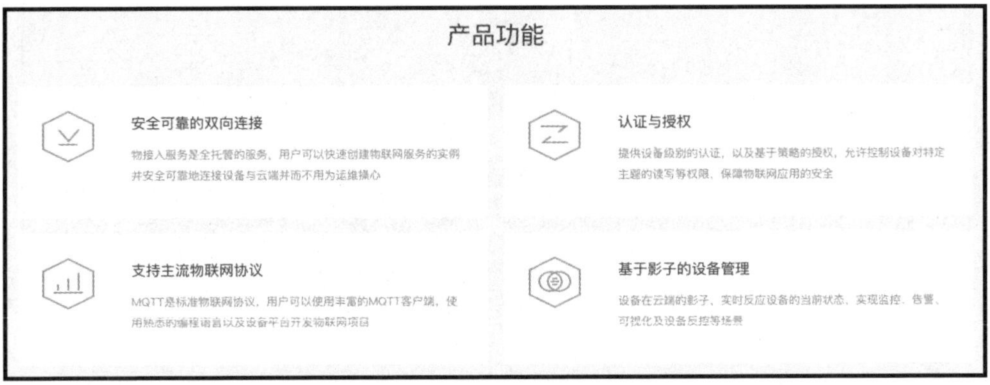

图 5-17

案例 2： 一个平台产品的特色包装案例。阿里巴巴旗下的盒马是以数据和技术驱动的新零售平台，官网提炼了四大产品特色：30 分钟送达、免费配送、一站式购齐、SOS 药品专栏，如图 5-18 所示。

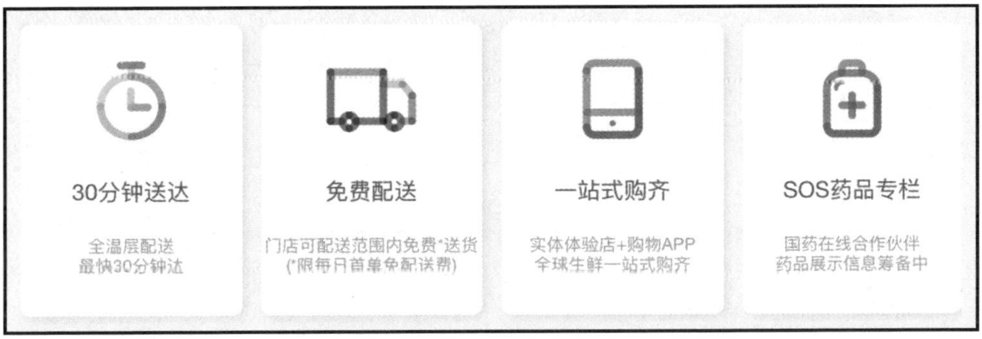

图 5-18

（3）产品优势包装。产品优势包装往往表现为提炼单款产品或者产品体系的独特优势。典型的包装内容有技术的优势、安全的优势、研发的优势、质量的优势、渠道的优势等。

案例 1： 在 5.3.1 节中提到了阿里云旗下的云服务器 ECS，在这款产品的独立展示页面中还介绍了产品的六大优势，如图 5-19 所示。

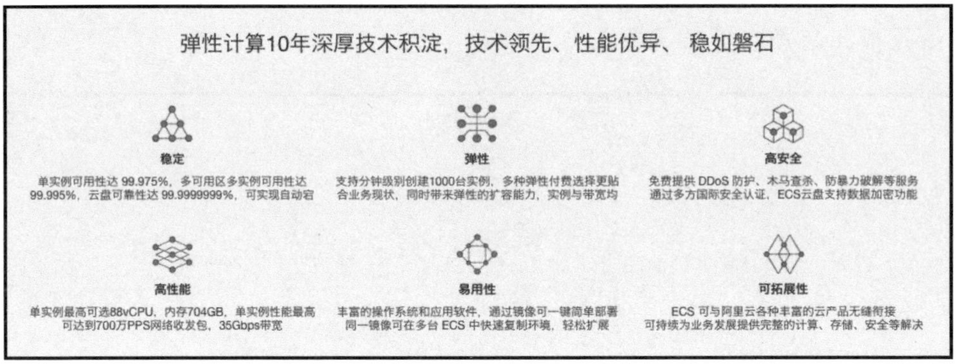

图 5-19

案例 2: 一个集合产品的产品优势包装案例。互联网通信云服务商融云提炼了五大产品优势，分别为稳定健壮、亿级并发、全球多节点、安全保障、自由扩展。图 5-20 为融云官网的内容。

图 5-20

2）销售工具包装

销售工具包装是指对产品销售所需要的一系列工具进行包装。销售工具是销售人员手中的武器。对销售工具的包装，不仅可以提升专业的销售形象，更可以提升销售效率。

销售工具要与销售场景紧密结合，实现基于电子销售工具、在线销售工具、实体销售工具等不同方式的沟通支持。第 4 章基于销售的需求介绍了关于多品包装、单品包装、方案包装的内容，旨在建立针对不同包装对象的销售媒介，但销售包装的范畴从销售工具的需求来看要更加宽泛，以下是来自华为的销售工具包装案例。

案例： 华为的企业业务为销售人员提供了一整套的在线售前工具包，包括了 10 种简单、有效的工具。售前工具帮助渠道更加方便、快捷地了解与掌握华为产品。这包括了配置器工具、产品选型工具、产品对比工具、ROI/TCO 计算工具、移动资料 App、解决方案设计工具、网络迁移工具、企业网络模拟器、能耗计算工具、存储容量计算工具，如图 5-21 所示。

图 5-21

5.5 附加产品的两大包装策略

附加产品包括了用户在消费产品时所获得的全部附加服务和利益，因此附加产品的包装是让用户全面认识到产品的附加价值并提升用户的购买意愿。在实际的产品包装中，附加产品往往是与基础产品整合并共同展示给用户的，凸显的附加价值包装将在很大程度上提升用户的消费意愿及对产品的信赖。

如何让产品的附加价值在用户购买过程中真正起到作用呢？这涉及针对附加产品的两个核心包装策略：第一个包装策略是售后包装，是指对提供给用户的一系列售后服务进行包装，以增强用户的购买信心，并提升用户的整体消费体验；第二个包装策略是运营包装，是指对提供给用户的一系列消费优惠活动进行包装，以达到促销目的。

5.5.1 售后包装

售后服务是产品售出后的一项重要工作，包括了企业为用户提供的各种服务活动。企业通过优质的售后服务可以提高信誉度，扩大市场占有率。从市场营销的角度来看，良好的售后服务渲染也能起到产品促销的作用。

受零售业态影响，很多人可能认为售后服务就是“三包”，即包修、包换、包退，这是一种狭义的理解。售后服务的种类要丰富得多，并且对于不同产品形态及不同业务领域，售后服务体系的搭建存在差异，但所遵循的底层逻辑是一致的。一个完整的售后服务体系往往包括以下内容：

（1）售后服务内容，是指企业建立的各个售后服务项目，可以是免费的，也可以是收费的。

（2）售后服务标准，是指企业为各项售后服务内容制定的服务标准，比如“400电话客服”是一项服务内容，“7×24 小时”或者“5×8 小时”就是服务标准。

（3）售后服务流程，是指企业为用户提供的标准化售后服务流程，一般只对外展示用户能够感知到的流程环节，企业内部的执行流程不对外展示。

（4）售后服务组织，是指企业为售后服务的实施建立的内部支撑组织，比如专门的客服部门以及需要协作的其他支撑部门，对外展示为用户配置的专属客服。

基于此，售后包装主要围绕以上内容进行价值提炼并展示给用户。此处主要从个人消费产品的售后服务与企业消费产品的售后服务两个方面分别做售后包装说明。

1. 个人消费产品的售后服务

从购买的产品类别来看，个人消费产品的售后服务包装往往以实物产品居多，而虚拟产品（比如内容付费产品）由于大多自带服务属性，并且往往是不可退回的，售后服务包装的内容要相对少一些。此外，售后服务包装还有一个目的，就是让用户知道哪些服务或者权益是免费获得的、哪些需要额外付费获得。

1）售后服务内容

对于个人消费产品，尤其在零售领域，典型的厂家售后服务主要有全国联保服务、三包服务、一年质保服务等。如果产品通过第三方平台出售，那么第三方平台还会给予联合售后服务保障，见以下案例。

案例： 小米电视通过京东平台进行销售，对消费者展示的售后服务保障主要分为以下几项：

（1）厂家服务。厂家服务主要包括全国联保服务、三包服务、一年质保服务，同时还提供上门安装调试、上门检测和维修等售后服务。

（2）京东承诺。京东承诺平台卖家销售并发货的商品，由平台卖家提供发票和相应的售后服务。

（3）正品行货。京东平台保证所售商品均为正品行货，给自营商品开具机打发票或电子发票。

（4）全国联保。用户凭质保证书及京东商城发票，可享受全国联保服务。

（5）无忧退货。用户在购买京东自营商品7日内（含7日，自用户收到商品之日起计算），在保证商品完好的前提下，可以无理由退货。

2）售后服务标准

商家会为个人消费产品的每一项售后服务制定服务标准。对于容易产生成本的售后服务（比如，一些家电产品的上门安装、调试、维修之类的售后服务），平台或者商家会将服务产品化，并形成需要付费的售后服务标准供消费者选择。

案例： 通过京东平台出售的小米电视为消费者提供上门安装服务，小米电视制定了安装费用标准，同时明确了电视安装过程中的各种细节标准，如图5-22所示。

3）售后服务流程

商家在明确了某项售后服务的内容及标准后，还会给消费者提供售后服务流程的说明，以方便消费者便捷地接入售后服务。

案例： 小米电视为消费者提供了两种申请上门安装服务的方式：第一种为打400电话预约安装，第二种为关注“小米电视”微信公众号预约安装。

小米电视安装服务费

尺寸	座装	普通墙体挂装	特殊墙体挂装
30-39 英寸	50	100	160
40-49 英寸	50	130	190
50-59 英寸	80	190	250
60-65 英寸	100	220	280
70-75 英寸	200	300	360
小米壁画电视	-	300	300

（计算单位：元）

特殊墙体及注意事项

- 空心砖墙容易出现跌落损毁；
- 墙内存在用电布线的砖墙钻孔时存在电击隐患；
- 板墙容易出现跌落损毁；
- 大理石墙容易造成墙面破损；
- 玻璃墙容易造成墙体破损；
- 装饰墙容易造成跌落损毁；
- 石膏墙容易造成跌落损毁；
- 木墙容易造成跌落损毁；
- 接近水源和湿度较高的环境不适宜安装；
- 阳光直射或其他强光直射的环境不适宜安装；
- 易震动和跌落的地方不适宜安装；
- 圆形柱面墙体不适宜安装；
- 切勿在电视机身上悬挂重物；

注：建议特殊墙体找施工人员进行打孔（孔距向工程师确认）或安装，如果小米工程师有安装能力，可能需要支付相应费用。

图 5-22

2. 企业消费产品的售后服务

与个人消费产品的售后服务相比，企业消费产品的售后服务更关注客户成功，并且售后服务的质量往往会更加影响用户满意度。

1）售后服务内容

与个人消费产品的售后服务相比，企业消费产品的售后服务的内容要更加多元化。一方面是因为售后服务面对的产品种类更丰富，另一方面是因为企业消费产品的售后服务在产品交付中占据更大的比重，比如客户需要更多的指导、培训、实施、专家服务等。

案例： 专业的移动 CRM 服务商纷享销客，为旗下产品构建了完善的售后服务体系，并将服务目标指向客户成功。售后服务内容主要包括 1 位专属客户经理、2 类数据报告、3 重保障、4 点运营支持、5 个阶段，如图 5-23 所示。

图 5-23

2）售后服务标准

企业消费产品往往有更多的版本或者等级，因此所建立的售后服务就需要进行等级匹配，即进行分等级包装。

案例 1: 纷享销客的客户级别分为四个等级：购买 20 人以下 CRM 客户、购买 20～200 人 CRM 客户、购买 200～500 人 CRM 客户、购买 500 人及以上 CRM 客户。这四个客户级别分别对应的 SLA（Service-Level Argeement，服务等级协议）服务级别为在线服务、标准服务、VIP 服务、SVIP 服务，如图 5-24 所示。其中，SLA 服务又拥有一套完整的标准（此处不展示）。

客户级别与SLA服务级别对应规范

服务内容	在线服务	标准服务	VIP服务	SVIP服务
购买20人以下CRM客户	✓			
购买20～200人CRM客户	✓	✓		
购买200～500人CRM客户	✓	✓	✓	
购买500人及以上CRM客户	✓	✓	✓	✓

图 5-24

案例 2: 常规的售后服务都是作为标准交付产品的延伸服务，但也可以作为一种标准化的售后服务产品，提供给客户购买。阿里云为购买客户提供专家服务，提供从咨询到实施、从迁云到护航的全周期专业服务，以满足各个场景中的服务需求，如图 5-25 所示。

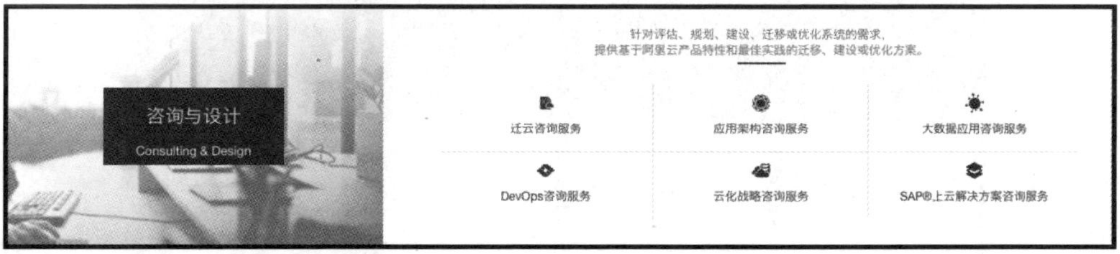

图 5-25

5.5.2 运营包装

如果说使用包装、销售包装、售后包装是针对一款商业化产品的标配包装，那么附加产品的运营包装就是对产品的按需定制包装，它往往对当季能够提供给用户的消费优惠类附加价值进行包装，或者对运营策划的产品促销活动进行包装，让产品从“标准态”升级为“促销态”，以达成产品销售目标。

在规范化的运营体系中，运营工作往往依据年度运营计划有节奏地开展，并且配合运营活动进行平台包装。下面从个人消费产品与企业消费产品两个方面分别做运营包装说明。

1. 个人消费产品

个人消费产品的运营包装多见于通过电商平台直接进行促销活动发布，最典型的案例就是阿里巴巴的双十一节日活动促销包装，不仅涉及全站“促销态”包装，还对参与促销活动的每一款产品都进行了独立包装。

2. 企业消费产品

企业消费产品在售卖模式及售卖渠道上与个人消费产品存在较大差异，电商模式的企业消费产品的在线运营包装多见于拥有丰富产品品类的企业，比如阿里云。产品品类较少的企业往往采用产品独立运营包装的模式进行推广。

案例 1： 图 5-26 是阿里云推出的春节促销活动，由于阿里云拥有丰富的产品品类，因此官网整体上实现了电商化运营。

图 5-26

5.6 期望产品的两大包装策略

商业化产品的包装目的有两个，一个是提升产品的综合商业形象，另一个是标准化衡量产品价值。我们知道，产品价值有企业可以自主控制的部分（比如核心产品、基础产品、附加产品的价值），也有不可控的部分，对于期望产品与潜在产品而言，产品价值的主导权在用户手中。以期望产品为例，用户的期望价值与用户的自身情况有很大关系，比如用户的学历水平、收入水平、文化修养等，同时又受到用户过往购买经验以及朋友建议的影响。那么我们要如何影响用户对产品形成期望价值的过程，进而提升期望价值呢？

这就涉及期望产品的包装，即通过各种方式参与到消费决策与过程体验中，对能够提升期望价值的对象因素进行包装，进而提升消费满意度。在此主要分析两类包装策略：效果包装、个性化包装。

5.6.1 效果包装

用户在对产品价值全方位了解后，会关心一个问题：产品有没有成功案例？从消费心理的角度来看，这是人之常情。因此，一款刚上市的产品会特别重视种子用户的培养，而一款已经处于市场成熟状态的产品则会特别重视用成功案例及历史数据说话。这样，用户在消费过程中，就会潜意识地以过往价值作为消费预期的参考。围绕这个核心问题，效果包装主要从三个策略展开实施，它们分别是客户案例包装、历史数据包装、产品效果承诺。

1. 客户案例包装

客户案例包装是指通过对产品过往消费案例的包装达到用户消费预期引导的目的。下面从面向企业用户的产品包装与面向个人用户的产品包装两个方面分别分析一下包装策略。

1）面向企业用户的产品包装

从客户案例包装的展示形式上看，典型的面向企业用户的产品包装主要有三种策略：①在官网首页中直接展示；②作为官网的一个频道进行单独展示；③直接植入某个产品的展示单页中。从客户案例包装的内容上看，典型的面向企业用户的产品包装主要有两种策略：①对成功案例的效果进行官方分析；②由成功客户的代表现身说法。

案例：我们来看百度智能云的客户案例包装，案例在官网首页中直接展示。客户案例包装主要分为两个部分的内容：第一，综合概括百度智能云为客户提供的服务内容及达成效果；第二，分别从不同维度分析为客户带来的具体价值。比如，百度智能云为爱奇艺带来了“降低成本”“响应更快”“体验提升”这三个价值，如图 5-27 所示。再比如，百度智能云为优信二手车带来了“提升收益”“解约成本”“增加卖家交易量”这三个价值。

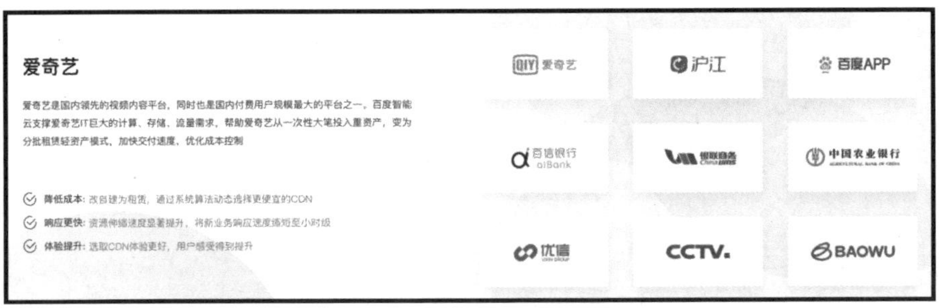

图 5-27

2）面向个人用户的产品包装

面向个人用户的产品包装最典型的就是电商平台的用户评价，这已经成了电商的标准配置。但因为评价内容更加开放，即允许负面评价（差评）出现在用户评价中，所以商家只有真正提升产品质量及服务才能够左右用户评价，即获得好评，这也是产品的期望价值不可控的具体表现。

2. 历史数据包装

历史数据包装是指通过对产品过往消费数据的包装达到用户消费预期引导的目的。历史数据包装更多地应用于企业消费产品。

案例：有赞官网的历史数据包装（如图 5-28 所示）主要包括五个能够体现产品价值的数据：商家数量、覆盖行业和类目、商家商品数量、商品年交易额、订单处理速度。

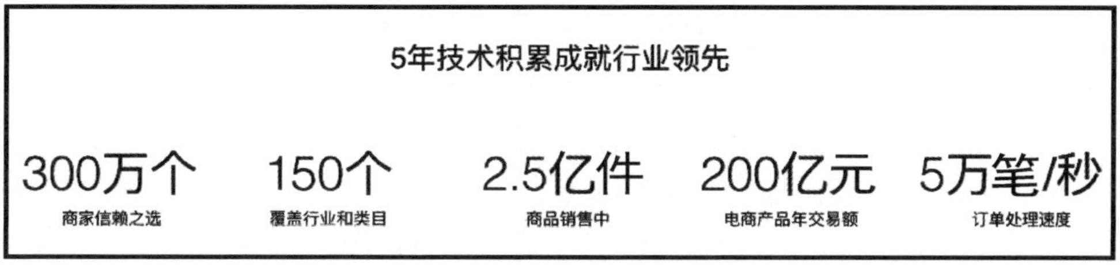

图 5-28

3. 产品效果承诺

产品效果承诺是指对产品预期效果进行承诺或者质量保证，以此达到用户消费预期引导的目的。

案例： 网易七鱼为客户提供服务营销一体化解决方案，能够助力企业提升效率，实现产品效果。网易七鱼官网对产品效果包装主要包括客服效率提升 86%，客户满意度高达 96%，每年成本节约超过 10 万元，订单转化率提升约 20%，如图 5-29 所示。

图 5-29

5.6.2 个性化包装

马云曾经说过，以前的经济由标准化、规模化主导，现在是个性化的、独特化的、按需定制的。未来的世界不是 B2C 的，而是 C2B 的，即客户定制的。那么，怎么才能够生产更符合用户个性化需求的产品呢？这个问题的解决意味着我们要从消费源头进行需求挖掘，从源头就开始匹配消费预期。这让产品避免了千篇一律的面貌，意味着更高的用户满意度。

上面这个问题指向了个性化生产或者制造，属于工业 4.0 的范畴。从不同的产品领域来看，个性化包装的必要性如下：第一，在个人消费领域，由数据驱动生产的工业 4.0 时代还未真正全面普及，但由数据驱动的消费策略已经普惠市场。从商业化产品包装的维度来看，我们更应该关注如何利用大数据及智能算法对消费入口进行包装，即从客户的接触源头进行个性化控制，以达到更优的需求匹配度；第二，在企业消费领域，随着业务的数字化驱动及智能化应用，服务商所面临的企业需求颗粒度正在迅速减小，这驱动了企业服务的个性化升级。

综合来看，典型的个性化包装策略主要发生在以下三个场景中。

1. 个性化商品

个性化商品的包装主要表现为对消费入口的包装，利用大数据及智能算法为客户提供需求匹配度最大化的商品，这是电商及大众消费领域个性化消费的典型特征，每个人都有一个属于自己的购物页面（即千人千面）。

案例： 淘宝首页实现了基于消费者喜好的智能推荐，即为每一个消费者包装一个兴趣匹配的购物页面。主要的实现方式简单概括为首先构建用户画像系统与商品画像系统，然后实现两者的智能匹配。用户画像即给用户打标签，通过大数据的收集与分析，抽象出一个用户的消费形象；商品画像即通过商家给商品打标签，来定义初步圈定的目标受众。然后，电商网站会在用户浏览的过程中，依据用户行为及属性为其推荐商品。

2. 个性化内容

个性化内容的包装主要表现为对内容入口的包装，利用大数据及智能算法为用户提供需求匹配度最大化的内容（包括内容广告），这是内容产品的典型特征，即每个人都能看到自己喜欢的个性化内容。

案例： 今日头条是一款个性化新闻推荐引擎，算法是推荐引擎的核心，它实现了“千人千面”的信息流内容匹配，当然内容里面包括了原生广告。

今日头条如何为用户精准匹配感兴趣的内容呢？主要的实现方式是基于投票原理，每个用户投一票，投给自己喜欢的一篇文章，最后就会得出该类人群喜欢的文章。虽然这看起来似乎很简单，但实际上需要基于海量的用户行为数据挖掘与分析。

3. 个性化服务

个性化服务的包装主要表现为在标准化产品服务的基础上对企业提供个性化服务，进而实现“标准化产品+个性化服务”的产品组合，并通过商业化包装手段展示给客户，让客户明确服务价值。以数据产品为例，服务商在为企业提供数据统计产品的基础上，通过个性化分析服务，达到为企业提供个性化解决方案以及用数据支持企业业务决策的目的。

案例：GrowingIO 为企业用户提供专业的增长分析服务，提供专业解决方案。典型的增长分析服务有以下几项：协助客户分析渠道投资回报率（ROI），降低获客成本；协助客户进行产品激活与用户留存，增加产品复购与增购；为客户提供专业数据分析落地培训服务，以提升客户团队的运营效率。这就是典型的面向个性化服务的产品包装，通过包装让客户明确服务价值。

5.7 潜在产品的包装策略

产品五层次结构理论的最后一层是潜在产品，潜在产品主要指向了市场的买卖双方之前均未发现的价值。潜在产品与期望产品有一个共同特点，即用户在这两层中极大地影响了产品的动态价值。然而两者又是不同的，具体表现如下：通过期望产品的包装，我们能够做到对现有产品的消费预期引导，让用户对现有产品价值形成客观消费预期，即期望产品更多地指向了产品的现有价值且具备用户认知；潜在产品指向的却是产品的未知价值，当这些价值被用户察觉并被生产者意识到以后，生产者往往会采取一系列的措施来评估验证、驱动产品创新迭代并上市交付用户。我们经常说的创新甚至颠覆创新就是指向这一层的。

如果企业能够察觉并挖掘这些潜在产品的价值，并且进行合理的商业化包装，那么可能会得到意料之外的收获。从用户的角度考虑，这些价值区别于现有价值，对于现有产品来说是一种创新，对潜在价值的包装就是创新包装。典型的创新包装策略如下。

1. 面向未知价值的显性化包装

从用户角度考虑，潜在产品代表了未知价值。创新包装的逻辑为通过对未知价值进行包装并通过各种手段宣传给用户，将这些未知价值显性化，从而起到教育用户的目的。这些价值的包装产出物包括但不限于引导产品消费新潮流的舆论包装、引导产品使用的新知识或者新使用方法包装等。下面先来看一个创新包装的案例。

案例： 曲面屏是近年来新兴的细分显示器，目前在很多领域中形成了普及化应用。比如，三星智能手机就采用了全视曲面屏设计，美国权威消费刊物《消费者报告》报道，三星在2017年刚发布曲面屏手机Galaxy S8/S8+的时候，该曲面屏手机一度超越苹果的iPhone手机成为最好的智能手机。除了手机，汽车、智能家居、平板电脑以及智能办公系统等领域，都可以用到曲面屏。曲面屏目前在很多领域中已经成功地实现了商业化应用，比如曲面电视。问题：这些产品在商业化过程中如何对曲面屏进行包装？

结合以上案例，我们分析一下创新包装的具体实施策略。如果我们是这些曲面屏手机、电视等产品的厂商，并且面临的是全行业市场首发，那么我们如何来进行创新包装呢？典型的创新包装有以下几个方向：

（1）向消费者全面宣传曲面屏所带来的电子产品消费新潮流。

（2）向消费者提供关于曲面屏产品的新知识或新使用方法。

（3）向消费者提供更容易、更快、更安全安装曲面屏产品的新方法。

2. 面向创新产品的市场占位包装

占位对标定位，前面的核心产品包装讲到了产品定位和品牌定位。占位与定位的区别为定位面向一个现有的市场领域，占位则面向一个全新开辟的市场领域。是否能够达到占位（即占得先机）的目的取决于对产品的占位包装策略。

与定位包装类似，占位包装也是“先占位再包装”，即先对产品的创新概念、创新差异、创新价值等从市场竞争的角度进行精准的占位定义，然后对这个定义进行包装。对一款创新产品进行占位包装的战略意义如下：我们一旦取得创新产品在市场中的占位认同，比如市场认同了某种创新概念，那么这种占位将极大地提升创新产品的市场地位。当然，这也会使得各个企业进行创新追逐，从而加剧市场竞争。

案例：虽然IBM在1993年就推出了使用触摸屏的智能手机，但直到2007年苹果公司发布第一代iPhone手机，智能手机的概念才风靡全球。苹果手机之所以火爆，在很大程度上是因为区分于现有市场的产品创新概念和有效的包装策略。苹果公司"重新定义了智能手机"，在一个新兴市场中占据了极其有利的市场竞争位置。

以上内容主要是对创新包装的分析。另外，从产品设计的角度来看，企业通过对潜在产品的挖掘向客户提供创新产品并不是一件容易的事情，受到财务预算、技术力量、商业化能力等综合因素影响。创新产品可能带来用户核心价值的不确定性，可能导致无法融入现有产品的商业化体系中。比如，与现有产品完全不同的价值主张、与现有产品完全不同的技术实现、与现有产品完全不同的销售策略等。

对潜在产品的创新探究决定了我们是否有机会打破现有产品的竞争格局，取得市场先机并在未来的市场竞争中胜过竞争对手，也决定了我们能否寻找到高维竞争的创新产品，甚至现有产品的换代品，因此对创新发展所做的所有努力都是值得的。

5.8 商业化产品包装的成熟度评估

商业化产品包装的成熟度是指一款产品在整个生命周期中，接近最理想变现效果的程度。包装成熟度与五层产品包装在各个包装策略中所呈现出的包装水平和效果有关，同时受到包装对商业化产品整体交付能力和业务增长的影响。包装成熟度主要受商业化产品包装工作推进阶段的影响，不同阶段所表现出来的包装成熟度不同，主要分为以下四个典型阶段。

（1）起步阶段（S1）。在起步阶段，包装工作尚处于准备期，对要包装的内容几乎未形成设计体系，包装产出物零散甚至完全没有，对产品整体交付能力以及业务增长的推动作用有限。

（2）基础阶段（S2）。在基础阶段，包装工作已经初步实施，基本建立起了包装体系，具备基础的包装产出物，能够初步支撑产品交付以及业务增长。但因为缺乏专业度、缺乏管理、缺乏数据样本等，所以包装体系需要进一步规范。

（3）规范阶段（S3）。在规范阶段，包装已经趋于规范，建立起了规范化的包装体系，具备完善的包装产出物，能够较高效率地支撑产品交付，并驱动业务增长。

（4）优秀阶段（S4）。在优秀阶段，包装经过多次规范化迭代，已经进入成熟期，包装产出物完善且能够灵活地满足各种应用场景，能够高效率地支撑产品交付并全方位地、主导性地驱动业务增长。

一般来讲，一个成熟运行的商业化团队发布的一款商业化产品往往就能够达到基础阶段甚至规范阶段的水平。这主要得益于前期严谨的商业需求分析和对产品生命周期的精益控制。但市场上仍然存在大量虽然已经上市但是商业化包装水平却参差不齐的产品。

以下只针对四个包装策略（用途包装、品牌包装、使用包装、销售包装）做包装成熟度分析说明，对于其他策略，企业可以结合五层产品包装的内容选择适合自身产品阶段的标准。此外，受到商业化产品类型不同等各种因素的影响，各个阶段偏泛化分析，仅供参考。

1. 用途包装

对于用途包装策略，我们主要从产品定位与定位包装两个维度来分析各个包装阶段的特征。其中，产品是否有清晰的定位往往取决于在产品设计的源头是否进行了精准定义，各个包装阶段的特征可以结合第 4 章提到的几种产品定义方法进行分析，它们是目标客户定义法、商业化场景定义法、营销模型定义法、财务模型定义法，当然也可以引入其他定义方法。

说明：以上提到了定义与定位这两个词汇，从商业化产品的角度来看，此处的定义偏向于对产品的价值特征进行描述，有明确的内涵或者外延，从而能够界定一款产品的价值边界。定位则偏向于给产品一个确定的价值点或者位置。用途包装的成熟度评估见表 5-4。

表 5-4

阶段	特征
S1	• 产品定位。产品的目标客户定位模糊、产品的商业化场景定位模糊、产品在商业化产品矩阵中的定位模糊、产品的财务定位模糊。以上问题均可能导致无法精准地提炼客户价值，进而导致无法形成产品定位语句。 • 定位包装。企业没有形成清晰的产品定位，无法通过商业媒介对产品进行定位包装展示，或者展示效果不好，从而影响了面向客户的价值传播
S2	• 产品定位。企业初步清晰了产品定位，完成了一个或多个以下事项：定位了目标客户、定位了商业化场景、定位了产品矩阵位置、明确了财务贡献模式等。在此基础上，企业完成了客户价值提炼且形成了产品定位语句。 • 定位包装。企业在初步形成产品定位的基础上，对产品进行了商业媒介的包装与展示，能够完成基础的客户价值传达
S3	• 产品定位。企业已经建立了一套系统化的、适合企业个性化业务的商业化产品定义体系，包括但不限于以上提到的四种定义方法。在此基础上，企业在产品设计初期就能够明确产品定位，并且形成了稳定使用的定位语句。产品定位能够驱动商业化产品生命周期的相关事项推进，比如，能够驱动完成更精准的产品定价、制定更精准的产品包装策略、制定更精准的渠道销售策略等，产品定位也获得了市场认可。 • 定位包装。企业能够通过线上和线下的各种媒介进行产品定位包装，客户价值传播效果显著
S4	• 产品定位。企业除了建立了系统化的商业化产品定义体系，更建立了完善的产品战略研究体系。从商业化产品的角度来看，战略研究工作涉及的内容包括但不限于所在行业的商业化宏观趋势研究、商业化竞品研究、行业所在产业链的上下游研究等，并且研究团队定期输出战略研究报告。战略研究体系更加促进了商业化产品的良性发展与创新设计，同时提升了商业化产品的定位精准性。产品定位贯穿整个产品生命周期，并成为业务增长的核心驱动力。 • 定位包装。产品已经实现了全方位、多场景的商业媒介包装，并与其他包装策略协同建立起了全场景数字化与智能化的包装效果跟踪体系

2. 品牌包装

对于品牌包装策略，我们主要从品牌定位与品牌包装两个维度来分析各个包装阶段的特征。其中，品牌是否有清晰的定位往往取决于是否进行了差异化定位分析，各个包装阶段的特征可以依据本章在品牌定位部分提到的几种定位方法进行分析，它们是竞品分析定位法、空白需求定位法、创新市场定位法，当然也可以引入其他定位方法。品牌包装的成熟度评估见表 5-5。

表 5-5

阶段	特征
S1	• 品牌定位。产品的品牌定位主要表现为以下几点：（1）对竞争品牌调研做得不够，产品所处的市场竞争位置比较模糊。（2）对市场需求分析不够，无法满足潜在客户需求。（3）对创新产品的挖掘不够，无法创造全新品类。以上问题均可能导致产品无法形成清晰的品牌定位，进而无法形成品牌口号，或者品牌口号无法表达差异化价值。 • 品牌包装。产品尚未做品牌 VI 设计，或者做了品牌 VI 设计但只是局部设计，比如只设计了品牌标志，但与品牌定位的匹配度低，品牌形象设计并未带来业务增长
S2	• 品牌定位。企业初步清晰了产品的品牌定位，完成了一个或多个以下事项：通过竞品分析找到了品牌定位、通过空白需求分析找到了品牌定位、通过创新产品挖掘找到了品牌定位等。在此基础上，企业初步完成了产品的品牌定位，形成了一句品牌口号，能够初步表达差异化价值。 • 品牌包装。企业对产品有了初步的品牌 VI 设计规范，品牌 VI 设计规范能够覆盖品牌名称、标志、标准字、标准色等基本元素，品牌形象设计能够初步支撑业务增长需求
S3	• 品牌定位。企业已经建立了一套规范的品牌定位体系，包括但不限于以上提到的三种品牌定位方法。在此基础上，企业在产品设计初期就能够明确品牌定位，并且形成了一句稳定使用的品牌口号。品牌定位能够驱动商业化产品生命周期的相关事项推进，比如，能够驱动完成更精准的产品定价、制定更精准的产品包装策略、制定更精准的渠道销售策略等，精准的差异化价值也获得了市场认可。 • 品牌包装。企业建立了一套品牌 VI 设计规范，并能够与品牌定位较好匹配，同步建立了一套规范化的品牌 VI 应用管理制度，能够对 VI 应用进行检查和整改，指导企业内部团队与外部合作对 VI 设计规范进行应用
S4	• 品牌定位。所在企业除了建立起规范化的品牌定位体系，更建立了覆盖全网的品牌竞争态势排查及分析保障机制，完善了内外部品牌调研渠道，能够获取一手竞争信息甚至部分敏感信息（商务政策及举措等），能够做到前瞻洞察市场趋势及未来竞争中的客户价值走向，定期输出品牌竞争报告。品牌定位贯穿整个产品生命周期，并成为业务增长的核心驱动力。 • 品牌包装。所在企业建立了成熟的一站式品牌 VI 设计规范，品牌 VI 设计规范能够全面覆盖规划（品牌定位匹配）、设计（视觉标准）、管理（应用审批、场景植入、品牌传播与渗透等），能够全方位满足企业在品牌视觉上的需求，并且对客户实现了高效传播与品牌价值渗透

3. 使用包装

对于使用包装策略，我们只针对虚拟产品来分析各个包装阶段的特征。使用包装的效果好坏主要取决于两个方面：第一，支持产品使用的资料是否配套完整；第二，客户能否通过便捷的在线途径获取这些产品资料并自助使用。使用包装的成熟度评估见表 5-6。

表 5-6

阶段	特征
S1	• 资料配套。产品的资料配套主要表现为以下两点：（1）尚未对客户使用资料进行配套。（2）只是提供数量有限的、零散的客户使用资料，对客户的指导效果有限，客户只能粗略地了解产品并能够简单使用。 • 线上包装。因为产品配套资料的缺失所以无法设计线上自助使用窗口（比如，官网上的产品帮助文档频道就是一个线上自助使用窗口，下同）
S2	• 资料配套。企业初步建立了客户使用资料配套体系，能够指导客户完成基本的产品使用。但因为资料内容设计尚不规范，缺乏统一设计，需要进一步优化以提升客户使用体验。 • 线上包装。企业开始设计线上自助使用窗口，并初步实施了一定比例的产品使用类客户服务，降低了人工服务成本，同时处在该阶段的产品包装也为业务增长带来了初步支撑，初步增强了客户购买的信心
S3	• 资料配套。企业建立了一套规范化的客户使用资料配套体系，客户能够全面地了解产品的功能或者服务，并能够利用资料完整地使用产品。企业初步实现了设计规范化，同时针对客户的个性化使用场景进行有针对性的使用资料支持。 • 线上包装。企业建立了完善的线上自助使用窗口，大幅降低了客服成本。同时处在该阶段的产品包装也为业务增长带来了稳定支撑，大幅增强了客户购买的信心
S4	• 资料配套。企业建立了一套针对客户使用资料的质量监控机制，制定了严格的内容及设计标准（资料品控），并能够前瞻洞察客户使用资料的场景及需求趋势，进而提供了更优使用体验的资料形态。 • 线上包装。企业建立了成熟的在线产品使用机制，包括但不限于提供完整的在线化使用功能支撑（比如，内容检索等）、提供多样化的内容格式（比如，图文、音视频等）、提供多样化的内容帮助形式（比如，产品介绍、常见问题解答、场景分析等）、提供多级别客户帮助形式（比如，区分新客户等），同时处在该阶段的产品包装也成为业务增长的关键主导因素

4. 销售包装

对于销售包装策略，我们主要从在线产品页面与线下销售工具两个维度来分析各个包装阶段的特征。其中，在线产品页面与线下销售工具的包装效果主要取决于以下几个关键内容：第一，对产品价格的包装；第二，对交付内容的包装；第三，对产品亮点的包装；第四，对差异化优势的包装；第五，对其他包装内容的整合（比如，案例包装）等。当然，以上包装内容是否需要展示还要取决于产品本身（比如，有些产品不需要展示价格）。另外，此项分析主要面向企业服务类产品。销售包装的成熟度评估见表 5-7。

表 5-7

阶段	特征
S1	• 在线产品页面。在线产品页面主要表现为以下几种：（1）产品价格缺失或者包装粗糙。（2）交付内容缺失或者包装粗糙。（3）产品亮点缺失或者包装粗糙。（4）差异化优势缺失或者包装粗糙。（5）其他包装内容缺失或者包装粗糙。以上问题均可能导致在线产品页面包装效果不佳，对客户价值传达不够，进而影响业务增长。 • 线下销售工具。线下销售工具同样存在在线产品页面提到的相关问题，并且工具形式单一甚至缺失
S2	• 在线产品页面。企业基本建立了内容相对完整的在线产品页面（基于以上五个关键内容），能够初步满足业务增长需求。但整体内容提炼以及页面设计需要进一步优化，以提升对业务增长的支撑力度。 • 线下销售工具。企业基本建立了内容相对完整的线下销售工具，面临的问题与在线产品页面类似，工具形式虽有增加，但还无法全面覆盖线上和线下的所有业务场景
S3	• 在线产品页面。企业建立了规范化的在线产品页面（基于以上五个关键内容），并且能够保证内容提炼质量以及页面设计效果。规范化的产品页面已经成为有力的销售支撑，通过配合营销推广策略能够明显驱动业务增长。 • 线下销售工具。企业同样建立了规范化的线下销售工具，内容及设计均有保障，并且工具形式能够覆盖线上和线下的所有业务场景
S4	• 在线产品页面。企业建立了基于在线产品页面的完整功能体系，包括但不限于产品矩阵导航与标准化的页面群、产品搜索引擎、单个产品的子页面配套（比如，围绕更多内容细节描述建立的子页面）、产品在线活动导入（比如，类电商的产品套餐消费活动）等。 • 线下销售工具。企业建立了场景化的销售工具管理体系，能够按照业务场景对线下销售工具进行敏捷迭代，对业务增长起到了高效的支撑作用

第6章

打造一套商业化产品运转系统

导读： 本章主要从商业化产品运转机制的角度分析产品运转系统的设计。在产品的商业化实践中，标准化的工作流程与一站式的数字化支撑系统是实现大规模商业化增长的前提。

6.1 商业化产品的“五维运转系统”

在第4章的商业化产品“七步设计法”中，第三步是交付设计。交付设计关注的是售卖标准（即交付标准）的设计，与交付设计并行的另一项工作就是产品研发（这部分内容在第4章中并没有涉及）。这里的产品是指商业化产品系统，比如会员产品系统、广告产品系统等。从商业化产品运转机制的角度来看，我们不仅要提供给客户使用的单一产品（比如，给广告主提供的广告投放系统），还要围绕客户生命周期打造一整套数字化支撑系统，即产品运转系统。

那么产品运转系统通常包括哪些关键组成部分呢？我们先来看两个案例。

案例1： 公司A是一家移动互联网公司，旗下拥有众多以广告为主的商业化产品，围绕客户（即广告主）生命周期的关键运转举措如下。

（1）客户接触签约。客户通过公司A建立的商业化官方网站了解产品。一般来讲，官方网站是商业化的大本营，同时企业往往还会从产品推广的角度建立丰富的营销触角，比如通过搜索引擎、社交媒体等进行网络营销，以吸引客户留言、咨询并达成最终签约。

（2）客户充值消费。客户在签约后进行营销平台充值。在广告正式投放以后，客户的投放运营人员进行日常投放工作并消耗账户资金，资金消耗要依据平台建立的广告售卖方式与价格机制。

（3）客户入驻使用。在客户充值后，公司 A 为客户提供广告智能投放系统，实现精准化的目标人群投放和系统化的数据分析。公司 A 还会依据客户投放的广告类型进行广告样式及落地页面设计支持。

（4）客户关系运营。公司 A 通过 CRM 系统自动分析与管理销售、营销推广、客户服务等，以提高客户价值与满意度。

（5）数据分析决策。公司 A 建立了数据分析监控系统来监控全局广告投放效果，分析全局广告资源的变现效率，以实现广告价值最大化。

案例 2： 产品 B 是一个具备海量用户的社交 App 产品，付费会员是产品 B 的商业化产品。我们来看围绕个人用户生命周期的关键运转举措。

（1）会员页面接入。个人用户通过产品 B 在 PC 端建立的会员官网以及在 App 内的会员页面了解产品。同时，产品 B 还通过各种营销渠道进行会员营销推广，以实现付费会员增长。

（2）会员在线开通。个人用户通过会员页面在线支付并开通会员。

（3）会员特权使用。个人用户在开通会员后就可以正常使用各种会员特权。

（4）用户分层运营。产品 B 建立了一套完整的用户运营体系及产品链，实现了面向不同等级用户的精准运营。

（5）数据分析决策。产品 B 建立了数据分析系统来分析会员生命周期的行为数据，实现商业价值最大化的目标。

从以上两个案例中可以看出，虽然商业化产品的类型不同（分别为广告产品、会员产品），但是关键的运转举措却存在相似性，并且广告产品在面向企业用户的运转举措方面具备代表性，会员产品在面向个人用户的运转举措方面同样具备代表性。在具体的运转举措分析中，前三个环节均从客户的角度出发（接触、购买、使用），后两个环节均从企业运营的角度出发（运营/交付、分析/决策），五个环节均实现了数字化系统支撑。在此将这五个环节的支撑系统提炼并形成商业化产品的“五维运转系统”，如图 6-1 所示。

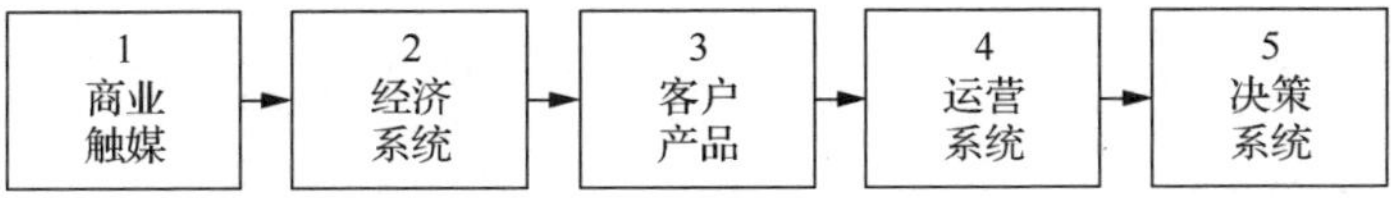

图 6-1

五维运转系统只是一个概括性的、简化的数字化运转机制模型，方便大家从宏观的视角结合客户生命周期的关键动作思考系统设计通路，但是在产品设计的时候并没有绝对的先后顺序。比如，在两个案例中，虽然客户需要事先支付或者充值才能够使用产品，但是客户产品的设计却往往是先行的。当然，每个环节的设计都是一个庞大的系统工程，下面对每个环节的设计进行概要说明。

1. 商业触媒

商业触媒是产品接触客户的首要媒介。与用户触媒相比，商业触媒是一个不太经常被提起的词汇，但两者是不同的概念。用户触媒是指产品的目标用户接触的媒介，商业触媒则是指产品的潜在客户接触的媒介。商业化产品的官网就是典型的商业触媒，由于移动互联网带来的营销场景丰富化，商业触媒的形式呈现了多样化趋势，比如官方的公众号自媒体、小程序、H5 页面、广告营销落地页面等。

2. 经济系统

经济系统是商业触媒的延伸系统，目标是帮助客户实现数字化的商业化产品交易过程，整个交易过程涉及业务流、资金流（交易、计费、结算等）、物流等。无论是从企业数字化经营的角度来看，还是从为客户提供更好的产品体验的角度来看，我们都需要一套经济系统支撑。不同形态的商业化产品和不同的计费形式（比如第 3 章提到的各种计费方式），都会导致差异化的经济系统设计，经济系统的产品体验会直接影响产品的商业化变现效果。此外，经济系统的设计有时候是独立的（比如，会员产品），有时候是集成到客户产品中的（比如，广告产品）。

3. 客户产品

客户产品是指最终为客户提供的商业化产品，比如 QQ 会员就是一款客户产品（QQ 却是一款用户产品）。客户产品和用户产品有时候独立存在，有时候融合存在，并不能轻易界定边界。比如，一款产品里可能同时包含用户产品（免费）与客户产品（付费）。因此，产品团队在进行整体功能设计的时候，需要区别对待客户产品与用户产品。

4. 运营系统

在前面三个环节的运转机制中，我们还需要建立以客户为中心的运营管理体系，并匹配合适的运营管理系统，目的是更好地与客户成交、交付产品并保证客户满意。运营系统涉及的产品主要有业务增长类产品、用户运营类产品、售前服务类产品、售后服务类产品、客户管理类产品等。

5. 决策系统

一款商业化产品成功的衡量标准通常有以下几个：产生规模化付费用户、拥有良好的用户黏性、拥有稳定的续费率等。一款互联网产品在实现规模化、商业化成功的过程中，还需要借助决策系统来提升规模化变现效率及质量，本质上让尽可能多的用户获得消费最优解。典型的消费最优解包括用户购买到了最喜欢的产品、用户购买到了性价比最高的产品、用户购买到了最佳功能体验的产品、用户在购买过程中获得了最满意的优惠、用户在购买过程中享受到了最满意的服务等。决策系统涉及的产品有数据分析类产品、智能策略类产品、用户反馈类产品。

总结： 在以上五个环节中，前四个环节产生的客户价值可以通过企业的一系列举措实现自主控制，即站在生产者的价值交付角度做系统设计。但产品能否真正达成商业化目标，还要取决于能否满足客户期望。从商业化产品五层次结构的角度来看，期望产品表达了一个由消费者期望值与实际体验对比所决定的产品动态价值，所以我们没法直接通过前面四个环节实现，只能借助客户行为跟踪、消费数据的挖掘与分析、客户消费反馈、智能化需求匹配等技术手段直接或者间接地做出决策。

决策系统的设计伴随着互联网发展产生了越来越精细的运营需求，在提升用户期望价值的同时，也旨在实现产品自身的业务增长与经营成本降低。比如，淘宝通过智能推荐推送符合用户喜好的商品、美团点评通过智能排序为用户推荐合适的商家、今日头条通过个性化推荐为用户推送合适的广告等。

6.2 商业触媒的四个产品设计策略

商业触媒具备了多样化的形式，在此我们只针对官网进行分析。官网是能够展示并输出产品完整价值的最佳载体，是商业化产品（品牌）对外的第一窗口，也是五层产品包装的核心对象。官网的种类很多，本节分析的官网主要是单一用户群体类网站（比如品牌官网），而不是多边用户群体类平台（比如多边贸易平台）。另外，从终端形态来看，此处的官网泛指多个终端的官网，比如PC端、移动端、微信公众号官网等，但以PC端官网的案例介绍为主。

6.2.1 官网的四个组成要素

在设计官网的时候，我们往往会重点关注以下问题：

（1）怎样设计既能展示综合商业形象又能达成商业化目标的官网？

（2）怎样完整地、专业地向访问用户展示各个商业化产品？

（3）怎样让访问用户通过官网进行互动并实现成交转化？

（4）怎样更加有效地监控与分析用户行为并实现商业化规模增长？

通过以上问题，我们可以知道，如果策略得当，那么官网可以帮助我们实现丰富的商业诉求。官网的设计需要回归到基本的业务展开逻辑，我们要把设计中心放在核心的商业化过程要素上。我们来看以下公式：

官网要素=目标用户+价值单元+核心交互+数据分析

1. 目标用户

首先，从对目标用户展示的产品价值来看，当我们设计官网的时候，往往默认已经解决了产品定位甚至品牌定位的问题，否则将无法向目标用户准确地传达商业化产品的核心价值及差异化价值。因此，启动网站设计的首要工作是进行产品定位，传达给目标用户“我是谁”，同时进行品牌定位，传达给目标用户“我有何不同”。关于产品定位、品牌定位和包装策略可以参考第5章。

其次，从对目标用户不同身份的功能设计角度来看，网站的目标用户按照身份级别可以分为以下几种类型：游客用户、注册用户、多级用户等。网站具体能够支持哪些类型的用户身份，要根据用户需求与业务需求来共同确定。

2. 价值单元

通过官网展示的企业主营产品（或者业务）就是价值单元，每一款产品都是一个价值单元，并且每一个价值单元都需要进行包装展示。通过第 5 章的五层产品包装，我们可以知道，产品包装绝对不仅仅是单一的功能属性介绍，而需要从产品整体价值的角度进行体系化包装。官网页面的设计要考虑两点：第一，如何通过每一款产品的独立页面进行产品价值展示；第二，如何通过官网的其他频道或者页面进行产品整体价值补充。通过以上两点设计，我们就可以实现每一款产品在官网上都有整体性的价值展示（包装策略可以参考第 5 章）。

3. 核心交互

核心交互是指目标用户通过官网实现的核心行为动作，包括用户通过官网注册并体验产品、通过官网下单购买产品、通过官网提交咨询表单、通过官网在线咨询产品等。

核心交互的本质是价值交换或者价值预交换，主要是指用户在深入了解公司产品及服务等信息后做出的购买或者售前行为。因此，通过精准锁定目标用户和专业化包装价值单元，我们可以促使用户进行核心交互，提升用户成交率。

4. 数据分析

目前的互联网产品早已经过了粗暴的流量经营时代，进入了精细化运营时代。精细化运营依赖高效、精准的数据统计及分析，进而通过数据策略驱动官网运营实现业务增长。从功能设计的角度来看，数据分析主要通过两种方式实现：第一，通过植入第三方的分析工具实现，比如 GrowingIO 可以帮助企业网站提高转化率，实现低成本获客，提升留存率，挖掘客户价值；第二，通过自主研发分析工具实现，比如针对特定业务数据的分析工作。

总结：虽然有些官网的结构更加复杂，但是基本结构及逻辑都趋于一致，可以简单地概括为企业通过搭建官网为目标用户展示价值单元并实现核心交互，通过数据分析不断优化商业化效果。此外，受移动互联网全网营销的影响，网站往往要适配多终端形态，比如 PC 端、移动端、微信公众号等，同一个网站的多终端形态及功能会存在一定的差异。

6.2.2 基于多种用户身份的官网设计策略

如何定义官网的用户身份等级？从理论上讲，任何用户刚开始都是游客用户，随着网站核心交互的不断发生，用户身份会发生变化。从用户身份等级的必要性角度来看，我们要区分以下两种情况。

1. 是否提供用户注册功能

这是一个经常遇到的问题，但往往又容易被忽视。对于这种情况，我们需要考虑的核心因素是用户价值，即网站通过提供注册用户的身份，给用户带来了什么价值？注册用户后续是否在官网产生核心交互？这与网站主营产品的形态有关系。下面通过三种不同类型的产品举例说明。

1）软件产品

有赞的核心产品微商城，是一款网上开店工具，用户要用产品就必须通过官网进行注册；GrowingIO 提供数据分析产品，用户要使用产品也必须通过官网进行注册。类似的产品还有今日头条的广告产品、阿里云的 SaaS 产品等，注册用户后续产生了核心交互，即实现了注册并使用产品。

2）实物产品

（1）华为商城。用户要买手机就必须先注册官网会员，获得华为账号，这是华为产品的通行证，注册用户后续产生了核心交互，即实现了注册并购买产品。

（2）360 手机官网。由于 360 通过独立的 360 商城、外部的天猫旗舰店等进行手机销售，因此 360 官网并不直接提供用户注册，而是注重塑造 360 手机的整体业务群。注册用户后续通过官网没有产生核心交互，因此不需要提供用户注册功能。

3）服务产品

互联网社保服务提供商 51 社保提供的社保公积金代缴服务，因为依托互联网实施服务，所以需要单独的用户注册功能。同时，51 社保提供的保险、薪酬等业务也通过互联网实施服务，因此 51 社保通过官网进行了平台化业务集成，即均通过注册和登录 101HR 平台（51 社保旗下人力资源共享服务平台）来实现。注册用户后续产生了核心交互，即实现了注册并使用产品。

2. 是否建立多级用户体系

对于这种情况，我们需要考虑的核心因素是商业化产品的等级售卖策略，即网站是否建立了面向不同等级用户的商业化产品并实现等级权益交付。当然，不排除有些产品虽然建立了用户等级，但仅仅通过官网做等级权益展示与在线支付开通，并不需要真正实现多级用户功能。

案例：以企业服务产品为例，腾讯企业邮箱向企业用户提供免费版、专业版、高级版的会员服务。因为企业主要用邮箱产品，所以腾讯企业邮箱官网会展示会员等级并在系统中进行权益匹配。以个人服务产品为例，QQ 会员产品建立了会员等级并通过 PC 端官网进行权益展示与在线支付开通。

6.2.3 基于价值单元包装的官网设计策略

价值单元是指售卖的产品，那么如何通过官网对价值单元进行包装设计呢？主要还是从商业化产品五层包装的角度实施。前面讲到了从官网设计角度出发的两个价值单元包装策略。下面通过分析一个企业服务产品案例来看具体的实施过程。

案例：网易云信是来自网易核心架构的通信与视频云服务。图 6-2 为网易云信的官网内容架构。

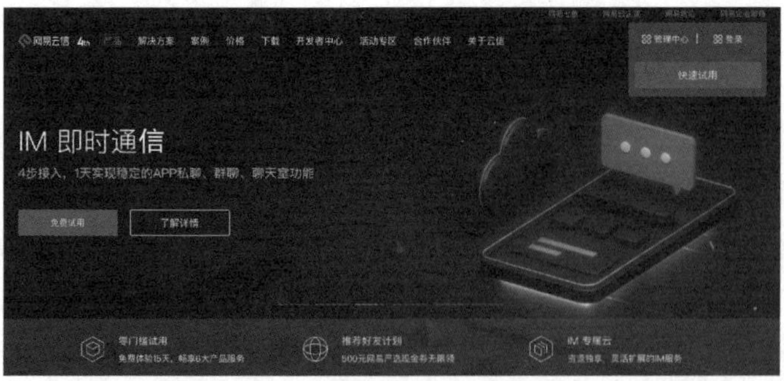

图 6-2

1. 单品独立包装设计

价值单元（售卖的产品）主要涉及的包装频道有两个：产品、解决方案。这两个频道涵盖了网易云信旗下售卖的所有商业化产品（即通过官网展示的价值单元），各自包含了多项子产品或解决方案，并且对每个子产品或解决方案都进行了独立页面包装与展示，这属于基础产品包装（销售包装）的内容。单品独立包装往往无法展示企业赋予用户的所有价值，所以我们还需要通过官网整体包装进行补充。

2. 官网频道和页面补充

（1）频道：首页（图片默认为首页频道）、关于云信。这两个频道对网易云信产品的战略及品牌做了细致介绍，让我们知道网易云信是什么、能提供什么产品等，这是核心产品包装（用途包装、品牌包装）的内容。

（2）频道：案例。该频道通过对成功案例的包装引导消费预期，属于期望产品包装（效果包装）的内容。

（3）频道：价格。该频道对网易云信产品的价格与功能做了说明，属于基础产品包装（销售包装）的内容。

（4）频道：开发者中心。该频道提供给用户产品使用帮助及技术支持，属于基础产品包装（使用包装）的内容。

（5）频道：活动专区。该频道展示网易云信运营的各类活动，属于附加产品包装（运营包装）的内容。

总结：从以上分析中可以看出，网易云信的官网内容覆盖了核心产品、基础产品、附加产品、期望产品所要展示的所有用户价值，是相对比较完整的内容结构。从这个案例中，我们也可以看到利用“五层产品包装”来设计与解析官方网站的视角。

6.2.4 基于用户核心交互的官网设计策略

用户在进入官网后可能产生很多行为，如果仅在浏览网页后跳出，那么显然达不到官网的商业化目的。当然，这样的用户往往不是目标用户。能够带来潜在或者直接商业利益的目标用户行为，可以称为“核心交互”。

对于多种不同的核心交互形式，网站应该选择哪一种或几种才能达到自己的商业目的呢？影响核心交互形式的关键因素主要有两个：

第一，产品类型。产品类型主要影响商业化产品的购买方式。比如，用户可以通过在线表单提交购买申请，还可以通过在线支付的方式直接购买，核心交互的最终形式是触及商业化的核心行为“钱物交换”。

第二，用户身份。用户身份主要影响商业化产品购买对用户身份的要求，如用户可以通过游客身份购买、可以通过普通用户身份购买、可以通过会员身份购买等。

结合以上两个关键因素，基于用户核心交互的官网设计有以下四个典型的方向可供选择。

1. 品牌型网站

企业可以通过品牌型网站展示企业或者产品的品牌形象及核心业务，但在品牌型网站上往往较少发生针对目标用户的核心交互行为，比如用户注册、产品购买等。这类网站（比如，App 产品的官网、企业形象网站等）的目标用户的核心使用场景往往并不在官网上。

案例： 图 6-3 是滴滴官网，它主要用于展示品牌形象、核心业务等，而不针对目标用户产生官网交互行为。

图 6-3

2. 营销型网站

营销型网站在品牌型网站的基础上进行了针对营销功能的增强设计。营销型网站往往从产品及业务的闭环营销诉求出发进行设计，通过多渠道整体推广（比如 SEM 等），达到营销转化的目的。这个过程的核心交互动作主要包括在线客服咨询、在线客户表单提交或报名、在线用户注册、在线支付购买等。具体采用哪一种核心交互形式，要依据产品类型以及用户类型。比如，标准化程度低且需要大量线下商务沟通的产品往往采用在线客户表单提交的交互形式，标准化程度高且金额不大的产品往往采用在线支付购买的交互形式，在线应用的互联网产品往往提供在线用户注册的交互形式等。

3. 类电商网站

类电商网站是介于营销型网站与电商网站之间的一种网站形态，主要特点是从产品购买及用户注册的角度来看，产品需要通过注册用户或者会员身份从官网下单购买，并且可以使用优惠券、代金券等电商类促销手段，但网站的整体形态（首页以及各个频道的展示模式）是企业网站形态，而非常见的电商橱窗形态。从产品实现的角度来看，类电商网站其实就是将电商系统内置到了企业网站里并做了深度融合。

案例：阿里云官网是典型的类电商网站，如图 6-4 所示，前端是类似“网易云信”的企业官网，但产品可以通过电商模式购买，有醒目的“立即购买”按钮，并且有“购物车”功能，支付结算、售后服务等也采用了标准的电商流程。

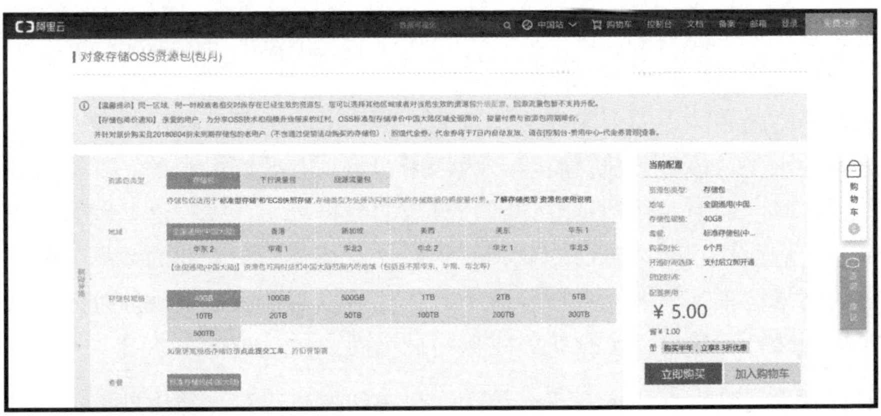

图 6-4

4. 电商网站

这类网站往往通过在线商城的形式（即企业自营商城），达到在线销售产品的目的。比如，360 商城，如图 6-5 所示。

图 6-5

6.2.5 基于数据分析驱动的官网设计策略

可能还有人不清楚网站为什么要做数据分析或者知道要做数据分析但不清楚要分析什么才能对业务有所帮助。从商业化的角度来看，我们评价一个网站的好坏一般只有一个标准：这个网站的赢利能力。因此，前面提到的仅用于企业形象展示的网站不在讨论范围之内。

影响网站赢利能力的因素很多，比如，网站的曝光量、网站的流量、网站的商业化包装水平、核心着陆页质量、激活用户数、有效商机数等。那么当我们面对这些因素时，如何对网站进行详细、有效的数据分析，挖掘这些因素与赢利之间的关系，进而找到网站自己的赢利密码？这就需要用到专业的数据分析工具。在实际的网络运营推广中，数据分析工具往往可以帮助我们实现监控渠道投放效果、预警网络推广异常、预测业务成长路径等商业化目的。

要进行数据分析有两种方式：第一，自主研发；第二，使用外部工具。此处只介绍外部数据分析工具。数据分析工具需要通过技术手段植入网站中，这也是网站设计的一部分。工具的使用需要结合网站商业化的需求，进而有选择地植入。我们从商业化需求和网站发展阶段的角度来分析一下基于数据分析驱动的三种官网设计策略。

1. 需要简单的网站访问统计

如果你的网站并未启动深度商业化，只是希望简单地统计网站流量，分析网站的受众行为特征，那么传统的分析工具就足够了，比如百度统计、CNZZ 等。

2. 需要定向的渠道推广分析

如果你的网站处于商业化运营早期，那么往往会有选择性地进行单一或者少数几个广告渠道的试投放，以取得市场的初步反馈。广告渠道往往都会提供专门的分析账号。比如，百度推广渠道会提供专门的推广管理账户；今日头条推广渠道会提供头条广告的推广管理账户。

3. 需要精细的用户行为分析

如果你的网站已经处于商业化运营成熟期，流量及用户规模已经达到了一定量级，需要建立面向用户生命周期的精细化运营分析，需要分析多渠道广告投放效果，真正实现数据驱动业务增长，那么需要用到更加完整的数据智能分析工具。比如，新一代的数据分析工具诸葛 IO、神策、GrowingIO（无埋点实时全量统计）。

案例：神策基于精细化运营提供了强大的用户行为分析功能。神策的数据接入方式如图 6-6 所示。

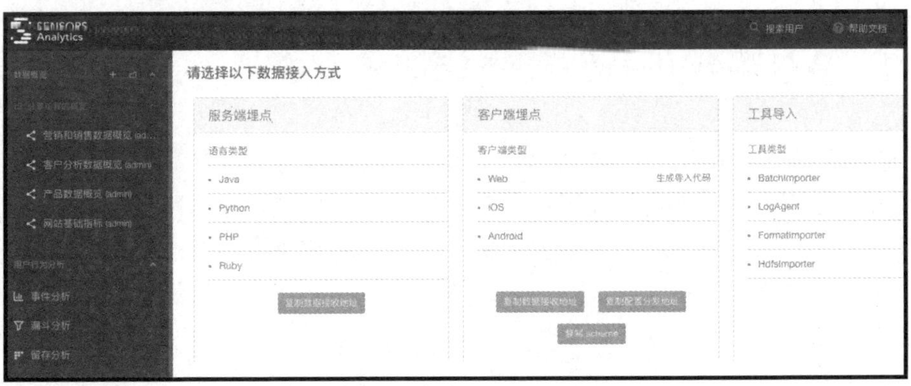

图 6-6

6.3 经济系统的三个产品设计策略

一提起经济系统，可能马上有人会想到电商系统。电商系统是互联网时代经济系统的典型代表，集合了信息流、资金流、物流等核心经济因素，我们在网购的过程中就会体验到电商平台的各项功能。然而，当我们设计不同形态的商业化产品时，却无法直接套用成熟的电商系统框架。因为从企业搭建经济系统的角度来看，各种产品在商业化过程中，依赖于经济系统的支撑需求存在很大的差异性。

因为成熟的电商系统的功能体系是复杂的，不同类型产品的业务流程各不相同，所以我们无法从各自的业务流程或者标准电商流程的角度展开分析。在此从客户消费周期的角度来分析客户核心经济诉求，并思考如何通过经济系统来满足。基于消费周期的经济系统设计主要涉及三个核心场景：前置支付、过程扣费、结算管理。

提示：在产品满足用户需求的基础上，买卖行为就来到了产品的对立面：钱是消费者掌握且最关心的因素。常规的标准电商平台往往在解决一次性的产品交易需求，即简单的钱物交换。然而，有很多其他类型的商业化产品在消费过程中计费，比如按量计费类产品。随着产品商业化向体验经济方向（附加产品）转移，服务型产品会越来越多，过程计费类产品会随之增多。这都决定了我们很难直接套用标准电商模式来构建经济系统。

6.3.1 基于前置支付的三个产品设计策略

前置支付主要是指用户通过预先支付一定费用获得目标产品的所有权、使用权、消费权等。前置支付与过程扣费有差异，用户往往先通过前置支付来取得消费资格，然后才能在使用过程中被扣费。从企业搭建经济系统的角度来看，基于用户前置支付的经济系统设计要注意以下三点：产品订购系统设计、价格配置功能设计、在线支付功能设计。

1. 产品订购系统设计

商业化产品的运转机制并非完全依赖企业自主设计，企业可以在某些环节中选择合适的外部产品来协助实现机制运转。从这个角度来看，产品订购系统的设计有三种典型策略：选择自主研发、选择第三方开店工具、选择第三方电商平台。

1）选择自主研发

企业可以自主研发产品订购系统，在官网或者产品内建立产品订购入口，以支持用户在线订购。做过电商系统的人都知道，订购系统是整个系统的纽带，几乎所有的关键流程都围绕订购展开，比如，订单类型、订单状态、支付状态、库存更新、订单下发等。我们不能直接把订购系统设计为完整的电商系统（比如，关联设计购物车等功能）。这其中最关键的控制点是：依据产品的类型设计订购流程，并且要控制关联设计的需求规模。

基于以上分析，最终发布的产品订购系统可大可小。往大了设计，它就是企业自主研发的官方商城，比如小米商城、360 商城、锤子商城等。往小了设计，它就是仅支持产品订购的模块，比如用户可以在有赞微商城系统内订购不同的版本，如图 6-7 所示。

图 6-7

2）选择第三方开店工具

企业可以通过购买第三方开店工具，将产品直接上架到商城并提供给用户进行产品订购。能够提供开店工具的服务商包括有赞、微店、微盟等。

3）选择第三方电商平台

企业可以通过入驻第三方电商平台，将产品上架到电商平台并提供给用户进行产品订购。这往往基于平台流量的吸引。典型的电商平台有个人消费领域的京东、淘宝、天猫等，企业消费领域的阿里云旗下的云市场、腾讯云旗下的云市场等。

2. 价格配置功能设计

用户前置支付所适配的价格往往是一个可供一次性支付的标准价格，这是为了确保提供给用户一个购买标准或者消费门槛。价格配置的对象往往是一个具体的产品或者一个产品套餐。比较典型的价格配置功能设计策略有以下几个。

1）电商平台类的单品价格设计

我们可以在京东等电商平台通过一个固定的价格买到一个商品。从系统设计的角度来看，这个商品的价格是通过电商后台的价格配置系统输出的，同时价格配置系统将可选参数提供给用户选择并生成单品价格。这往往会涉及产品的类型、属性、规格等影响产品价格的因素。

2）产品版本类的固定价格设计

比如，有赞微商城为用户提供了三个产品版本，分别对应不同的价格，用户只需要在线订购就可以取得对应产品版本的使用权。在用户使用产品的过程中，系统会对用户提示服务截止日期。

3）过程消费类的包时价格设计

我们可以在阿里云通过包年、包月或者包量的方式买到一个打包的云服务。从系统设计的角度来看，各个云服务产品的价格也是通过后台的价格配置系统输出的，同时价格配置系统将可选参数提供给用户选择并生成打包价格。这往往会涉及云服务产品的使用时间长度、资源使用量等影响价格的因素。

4）过程消费类的预充值价格设计

我们在注册今日头条的广告产品后，需要充值一定金额才能进行广告投放，这就是起充金额。起充金额相当于产品的入门使用价格。

3. 在线支付功能设计

用户前置支付所需要适配的在线支付功能设计策略主要有以下两种。

1）直接支付

直接支付是指用户直接购买产品并支付费用。比如，用户在各大电商网站直接下单购买产品，通过微信或者支付宝等工具进行支付。

2）充值支付

充值支付是指用户需要事先充值费用然后购买产品。充值的费用可以是对应金额，也可以换算成产品的虚拟币。比如，用户在得到 App 中购买课程产品，需要事先充值，获取得到贝，然后用得到贝进行支付。

6.3.2 基于过程扣费的两个产品设计策略

过程扣费是指用户在产品的使用过程中产生的各种消耗类扣费。过程扣费类的产品有很多，比如，阿里云提供的按照云端资源消耗计费的各类云服务产品，今日头条、百度等提供的按照广告资源消耗计费的推广产品。不同类型的产品的计费方式及产品功能存在着很大的差异且细节复杂，在此不做分析。

我们要关注过程扣费中消耗的资源所对应的资金来源及管理，即用户消费了这么多资源，钱从哪里来？从资金动作上来看，前置支付关注支付（缴纳）行为，过程扣费关注扣费（消耗）行为，这是系统设计要核心关注的差异点。从扣费的角度来看，典型的过程扣费系统主要有以下两类：预充值扣费类系统、包时扣费类系统。这两类过程扣费系统的设计如下。

1. 预充值扣费类系统设计

在预充值扣费类系统设计中，用户在使用产品消耗资源的过程中扣费的资金来源于预充值。产品的预充值模式让用户取得了产品的使用权，同时，充值的费用作为扣费的资金来源。因此在进行经济系统设计的时候，我们需要通过为用户提供充值管理账户，来管理充值资金与扣费。无论是基于广告推广类的资金消耗，还是基于资源使用量类的资金消耗，所有的用户消耗资金都由这个资金账户进行管理，每次扣费都会使账户金额变动。

案例： 今日头条是典型的预充值扣费类模式的代表，图 6-8 是基于广告推广类的管理界面，明确标注了今日账户消耗、账户余额。

图 6-8

2. 包时扣费类系统设计

在包时扣费类系统设计中，用户在使用产品消耗资源的过程中扣费的资金来源于包时套餐。比如，用户通过包年或包月付费提前预留资源，享受一定的价格优惠。与预充值扣费类系统相似的是，包时扣费类系统需要为用户提供资源管理账户来管理各项资源的使用情况及扣费情况。除了互联网类产品，这也是很多电信产品的常用手段，比如手机包月套餐。

6.3.3 基于结算管理的两个产品设计策略

结算管理类系统可以直接被拆分为面向两类典型场景的系统：①资金结算类系统；②综合管理类系统。

1. 资金结算类系统

资金结算类系统一般是经济系统的子系统，可以分为面向个人的资金结算类系统与面向企业的资金结算类系统。下面分别进行设计。

1）面向个人的资金结算类系统设计

面向个人的资金结算场景相对比较简单，典型的场景如下：如果用户参与了产品加盟、产品分销等活动，那么我们要设计用户利益分配体系，并基于利益分配原则建立资金结算账户。目前，很多第三方开店工具都支持基于加盟、分销的营销应用，比如微盟、有赞等。

2）面向企业的资金结算类系统设计

面向企业的资金结算类系统包含的典型模块有结算信息管理、清分明细管理、结算单管理等。资金结算系统往往会与对账系统产生关联并建立对账结算标准。

2. 综合管理类系统

综合管理类系统是经济系统的管理中枢，可以分为面向企业的综合管理类系统与面向个人的综合管理类系统。下面分别进行设计。

1）面向企业的综合管理类系统设计

此类系统可以理解为企业财务中心。企业用户的财务统筹类管理需求要更加关注企业身份和与企业经营相关的财务行为。比如，充值会涉及营业执照等信息，售后服务需要服务商提供发票等。不同类型的产品有差异，下面以 51 社保提供给用户的财务管理系统为例。

案例：51 社保是一家互联网社保服务商，为企业提供社保代缴服务，并通过互联网 SaaS 产品来支持业务实施。基本的计费逻辑为企业先预缴纳一定的费用，然后每月需要按照实际代缴人数向 51 社保支付服务费。

为此，51 社保为企业提供了一个费用中心（如图 6-9 所示）。其中，“账户总览”显示企业在 51 社保的实时充值和消费记录，支持在线充值；“月账单”采用了过程扣费模式，51 社保每月依据服务人数生成服务账单，推送给企业按照账单金额进行结算。同时，在费用中心的基础上，51 社保还配套提供订单管理、发票管理等与财务相关的服务功能。

图 6-9

2）面向个人的综合管理类系统设计

随着电商平台的发展，个人用户的财务管理相对比较成熟。这不仅体现在纯资金的收支管理上，还体现在针对个人的虚拟币服务、金融产品服务、电商运营服务上。比如，得到的个人用户可以通过充值得到贝进行购买及结算，如图 6-10（1）所示；京东的个人用户可以通过个人钱包进行资金的统筹管理，在用户购买流程中京东还整合了京东白条、京豆、金条、礼品券、卡包、钢镚等一系列与资金管理相关的产品及服务，如图 6-10（2）所示。

（1）　　　　　　　　（2）

图 6-10

6.4 客户产品的两个产品设计策略

客户产品是实际交付使用的产品，不同行业、不同场景、不同需求的产品设计策略差异巨大，在此不展开分析，而只对几个通用设计策略做简单说明。

商业化产品设计的启动一定意味着前置解决了产品定义问题，至少需要明确两点：第一，明确了商业价值的产生源头。我们要搞清楚到底客户是因为产品的什么价值而愿意付费，应该如何从产品功能或者内容上实现这些价值。第二，明确了商业价值的受众群体。我们需要对产品的目标受众进行清晰界定，即向什么客户售卖什么产品。

另外，产品设计策略还需要关注商业化产品的宏观形态。我们主要从以下两个典型因素中找到匹配的设计策略，仅供参考。

1. 是基于单一产品还是解决方案做设计

你设计的产品是单一的商业化产品，还是横向的解决方案产品？这会影响产品的整体规划，并且会决定产品开发的协作模式。比如，一款解决方案性质的商业化产品往往需要进行跨产品的框架规划，然后再单独进行内部单一产品的功能规划，并且还会产生大量的跨产品开发协作。如果是一款独立的单一产品，设计就相对比较简单。

2. 是基于单一形态还是融合形态做设计

你设计的商业化产品的形态是单一的，还是融合的？你是只设计了一款智能硬件产品，还是设计了其他形态产品的植入（比如，植入内容产品、广告产品等）？这些都会影响从产品形态维度对产品进一步设计。

6.5 运营系统的三个产品设计策略

为了让运营体系高效率、高质量的落地实施，企业需要搭建一整套的数字化运营系统来支撑。从多元化产品运营的维度（包括但不限于用户运营、商业化运营、销售运营等）来看，典型的运营系统有业务增长类产品、售前服务类产品、售后服务类产品、客户管理类产品。

6.5.1 业务增长类产品的两个产品设计策略

增长是一个很大的范畴，并且目前也是一个最前沿的话题。增长的驱动方式有很多种，涵盖了线上、线下的各种营销及运营手段。在此只关注互联网产品与技术驱动的增长，以及这类产品如何设计或者从外部引入。从驱动业务增长的角度来看，产品设计策略可以分为两类：①企业外部产品驱动增长，即借助外部的互联网产品实现自身产品的增长；②企业内部产品驱动增长，即自主设计增长产品或功能。我们可以同时用这两类策略。

1. 企业外部产品驱动增长

从严格意义上来说，这个策略不属于产品设计，而属于产品引入。商业化产品的运转机制并非完全依赖企业自主设计，而是可以在某些环节中选择合适的外部产品来协助实现机制运转。基于此，主要介绍三类外部产品引入策略。

1）营销驱动类产品

营销驱动类产品主要是指通过营销功能来驱动业务增长的产品。这些营销产品为主体产品（目标产品）带来了流量、销量、下载量、用户量等。随着移动互联网的发展，这类营销应用已经非常丰富且效果显著。比如，我们可以借助第三方开店工具提供的一系列营销应用来开展企业营销活动。图 6-11 为有赞提供的各种营销应用（部分）。

2）数据驱动类产品

数据驱动类产品主要是指借助数据手段提升业务增长的产品。还以 GrowingIO 为例，这款产品既为产品与技术服务，又为产品运营服务，但最终目的都是通过数据分析驱动业务增长。

3）运营驱动类产品

运营驱动类产品主要是指借助运营手段提升用户黏性的产品。比如，我们可以通过引入社区产品来增加用户活跃度，可以通过引入会员管理、粉丝管理类产品来增加用户黏性（比如，微信公众号）。

图 6-11

2. 企业内部产品驱动增长

虽然利用外部产品实现增长是一种低成本、高效率的增长途径，但是自主开发增长产品或者功能也非常常见。如果企业选择自主开发，往往有两种可行的情况：①在主体产品内部开发增长功能。增长功能就在主体产品内部植入开发，通过增长功能实现主体产品的业务增长。②主体产品外部关联增长产品。增长产品与主体产品相互独立，为主体产品提供用户或者流量等增长途径。下面来分析这两种情况。

提示： 企业内部产品驱动增长也可以利用营销驱动类产品、运营驱动类产品、数据驱动类产品。比如，电商产品可以自主开发一些营销工具（秒杀、团购等）、运营工具（社群功能等），甚至数据统计分析工具。在此我们将视角切换到内部产品的设计起因，即寻找我们为什么要自己开发这些产品或者功能。如果找不到理由，那么利用外部产品来实现增长往往更明智。

1）在主体产品内部开发增长功能

这种情况的核心场景如下：主体产品往往承载了大部分用户价值，而增长功能的开发主要是为了实现主体产品的业务增长。典型的案例如下：电商平台的促销功能，比如拼团、秒杀、优惠券、限时折扣等，是为了提升销售量；社交平台的好友推荐功能，比如 QQ 会向用户推荐可能认识的人，是为了提升用户量；好友邀请功能，比如你每推荐一位好友使用得到 App，即可获赠 20 元优惠券，被邀请的人也同样会获得 20 元优惠券。

2）在主体产品外部关联增长产品

这种情况的核心场景如下：主体产品与外部的增长产品存在用户传递与价值传递。增长产品为主体产品带来了流量、用户，而主体产品负责商业化变现。典型的案例如下：搜狗把输入法与浏览器作为搜索引擎的重要增长途径（业内称为三级火箭模式）；360 用安全卫士给浏览器与搜索引擎导流，以实现业务的规模化增长。

6.5.2 售前服务类产品的一个产品设计策略

售前服务类产品是典型的销售辅助产品。售前服务的种类很多，包括产品咨询、方案配置、售前评测、在线预订等。从售前服务类产品的需求规模角度考虑，产品设计主要关注在线客服场景，这是能够为用户提供良好售前体验的核心保障。比较大的电商平台往往都会选择自主开发客服系统，但大部分企业依然选择使用第三方客服系统。

客服系统发展到现在，“云客服”已经成为主流，这是因为它的部署便捷、高效，并且成本更低。目前，市场上的云客服厂商众多，有 Udesk、网易七鱼、环信、美洽、智齿客服等。当然，因为企业在客服系统的应用诉求上各不相同，所以造成了客服系统服务商在产品定位及功能上存在差异。很多服务商都已经能够提供多品类的客服系统，比如，Udesk 会区分客户服务（售后、全渠道）、智能营销（售前、获客）、现场服务（上门、派单）、效率进阶（数据、分析），图 6-12 所示为 Udesk 的客服系统。

图 6-12

因此，企业在选择客服系统的时候，一定要选择与自身需求相吻合的客服系统。企业从售前客服的需求切入，结合客服需求的横向扩展，选择客服系统的步骤及策略有以下几个。

1. 依据企业需求确定系统选型

小型企业、中型企业、大型企业对客服系统的需求是有差异的。中小型企业往往对业务增长及销售转化有更高的要求，更偏向于营销获客及售前咨询的系统需求，那么标准且轻量化的售前客服系统就能够满足企业需求；大型企业对客服系统的需求往往就比较综合化，更加复杂，主要表现为更综合的客服管理需求（不仅仅是售前）、更多的个性化定制需求、更高的数据安全需求、更复杂的一体化部署需求等。因此，在选择客服系统的时候，企业首先要依据需求确定系统选型。

2. 依据业务需求确定功能范围

在系统选型的基础上，企业要进一步评估具体的业务需求以确定功能需求。目前，售前客服系统的可选功能往往包括多渠道咨询、智能机器人、工单系统、数据报表、呼叫中心、座席监控等。企业在评估客服系统的时候，一定要结合具体的业务需求来评估所提供功能的业务匹配度。比如，如果注重利用智能机器人降低人工客服成本，就要考虑在AI上表现卓越的客服系统；如果注重来访用户的行为统计（比如搜索词、受访页面、着陆页面等），就要考虑具备良好销售客服功能的系统。诸如此类，企业在选择系统的时候一定要对各项功能进行综合评估，以圈定与自身业务需求最吻合的系统。

3. 依据经营目标确定实施路径

这里的实施路径不仅指系统部署，还指系统的应用落地。云客服的实际应用场景是“人工+机器”的综合模式，在企业内部的实施往往要执行以下关键任务：确定客服团队的人员规模、确定客服团队的排班机制、确定客服团队的工作指标、确定客服团队的绩效标准、确定客服团队的工作流程等。这些关键任务将帮助企业落地云客服并形成良性循环，推动客服部门从成本单位向利润及数据单位进化。

6.5.3 售后服务类产品的两个产品设计策略

售后服务类产品需要关注从售后服务的整体性上实施闭环，典型的有以下两类系统：退换货类系统、售后工单类系统。

1. 退换货类系统

此类系统旨在帮助用户实现在线退换货服务。这在电商领域中非常常见，图 6-13 为京东的退换货类系统。

图 6-13

2. 售后工单类系统

此类系统旨在帮助用户实现在线提交各类服务申请，从而形成企业方工单，用户可以在线进行服务进度跟踪与查询等。图 6-14 为海尔的售后服务入口。

图 6-14

6.5.4 客户管理类产品的两个产品设计策略

客户管理类产品受到商业化产品类型的影响，系统功能会存在差异。真正的系统差异还是因为产品的用户类型不同导致的。比如，面向企业用户的客户管理类产品主要以客户关系管理系统为主，面向个人用户的客户管理类产品主要以会员管理类产品为主。客户管理类产品的研发往往需要投入大量成本，在产品商业化的不同阶段所发挥的作用存在很大差异，在此主要分析两种设计策略。

1. 通过外部产品引入实现客户管理

这类产品设计策略是指企业不自主设计，而从外部购买成熟的第三方产品。对于提供企业服务类产品的企业来讲，它们往往需要借助 CRM 系统建立以客户为中心的销售管理体系。大部分这类企业在销售早期更倾向于购买成熟的 CRM 系统。国内比较知名的 CRM 系统服务商有纷享销客、销售易等。

2. 通过企业自研产品实现客户管理

这类产品设计策略是指企业自主研发客户管理类产品，这类产品主要有两种：个人付费会员类产品、需要个性化销售管理的企业服务类产品。个人付费会员类产品与用户运营体系衔接紧密，企业在商业化早期一般都会建立会员管理系统。企业自研企业服务类产品主要是考虑到围绕客户生命周期的一站式、个性化的企业管理诉求。

6.6 决策系统的三个产品设计策略

从互联网行业的发展来看，企业对决策系统的需求并不是一下子就达到了目前的状态，而是经过了一个循序渐进的需求演进过程。从商业化的角度来看，企业之所以需要决策系统，核心诉求是提升规模化变现的效率及质量。只有规模化响应与满足用户消费需求才能够真正实现这个诉求，且从商业化发展趋势来看，各个企业都在利用各种手段寻求需求满足的最优解。正是因为不同企业在不同商业化产品领域的探索，才让决策系统有了今天丰富的形态。

决策系统（在某些应用场景中也被称为策略系统或者策略产品）大致分为三类：数据分析类产品、智能策略类产品、用户反馈类产品。

1. 数据分析类产品

数据分析类产品是最早出现的决策系统，它让我们开始摆脱纯粹凭经验或者直觉来判断业务方向与制定相关策略。我们通过数据分析类产品能够获得各种商业化过程数据作为人工决策依据，这些数据来源于数据采集与分析技术对基础数据及实时用户行为数据的全方位抓取。

从产品设计与开发来看，主要有两类产品设计策略：①对网站基础数据和用户生命周期行为数据的分析往往通过引用第三方数据分析接口来实现，比如百度统计、友盟、神策等；②对网站自身业务产生的数据的分析往往通过自行开发数据产品来实现。比如，电商平台会开发各种电商报表、仪表盘等数据产品。

2. 智能策略类产品

智能策略类产品是商业化步入规模化发展之后出现的产品形态，主要借助大数据及优势算法实现智能化决策分析与自动化执行。这类决策系统让人工决策升级为智能决策，即让机器算法代替人来进行自动化决策，从而实现智能化商业（或者叫商业智能）。

智能策略类产品往往通过产品自主开发实现，比如智能推荐（比如，淘宝等电商平台的商品自动推荐）、搜索排序（比如，美团等O2O平台的商家搜索排序）、订单分配（比如，饿了么等外卖平台的快递单分配）、智能补贴（比如，滴滴等出行应用的用户智能补贴）等。

此外，为了保障变现质量的同时降低变现风险，企业还会引入诸如风控与反作弊类的策略产品。这个方向的产品主要借助大数据、机器学习等手段实施风控策略。基于大数据的风控策略在各个行业中都有深度应用，尤其在金融领域。

3. 用户反馈类产品

从规模化响应及满足用户消费需求的角度来看，前面两类决策系统可以帮助企业实现可控的变现效率及质量。还有一类产品可以帮助企业判断消费需求响应及满足程度（或者从用户的角度可以理解为用户满意度），这类产品就是用户反馈类产品。这类产品通过用户满意度收集类的功能获取用户消费反馈，从而为产品业务优化提供决策依据。比如，针对目标产品的评价、意见反馈、投诉等口碑服务类产品。

第 7 章

建立一套商业化实施管理制度

导读：本章主要从商业化宏观管理的维度切入，重点介绍企业在商业化实施过程中的关键管理制度，主要包括策略管理、指标管理、组织管理、流程管理、风险管理。

7.1 策略管理：从产品形态推演商业化策略

第 2 章介绍了基于“商业化人、货、场”模型的六类商业化策略，可以帮助我们在面对不同种类产品的时候，能够有针对性地进行策略匹配。本节内容是对商业化策略制定的补充，旨在说明如何将商业化策略与产品形态结合，从而达到将商业化策略与产品形态融合的目标，最终实现完整的商业模式闭环。

此处的产品形态主要侧重于产品的宏观形态，而不是第 3 章提到的商业化产品的形态。

我们将产品形态分为五种：点状产品形态、线状产品形态、层状产品形态、网状产品形态、体状产品形态，然后从典型特征、代表产品、商业化策略这三个方面逐一分析。需要特别说明的是，产品的宏观形态是在不断演化的，因此我们往往较难界定一款产品属于纯粹意义上的哪一类产品形态，只能说它的哪种产品形态的属性更强。

为什么要将产品形态与商业化策略绑定分析呢？主要因为商业诉求是产品形态演化的关键主导因素。此处的商业化策略分析主要面向两种实施路径：第一，基于现有产品形态实施商业化，是指在不改变现有产品形态的情况下实施商业化；第二，演化现有产品形态实施商业化，是指对现有产品形态进行演化（演化是指内置新的产品形态或者独立设计新的产品，下同）以打破现有产品的商业化困境，或者现有产品已经成功实施了商业化但通过演化产品形态以探索更丰富、更大的商业化场景。

说明：“现有产品”的定义与“商业化人、货、场”模型中的定义一致，现有产品是指要实施商业化的目标产品，现有产品形态是指该目标产品的宏观形态。比如，我们要对一款App实施商业化，那么这款App就是现有产品。如果这款App无法实施商业化或者商业化效果不佳，经过分析决策并设计了一款新的App来实施商业化，那么这款新的App就是现有产品演化出来的新产品。

7.1.1 点状产品形态与商业化策略

图7-1为点状产品形态的抽象图，每一个圆点都代表一款产品，很多个点组成了点状产品矩阵。具体分析如下：

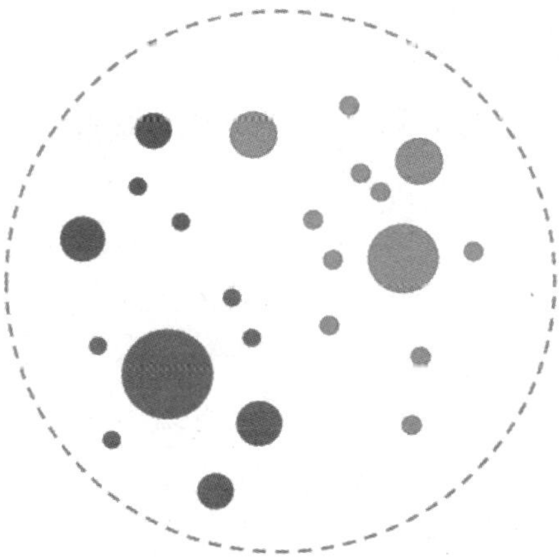

图7-1

1. 典型特征

此类形态的产品往往聚焦服务于一类用户，满足一个特定的用户场景。

2. 代表产品

（1）面向企业用户的产品。软件产品，比如，有赞微商城解决了商家线上开店的需求，销售易 CRM 系统解决了销售周期的自动化管理需求。

（2）面向个人用户的产品。工具产品，比如，美图秀秀（在线制图和修图工具）、Wi-Fi 万能钥匙（自动获取周边免费 Wi-Fi 热点的工具）、墨迹天气（天气信息查询工具）、百度网盘（云存储工具）等；硬件产品，比如智能手机、智能穿戴设备等。

3. 商业化策略

（1）基于现有产品形态实施商业化。

案例：（1）面向企业用户的产品。有赞微商城作为一款 SaaS 产品，起初是免费的，后来的收费就是基于现有 SaaS 产品直接实施商业化。（2）面向个人用户的产品。百度网盘作为一款面向个人用户的云存储产品，用户等级分为免费用户、会员（付费）、超级会员（付费），而付费会员就是基于现有产品形态实施商业化产生的产品。

（2）演化现有产品形态实施商业化。

案例：有赞微商城起初只是帮助商家在移动端开店的 SaaS 产品，后来有赞基于垂直行业的需求推出了众多解决方案的产品，比如有赞零售、有赞连锁、有赞美业、有赞教育等，这些解决方案就是基于现有的 SaaS 产品演化出来的不同形态的产品：线状产品（见 7.1.2 节）。再后来，有赞还推出了有赞云，即 PaaS（Platform as a Service）云服务，让商家可以在平台能力的基础上进行个性化开发，有赞云是另外一种形态的产品：层状产品（见 7.1.3 节）。

思考：面向个人用户的点状产品如果在现有产品形态无法有效地解决商业化问题，比如尝试广告变现、会员变现、电商增值变现等均未达到好的效果，那么通过演化产品形态来进行商业化就会带来更多的不确定性，核心原因是两种甚至多种产品形态之间存在用户价值传递的非连续性。比如，在一款个人工具产品内尝试植入社区产品（网状产品）来进行广告变现，那么工具与社区之间就存在用户转化率的问题，难题是如何保证低频的工具用户转变为高频的社区用户，进而实现社区产品的商业化策略。

7.1.2 线状产品形态与商业化策略

图 7-2 为一种线状产品形态的抽象图，每一个圆点都代表一款产品，多个产品连成一条线或者几条线整合形成新的产品。具体分析如下：

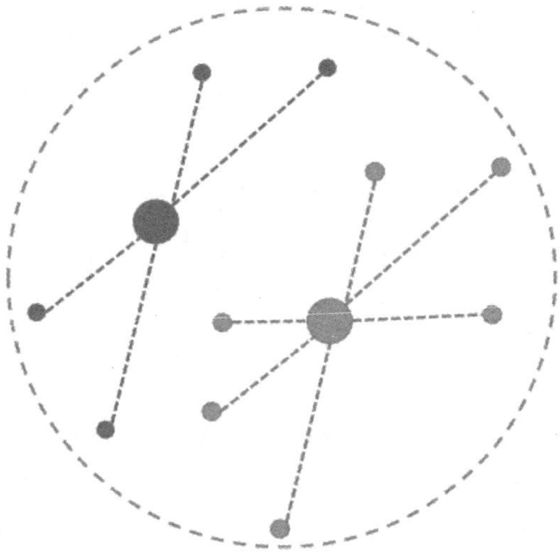

图 7-2

1. 典型特征

此类形态的产品往往聚焦于一类用户，提供现有多款产品的组合产品，一站式服务于集成多个子场景的更大的商业化场景。

2. 代表产品

代表产品以面向企业用户的解决方案产品为主，解决方案往往又可以分为通用型、行业型、企业型、场景型解决方案等。比如，阿里云的解决方案产品就涵盖了多样化的解决方案形态。

3. 商业化策略

线状产品通过直接收费来实现商业化，并且也存在通过演化产品形态寻求更多商业化场景的探索。我们能够看到的现状是，企业消费产品无论是点状产品形态还是线状产品形态，通过当前形态直接商业化都是高可行性的、良性的商业模式。

思考：企业消费的点状产品与线状产品（比如，移动电商或者新零售领域的产品及解决方案服务商提供的产品）在实际运营过程中往往会产生大量的商家用户，而这些商家用户在实际使用产品的过程中也会带来大量的个人用户。在进一步挖掘个人用户价值的商业化方向上，各个领域的服务商做了很多尝试。服务商需要找到另外一种直接面向个人用户的产品形态，即将企业服务品牌向个人服务品牌演化，但这并不容易甚至存在风险。

在这个演化过程中，服务商首先要对新产品的可行性进行评估，要重点关注以下两点：第一，新的产品形态如果直接服务个人用户，那么会引发原有商家用户的质疑，服务商往往难以兼做裁判员与参赛选手；第二，现有产品形态是否可以通过高维价值对新的产品形态进行赋能？如果不能，那么新的产品形态无疑需要更独立地发展。我们知道，电商产品要想规模化发展，需要各种赋能（比如，流量赋能、用户赋能等高维度赋能），这是企业消费产品不具备的。与之相反，如果一个成熟的电商平台孵化商家服务产品，比如设计点状形态与线状形态的产品，那么往往是可行的，比如淘宝孵化大数据赋能型的商家营销工具。

7.1.3 层状产品形态与商业化策略

图 7-3 为层状产品形态的抽象图，每一个平面都代表一个产品层（每层至少包含一款产品）。具体分析如下：

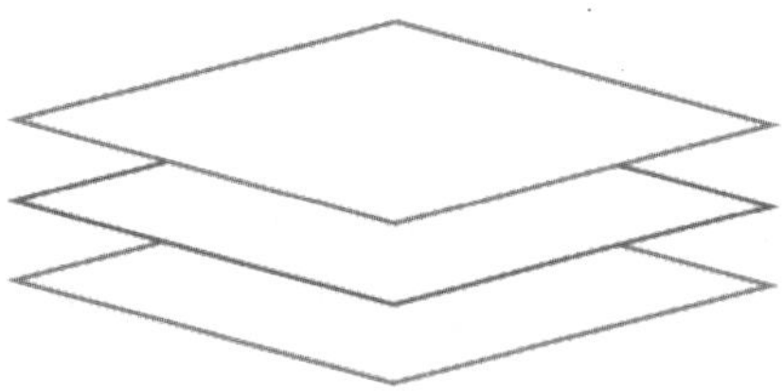

图 7-3

1. 典型特征

此类形态的产品往往由多个产品层共同组成层状产品矩阵，层与层之间往往存在共性与继承性，每层都有单独的用户场景，也可以集成起来共同服务于更大的用户场景。

2. 代表产品

代表产品以面向企业用户的云服务产品为主，云服务可以分为三个层次：IaaS（Infrastructure as a Service，基础设施即服务）、PaaS（Platform as a Service，平台即服务）、SaaS（Software as a Service，软件即服务）。

3. 商业化策略

（1）提供单层独立产品或解决方案。

案例：阿里云拥有各个层次的众多云服务产品及解决方案，比如，IaaS 产品有各类云服务器、云存储、云数据库、云通信等产品，PaaS 产品有企业级分布式应用服务 EDAS，SaaS 产品就比较多了，比如各类大数据、人工智能、物联网产品。

（2）提供多层集成产品或解决方案。

这类商业化策略并不属于对现有产品形态的演化，而是对现有产品形态的重组。如图 7-4 所示，每一个平面都代表一个产品层（每层至少包含一款产品），多个产品层通过集成形成了新的产品。

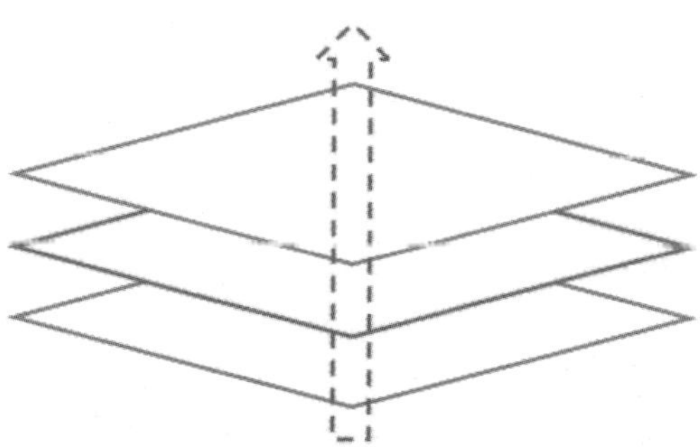

图 7-4

案例：阿里云有一款城市管理解决方案，即阿里云城市大脑，旨在建立“以城市管理大数据计算中心为基础支撑，以数据资源服务中心为核心依托、以能力工具为运行支撑、以试点应用为创新示范”的城市管理新模式。其中，解决方案的整体架构是三个层的集成，主要包括计算层（云计算服务、感知、通信）、平台层（人工智能开放平台、大数据开放平台）、应用层（城市管理、社会治理、社会服务、交通出行、应急管理），此方案就是提供多层集成解决方案的典型。

7.1.4 网状产品形态与商业化策略

1. 第一类网状产品形态

图 7-5 为第一类网状产品形态的抽象图，大点代表商家（供应方），小点代表用户（需求方）。具体分析如下：

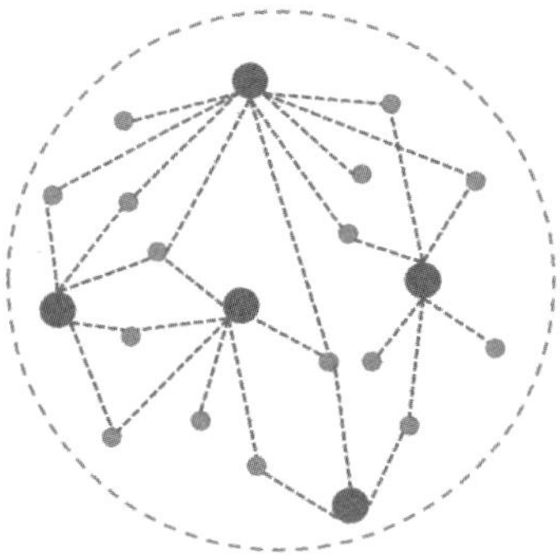

图 7-5

1）典型特征

此类形态的产品往往通过双边用户发生供需关系形成具备网络效应的交易平台，特指电子商务平台。

2）代表产品

个人消费领域的代表产品：淘宝/天猫、京东、拼多多、亚马逊等电商平台。

企业贸易领域的代表产品：阿里巴巴、敦煌网、找钢网等贸易平台。

3）商业化策略

（1）基于现有产品形态实施商业化。

案例： 在个人消费领域，电商网站为站内个人用户推出的超级会员（比如，淘宝的88VIP、京东PLUS会员、亚马逊的Prime会员）和为站内商家用户推出的站内营销工具［比如，阿里巴巴旗下阿里妈妈面向商家的站内营销工具（淘宝/天猫直通车、钻石展位、淘宝客等）］都属于基于现有产品形态实施商业化；在企业贸易领域，贸易平台推出的企业会员（比如，阿里巴巴的诚信通）也属于基于现有产品形态实施商业化。

（2）演化现有产品形态实施商业化。

电商产品因为积累了个人用户、消费数据、高频流量、计算能力等高维价值资源，因此通过产品形态演化来寻求更丰富的商业化场景就具备了先天条件。

案例： 在个人用户产品方面，淘宝推出的微淘是一个以关注关系为核心的生活消费类内容社区。与淘宝当前的电商产品形态相比，社区形态是一个新的产品形态且与电商形态进行了融合。通过微淘，个人用户可以观看商家、达人的“种草”内容，通过真实的内容分享形成购买决策，这样提升了消费效率。在企业用户产品方面，阿里巴巴的电商平台产生了阿里云，亚马逊的电商平台产生了AWS（Amazon Web Service，亚马逊云服务），这两者都是在电商产品积累的计算能力基础上进行的云服务产品设计。

2. 第二类网状产品形态

图7-6为第二类网状产品形态的抽象图，一个点代表一个个人用户。具体分析如下：

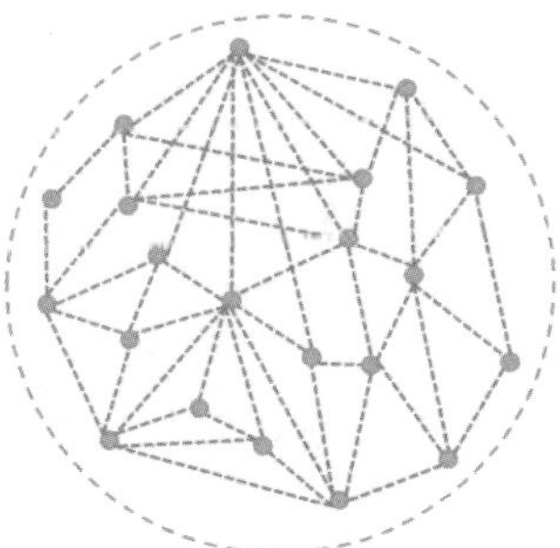

图7-6

1）典型特征

此类形态的产品往往以人为核心，通过连接人与人形成具备网络效应的互动平台，特指社交产品。

2）代表产品

国内外典型的社交产品有 QQ、微信、陌陌、脉脉、Facebook、Snapchat、WhatsApp Messenger 等。

3）商业化策略

（1）基于现有产品形态实施商业化。

在现有的产品形态下，社交产品的商业化策略有两大类：一是广告产品变现，比如微信的朋友圈广告；二是会员产品变现，比如 QQ 的会员产品。

（2）演化现有产品形态实施商业化。

与电商产品类似，社交产品积累了个人用户、社交资源、高频流量等高维价值资源，因此通过产品形态演化来寻求更丰富的商业化场景就具备了先天条件。比如，微信和 QQ 都通过游戏产品来获得增值收益。

3. 第三类网状产品形态

图 7-6 为第三类网状产品形态的抽象图，大点代表内容，小点代表用户。具体分析如下：

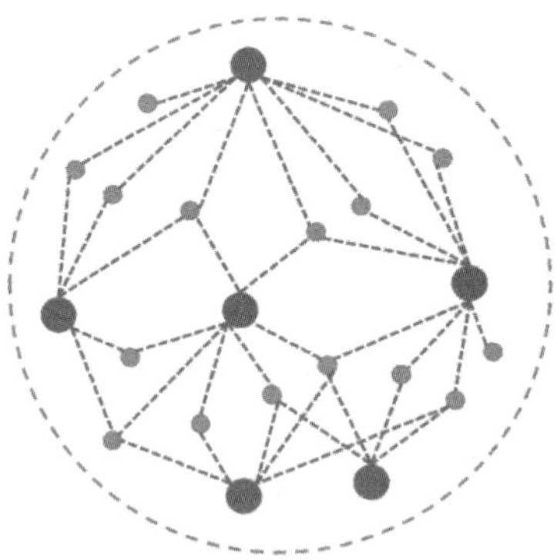

图 7-7

1）典型特征

此类形态的产品往往以内容为核心，通过连接人与内容形成具备网络效应的互动平台，特指社区产品。

2）代表产品

代表产品：泛内容社区产品，比如知乎、豆瓣等；问答社区产品，比如百度知道、悟空问答等；短视频社区产品，比如抖音、快手等；音频社区产品，比如喜马拉雅 FM、蜻蜓 FM 等。

3）商业化策略

（1）基于现有产品形态实施商业化。

完成规模化用户积累的社区产品往往具备丰富的商业化场景，且基于现有产品形态即可高效地完成商业化。

案例：短视频社区产品的代表抖音的主要商业化策略包括广告变现、电商导流分成、直播打赏分成、MCN 孵化增值收益等。当然，广告变现是抖音最核心的商业化策略。音频社区产品代表喜马拉雅的主要商业化产品包括广告产品、VIP 会员、付费内容、硬件（小雅智能）等。

（2）演化现有产品形态实施商业化。

当社区产品积累了大量个人用户、内容资源以及系统的内容运营能力后，也会寻找新的产品形态来定义更多的商业化场景。

案例：喜马拉雅推出的企业版产品“轻学堂”，是一款为企业用户提供知识服务的平台。企业管理员可以通过管理后台（SaaS 产品）来创建内部课程，进行培训与考试，查看企业学习数据。企业员工可以通过轻学堂 App 进行学习。

7.1.5 体状产品形态与商业化策略

1. 第一类体状产品形态

图 7-8 为第一类体状产品形态的抽象图，内部的小圈代表各种整合共生的子产品形态，具体分析如下：

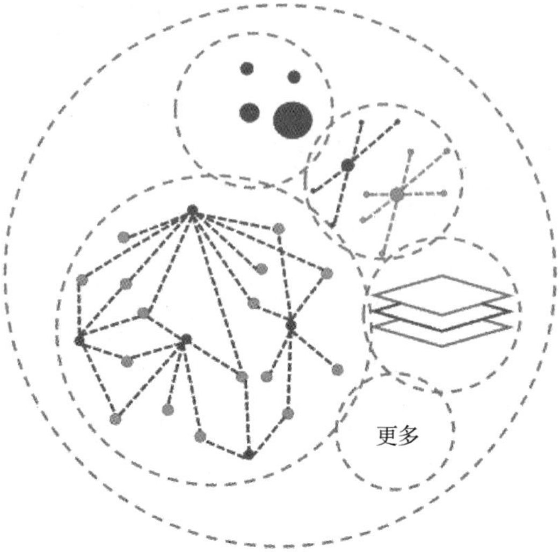

图 7-8

1）典型特征

此类形态的产品往往以电商、社交等网状产品形态为发展主体，演化形成其他的产品形态，并整合形成共生且相互赋能的产品生态圈。

2）代表产品

代表产品主要有阿里巴巴生态圈、腾讯生态圈、百度生态圈等。

3）商业化策略

能够成功演化到生态圈形态的产品往往具备了成功的、多元化的商业化场景，比如阿里巴巴生态圈涵盖了几乎所有商业化产品类型，此处不展开分析。

2. 第二类体状产品形态

图 7-9 为第二类体状产品形态的抽象图，具体分析如下：

1）典型特征

此类形态的产品往往以实物产品（比如智能手机）为主体，演化并整合形成上、中、下游生态链，特指智能硬件生态链。

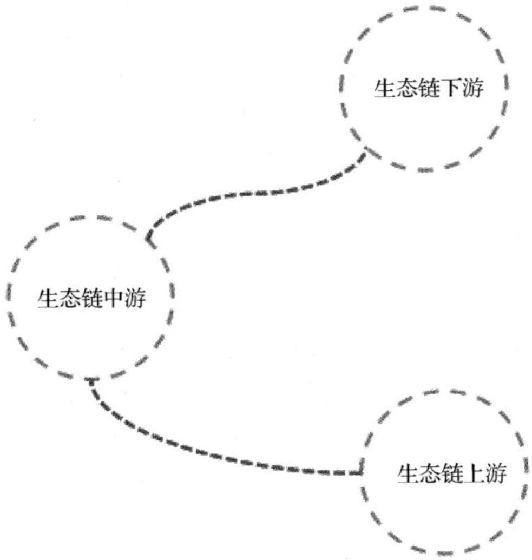

图 7-9

2）代表产品

代表产品主要有小米手机生态链、华为手机生态链等。

3）商业化策略

与生态圈形态的产品相似，生态链形态的产品同样具备了成功的、多元化的商业化场景，此处不展开分析。

7.1.6 利用商业模式框架做闭环分析

从卖方视角来看，产品商业化的落地实施遵循价值交付逻辑，形成了一个企业满足市场需求的商业交付系统。这个交付系统管理着企业的各种资源（资金、原材料、人力资源、作业方式、信息资源、品牌和知识产权、企业所处的环境、创新力等），输出客户无法自产而必须购买的产品和服务。

各种形态的产品只有找到了与之匹配的商业化策略并成功实施，才能实现产品的商业模式闭环。前面章节对商业化策略、产品设计、产品包装、产品系统等均有分析，但此处从商业模式的闭环逻辑方面做补充分析，旨在从企业全盘经营的角度做系统化分析以评估商业化可行性。

产品商业化是一个价值交付的过程，可以进一步被拆解为价值的创造、传递、获取。这是从价值链的宏观视角来看的，我们如果要做微观分析就要深入了解企业整体的经营体系，这涉及价值链各个环节的关键要素。

《商业模式新生代》一书提供了一个商业模式的分析框架，这个框架包括九个基本构造块：客户细分、价值主张、渠道通路、客户关系、收入来源、核心资源、关键业务、重要合作、成本结构。我们可以通过九个基本构造块很好地描述并定义商业模式，展示出产品商业化变现的过程逻辑。

图 7-10 是依据这个分析框架重新绘制的商业模式画布（个别构造块名称的用词有调整，但含义一致），并且从价值交付的过程视角将九个构造块进行了顺序化串联。

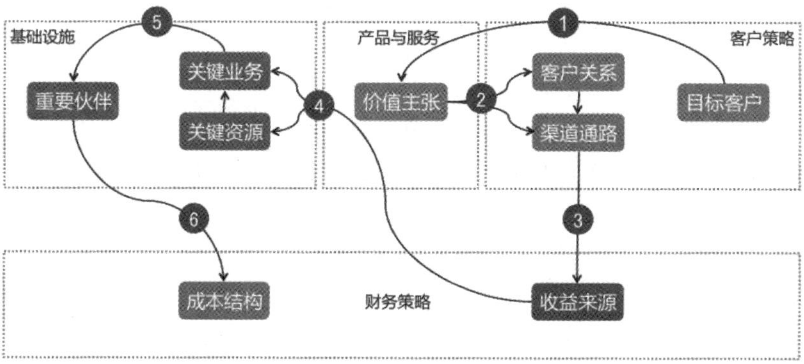

图 7-10

基于该分析框架，结合当前互联网产品商业化的实施情况做以下分析。

1. 目标客户（谁为我们付费）

目标客户是指公司所瞄准的客户群体，是商业模式发起的原点。这些客户群体具有某些共性，从而使产品能够针对这些共性创造价值。如果没有人愿意付费，公司就不能赢利，也就活不长久。因此，在产品的商业化过程中，我们必须要精准定位目标客户，明确服务谁、不服务谁。

定义目标客户的过程被称为客户细分，宏观的客户细分被称为市场细分，比如大众消费市场（京东、天猫、亚马逊等全品类电商）、企业贸易市场（阿里巴巴、敦煌网等 B2B 平台）。我们遇到的更多的是更微观的客户细分场景，要通过对当前产品的客户进行细分（比如，分层、分级），有针对性地实施商业化策略。

2. 价值主张（给客户什么产品）

价值主张是指公司通过其产品或服务所能向客户提供的价值。价值主张确认了产品对客户的核心利益。核心利益将是产品在市场上的核心竞争力，客户为此选择我们而不选择别人。

从价值交付的角度来看，我们需要思考价值主张是什么或者我们向客户交付了什么价值的产品。产品价值分析应该是定量的或者定性的，客户为明确的价值而付费。从产品的整体概念角度来看，针对价值主张的举例如下（次序无先后）：

（1）业务满足。产品满足了业务需求，客户通过产品解决了业务问题，把原先无法搞定的事情解决了。比如，客户通过购买阿里云服务解决了产品的服务器空间问题。

（2）亮点差异。产品具备与同类产品的差异化亮点，并将其作为主打功能。比如，OPPO 手机主打拍照功能、唯品会主打特卖网站。

（3）品牌契合。产品品牌满足了个人身份的表达诉求，或者满足了企业对合作品牌的知名度及信誉要求。比如，凡客诚品满足了互联网快时尚人群的表达诉求。

（4）价格优势。产品价格符合客户心理预期，与市场上的同类产品相比，价格具有优势。比如，小米手机在刚发布的时候，价格比苹果等智能手机的价格便宜很多，性价比高。

（5）性能满足。产品满足了客户对产品性能方面（比如，PC 性能、手机性能、软件性能等）的需求。高性能、低价格是企业常用的市场竞争策略。

（6）外观设计。产品满足了客户对产品尺寸大小、空间占据、视觉样式等方面的需求。比如，三星大屏幕手机在刚推出的时候满足了需求大屏幕的人群。

（7）便捷易用。产品具备良好的便捷携带性或者易用性。比如，苹果系列产品追求极简的设计风格，iPad、iPod、iMac 等十分便捷、易用。

（8）定制化。产品满足了客户基于产品定制化的需求。比如，企业基于客户需求的软件功能定制等。

（9）新品种。全新的产品或者产品品类、在市场上以前不存在的产品，满足了客户对新品消费的诉求。比如，以特斯拉为代表的智能电动汽车，以智能手环为代表的各种穿戴式智能设备等。

（10）社群归属。产品满足了客户基于共同价值认可的社群归属需求。比如，在百度贴吧、新浪微博、微信公众平台上的基于兴趣图谱的社群。

（11）内容满足。产品满足了客户基于内容方面的需求。比如，新浪、腾讯等各个新闻门户网站的泛新闻内容，今日头条等基于智能内容推送的精准内容。

（12）成本降低。客户通过使用产品可以降低企业经营成本。比如，企业应用用友财务软件后降低了从业人员的成本。

（13）效率提升。客户通过使用产品可以提升企业的经营效率。比如，企业使用纷享销客的移动 CRM 系统提升了销售管理效率。

（14）风险降低。客户通过使用产品降低了在金融类等操作上的风险。比如，客户通过使用支付宝降低了货款支付的风险。

3. 渠道通路（如何传递价值给客户）

渠道通路是指公司用来接触客户的各种渠道，并通过不同途径将产品价值传递给客户。这里阐述了公司如何开拓市场，涉及公司的市场营销策略。以下为五个注意事项：

（1）构建适合产品的推广渠道。我们要让产品完成最高效、最大规模的推广散播，并让客户知晓产品价值。推广渠道包括但不限于传统推广渠道（线下推广）、网络推广渠道（比如搜索引擎类的百度、电子商务类的阿里巴巴和淘宝等）、新媒体推广渠道（微信公众平台、微博、今日头条等）以及各种分销渠道（线上、线下的分销渠道）等。

（2）帮助客户评估产品价值。我们要给出意向客户的需求与产品价值的匹配度，深度跟进与评估有意向的客户，从产品价值及客户需求双维度出发，评估客户是否适合购买我们的产品或者可以购买的产品及服务种类。

（3）引导客户完成产品购买。我们要通过线上购买或者线下购买的方式，引导客户完成购买操作，并从财务流程及法务流程上做配套支持。

（4）为客户交付产品及服务。我们要将客户购买的产品及服务做正式交付，包括一次性交付与长期交付。比如，ERP 系统的交付需要一个交付周期。

（5）为客户做售后服务支持。在客户完成产品购买和交付后，视服务协议需要，我们要为客户提供长期的售后服务支持并跟踪使用情况等。

4. 客户关系（如何与客户打交道）

客户关系是指公司同客户群体之间所建立的联系，建立这种联系的目的是与客户搞好关系并做长期的销售转化，最终让客户付费购买。我们所说的客户关系管理即与此相关。随着移动互联网的发展，客户关系管理模式在迅速演进。下面提供五个类别的管理模式供你参考：

（1）基于传统的 CRM 系统管理。我们可以从客户生命周期管理的角度，借助 CRM 系统进行数据化的客户管理，结合呼叫中心、电子邮件等途径达到与客户联系沟通、跟进转化、交付服务的目的。

（2）基于网络社区的客户管理。我们可以搭建企业独立的网络社区（论坛），或者借助社区平台开辟企业独立专区，达到与客户沟通联系的目的，最终促成销售转化。

（3）基于第三方平台的客户管理。我们可以借助第三方电子商务平台的会员沟通系统进行客户关系管理，比如阿里巴巴、淘宝等平台为入驻商家提供的客户沟通软件。

（4）基于 SCRM（社会化客户关系管理）的社群客户管理。我们可以利用微信公众平台等新型社交媒体搭建客户沟通社群，并与微信群和微信个人号深度结合，组成 SCRM 社群化管理矩阵，与客户形成强黏性、高频次的沟通交流模式，大幅提升销售转化率。

（5）基于线下模式的客户管理。我们可以借助线下的论坛、沙龙等建立客户社群，周期性地举办活动，与产品营销推广相结合，促成销售转化。

5. 收益来源（你的赚钱方式）

收益来源是指公司通过各种收入方式获取财富的途径，收益来源的具体承载形态就是商业化产品，具体可以参考第 3 章提到的各种商业化产品形态。

6. 关键业务（你必须做的工作）

关键业务是指公司在经营过程中必须要做的最重要的工作。我们可以从对价值主张、渠道通路、客户关系、收益来源的梳理中找出最重要的工作，并且加以关注、执行与管理。从产品价值交付的角度来看，我们需要构建清晰的价值交付过程，梳理过程中最关键的工作环节。

以 SaaS 产品为例，我们关注的关键业务主要包括产品市场调研、产品需求管理、产品设计与开发、产品商业发布、产品渠道推广、产品销售管理、产品服务支持等。在产品生命周期的不同阶段，企业对各个关键业务投入的关注程度、资金、资源等也不尽相同。

7. 关键资源（你需要的关键资源支持）

关键资源是指公司在经营过程中需要具备的最重要的资源。我们同样可以从对价值主张、渠道通路、客户关系、收益来源的梳理中找出所需的关键资源。资源类型包括但不限于人力资源、金融资产、知识资源、实体资源等。

8. 重要伙伴（你需要谁的帮助/谁帮你赚钱）

公司需要通过重要（合作）伙伴的帮助来推动业务发展，为此要建立多种合作关系。典型的合作关系主要包括供应链合作关系、合资关系、投资关联关系、战略联盟、竞合关系。

（1）供应链合作关系是指供应链中各个节点企业之间，在一定时期内共享信息、共担风险、共同获利的协议关系，或者称为供应商关系。比如，苹果公司与台湾宸鸿科技基于手机触摸屏的供应合作。

（2）合资关系是指企业与合作伙伴双方为开展新业务成立合资公司所建立的合作关系。比如，华为赛门铁克公司就是华为与赛门铁克为发展网络安全和生产存储产品而成立的合资公司。

（3）投资关联关系是指企业一方直接或者间接控制另一方或者对另一方施加重大影响，从而确保双方基于投资合作的共同利益所建立的投资关系。比如，阿里巴巴对新浪微博的投资、腾讯对京东的投资等。

（4）战略联盟是指企业与非竞争性伙伴为了达到共同的战略目的而建立的合

作关系。比如，微软为了打开中国 Win 10 的市场，与百度达成战略合作，将百度作为 Win 10 Edge 浏览器的默认主页和搜索引擎。

（5）竞合关系是指合作双方或者多方保持一种既竞争又合作的关系。竞合关系在目前的互联网环境中很普遍。比如，腾讯与阿里巴巴之间、苹果公司与三星公司之间、谷歌与微软之间，均是竞合关系。

9. 成本结构（你赚钱所投入的成本）

成本结构是指公司在经营过程中所产生的所有成本的组成。从产品价值交付的角度来看，创造价值、传递价值、获取价值的过程都会产生各种成本。我们需要对交付过程的各个环节进行成本控制。在产品生命周期的各个阶段，成本结构不一样。当然，成本并不是越低越好的，企业最终要关注价值产出及投资回报率。

7.2 指标管理：两类典型的商业化指标制定

既定的商业化策略要在企业内部落地就面临一个重要的管理问题：如何制定产品整体的商业化指标，进而制定各个部门细分的工作指标？延伸的问题：如何建立一套面向商业化团队的工作指标及绩效考核体系？

从商业化产品生命周期的推进来看，在整个过程中会有不同职能的部门参与，比如产品设计、产品研发、商业运营、产品销售、客户服务等部门。每个部门承担的商业化职能不同，并且建立工作指标所需要的条件也不一致。商业化产品存在的核心目的是变现，在此我们重点关注销售指标与销售关联指标的制定。

1. 销售指标

我们首先来看销售指标。在实际的商业化工作管理中，处于不同市场生命周期的产品，其销售指标的制定策略不相同。此处以从零到壹发展阶段的商业化产品为例，此类产品的销售指标制定往往需要具备以下条件。

1）完成商业化产品全链路规划

在既定的商业化策略下（比如通过广告变现、会员变现等），我们需要完成商业化产品的全链路规划，比如利用 BRD 来规划完整的商业化目标和价值回报。一个 BRD 的内容通常会涉及市场分析、产品路线、销售策略、财务计划等。这些关于销售和财务的分析预测内容就可以作为销售指标建立的直接参考依据。因此，商业化产品的全链路规划对销售指标的建立起到了更多的宏观指导作用。

说明：在正规的商业化产品管理流程中，BRD 是一个必备环节。不排除一些企业越过 BRD 环节直接立项一款商业化产品。

2）具备产品售卖标准及价格

销售指标的计算需要具备两个参数：产品价格、销售数量。以一款软件产品为例，最基本的计算公式：营收指标=产品价格×销售数量。因此，事先完成产品售卖标准与产品定价是制定销售指标的先决条件。

说明：对于不同类型的商业化产品，因为计费方式与售卖方式均存在很大差异，所以销售指标的计算方式不同。

3）明确产品售卖渠道与政策

销售指标的制定还需要明确产品的售卖渠道和政策。对于一款产品，我们可以选择直客销售，可以选择代理销售，也可以同时选择两者。只有明确了售卖渠道才能进一步通过制定渠道销售政策（比如面向代理渠道的招商政策）来预估销售指标。

说明：以上仅是制定销售指标的三个典型条件，企业经营规模不同、产品类型不同、企业发展阶段不同，都会导致销售指标的制定出现更为复杂的场景。

2. 销售关联指标

从对销售指标的支持角度考虑，影响销售指标达成的关键因素主要有两个：一个是通过用户运营策略为产品带来足够多的活跃用户，另一个是通过营销推广策略为销售带来足够多的客户线索。从这两个角度来讲，销售关联指标主要有两类：用户运营指标、营销推广指标。

1）用户运营指标

用户运营指标主要应用于 to C 产品，即面向个人用户的产品。比如，一款视频娱乐 App 在前期主要通过用户运营策略实现拉新、留存、促活，在后期推出付费会员后，再通过会员运营策略实现用户转化。因此，针对用户运营团队，我们就需要制定此类指标以配合销售指标达成。

2）营销推广指标

营销推广指标主要应用于 to B 产品，即面向企业用户的产品。比如，一款软件产品在前期往往需要通过搜索引擎营销、大数据营销等营销推广手段来获取充足的销售线索，然后销售再跟进转化并成交。因此，针对营销推广团队，我们就需要制定此类指标以配合销售指标达成。

以上内容是对于销售指标与销售关联指标的概况解读，下面主要从面向个人用户的产品与面向企业用户的产品两个方面分别介绍商业化指标的制定策略。

7.2.1 面向个人用户的产品的商业化指标制定

对于一款拥有规模化个人用户的产品来说，典型的会员类商业化策略为将免费用户转化为付费用户，甚至进一步将付费用户转化为超级用户。从商业化指标制定的角度来看，公司会同时重视用户运营指标与销售指标。

典型的用户运营指标主要包括注册用户数、活跃用户数（比如月/周/日活跃用户数）、用户留存率、用户流失率等；典型的销售指标主要包括销售额、付费用户数、付费转化率、ARPU（每用户平均收入）等。

用户运营指标的建立旨在通过产生持续的用户价值获取持续的商业利益。如果忽略用户价值而盲目地追求销售指标，那么往往会适得其反，甚至竭泽而渔。受移动互联网深入发展的影响，用户增长红利逐渐褪去，商业化目前已经进入精细化运营阶段。流量思维驱动的营收增长已经不再是主流的增长策略，用户思维正在成为主流，这个阶段的典型商业化特征就是通过用户付费与精准营销变现。

1. 用户付费

销售指标应该如何与用户运营指标形成关联指标？典型的用户付费产品的销售额可以用下式计算：

销售额=MAU × 付费转化率 × ARPU=付费用户数 × ARPU

从以上公式中可以看出：假设 ARPU 稳定，如果我们要提高销售额，那么可以从两个方面入手：第一，提高 MAU；第二，提高付费转化率。

超级用户思维驱动的销售也可以用一个公式来表示（仅供参考）：

销售额=（普通用户数 × 超级转化率） × ARPU=超级用户数 × ARPU

如何区分普通用户与超级用户呢？且看下面的案例。

案例：VIPKID 的 CEO 米雯娟在混沌研习社的课程中讲到了“超级用户思维”对产品商业化的重要性。在移动互联网时代，每个用户都是媒介分发的渠道。所谓的“超级用户”，就是产品的铁杆粉丝。超级用户思维提醒我们不要再单纯地关心流量的增长，而更应该重视培养用户的忠诚度。比如，VIPKID 一开始没有盲目扩张，而是在最初的一年半时间里围绕已有的 100 多个用户不断提升产品体验。

在米雯娟看来，提升产品体验的核心就是不断地从细微处给用户创造惊喜，例如利用人脸识别技术观察孩子们在上课时的专注度与惊喜值，利用动画特效鼓励孩子进步。正是在这个过程中，VIPKID 逐渐强化了用户对品牌的忠诚度，用户自发地将产品推荐给新用户，从而带来了用户规模的几何级增长。在随后的两年半时间里，VIPKID 迅速拥有了 30 万个付费用户。

从案例中可以看到，VIPKID 将超级用户放在第一位，在提供极致产品及服务的基础上实现了规模化获利。VIPKID 的案例说明了销售指标与用户运营指标之间的关系，它们在商业化经营目标中处于同等重要的地位，并且在不同的运营周期侧重点也不相同。如果 VIPKID 忽视了用户感受而过早追求扩大付费用户规模，可能就不会有后来的爆发增长。

2. 精准营销

对于拥有大规模个人用户的产品来说，用户在使用产品的过程中会产生大量的行为数据。但是这些数据既不是公共数据，又不是私有数据，而是一种可以合法用于改善产品体验、业务表现等的数据。如果应用策略得当，那么这些数据将产生巨大的商业价值，企业甚至可以依托数据直接建立商业模式。这就是基于大数据的精准营销，简单来讲就是从数据中赚钱。

企业需要真正重视数据，将数据资产作为重要经营目标，用于决策支持、风险管控、成本优化等。当然，数据变现并不是指贩卖数据，而是从数据中发现业务规律，更好地推动业务发展，实现产品战略。公司拥有的各种产品数据通常包括设备数据、位置信息、行为数据、业务数据等。这些数据的价值与使用方式各不相同。

那么，销售指标如何与大数据指标形成关联指标呢？我们从数据价值挖掘和商业化变现路径角度可以得到以下匹配的公式：

销售额=用户数×智能推荐成功率×ARPU（或者客单价）

以上公式可以解读为：在现有用户的基础上，通过用户大数据及AI进行个性化推荐，以达到增加产品销售转化率的目的。因此，智能推荐成功率就成了驱动销售指标完成的另外一个关联指标。

7.2.2 面向企业用户的产品的商业化指标制定

面向企业用户的产品的商业化指标通常包括以下几个：销售指标（比如销售量、销售额、销售毛利率等）、营销推广指标（比如线索量、线索转化率等）。

在产品生命周期的不同阶段，商业化指标制定的侧重点不同。在商业化早期，我们往往更关注销售量和销售额，而不是过分追逐利润指标。这两者的实现要通过营销推广的投入，面向企业用户的产品的营销推广，尤其是在获取新客户方面，大致都以流量营销策略为主导，即通过各种网络推广、广告投放等营销手段放大流量，进而获取商机并实现销售。

那么，从面向企业用户的产品角度考虑，销售指标如何与营销推广指标形成关联指标呢？典型的销售额计算公式如下：

销售额=商机量×转化率×客单价=销售量×客单价

从以上公式中可以看出，如果我们要提高销售额，那么可以从两个方面入手：第一，提高商机量；第二，提高转化率。

7.3 组织管理：三类典型的商业化组织架构

要想真正地将商业化工作在公司内部落地实施，除了本书描述的大量商业化策略、设计逻辑及实操方法，我们还需要一套合理的组织架构以实现既定的商业化指标。第 1 章提到，运转机制是商业力量的真正来源，而运转机制的落地实施靠的正是合理的组织架构。因此，如何组建一个职责明确、角色分工合理、高效协作的商业化团队就是组织管理的首要目标。

从企业整体经营的角度来看，组织架构涉及的范畴比较大，在此只关注商业化组织。因为商业化产品的类型不同，所以不同的企业设计的商业化组织架构差异巨大。在此将商业化上、下游的核心业务单元一并考虑进来，这些业务单元往往包括了产品（商业化）、运营、销售、客服等。

无论面对什么类型的商业化产品，在商业化组织架构设计中，我们首先要面对的问题都是找到影响商业化变现效率和变现规模的核心因素。这个核心因素往往来自某一个特定的业务单元，我们需要知道到底哪个业务单元对（更高的）商业化指标达成起到了主导作用。

基于此，本节主要分析三类商业化组织：销售主导的商业化组织、运营主导的商业化组织、技术主导的商业化组织。以上三类商业化组织设计的前提是产品具备有保障的用户价值。另外，从商业化上、下游来看，主导团队并不是孤单作战的，而是会与其他团队协作形成一个端到端的业务闭环，这就是商业化的宏观流程（相关内容见 7.4 节），同时也是业务实现持续增长的核心保障。

7.3.1 销售主导的商业化组织

在销售主导的商业化组织中，销售举措成了影响商业化变现效率和变现规模的核心因素，销售团队在达成商业化指标的过程中成为中坚力量。以下对该类型组织的典型特征做概要分析。

1. 适合产品

to B（面向企业）的商业化产品适合建立销售主导的商业化组织，这类产品往往通过对客户生命周期的一系列销售举措达成商业化指标。

典型的销售主导变现的 to B 商业化产品有两种：软件产品，比如各类 SaaS 产品和解决方案；服务产品，比如云计算平台的各类咨询服务。

2. 业务闭环

依据业务单元划分，最典型的销售主导的业务闭环是“产品—销售—交付”，这三者作为业务链上、下游相互作用与影响，且销售部门作为驱动业务增长的核心部门发挥了主导作用。具体分析如下：

1）产品业务单元

此处的产品特指商业化产品，而不包括用户产品（不排除有些用户产品本身就是商业化产品）。从业务闭环的角度来看，产品处于商业化上游，企业首先需要设计可供售卖的商业化产品。

2）销售业务单元

此处的销售特指在客户生命周期中的前期销售举措，企业通过一系列销售举措将产品卖给客户，这一系列举措涵盖了产品定价、包装策划、推广获客、渠道建设、客户成交、客户复购等核心环节。销售之所以成为商业化主导力量，核心原因在于：在商业化产品的价值可以被量化并且价格稳定的前提下，销售成了影响变现效率和变现规模的核心因素，简单点理解即从销售举措做增量投入意味着相对更高的投资回报率。

3）交付业务单元

此处的交付特指在客户生命周期中的后期交付举措。从业务闭环的角度来看，交付处于商业化下游，涵盖了在客户成交之后的所有环节，比如产品交付/实施、客户追销、客户续签等。

3. 组织架构

结合业务闭环分析，销售主导的商业化组织主要涉及三类团队。

1）产品类团队

该类团队主要是指商业化产品（产品本身或者产品的运转系统）的设计研发团队。企业针对不同的产品类型建立匹配的团队，产品类型包括但不限于功能类、内容类、服务类等。

2）销售类团队

该类团队是商业化的主导团队，比如很多企业建立了营销中心用于销售统筹管理。企业可以灵活配置内部职能。该类团队又可以进一步分为以下人员（只对典型的业务单元及工作内容做概要举例，仅供参考）：

（1）商业化运营，涉及的工作内容包括但不限于商业化产品卖点提炼与包装、针对业务体系的产品培训、商业化产品综合推广、商业化产品方案策划等。

（2）销售运营，涉及的工作内容包括但不限于销售体系及流程标准化支持管理、销售政策管理及审批流程支持、销售报表统计及营收监控等。

（3）销售团队，又进一步分为直客销售团队、渠道销售团队。

3）交付类团队

该类团队是商业化产品的交付团队，主要配置客户服务团队、售后咨询团队、产品实施团队等。

7.3.2 运营主导的商业化组织

在运营主导的商业化组织中，运营举措成了影响商业化变现效率和变现规模的核心因素，运营团队在达成商业化指标的过程中成为中坚力量。以下对该类型组织的典型特征做概要分析。

1. 适合产品

to C（面向个人用户）的商业化产品适合建立运营主导的商业化组织，这类产品往往通过对个人用户生命周期的一系列运营举措达成商业化指标。

典型的运营主导变现的 to C 商业化产品有两种：会员产品，比如各大视频网站会员、各种社区及社交产品会员、各种 O2O 平台会员等；电商产品，比如实物电商产品、内容电商产品（内容付费）。

说明： *以上仅以 to C 产品为例，方便你对此类组织的理解。to B 商业化产品也存在建立运营主导的商业化组织的情况，比如电商平台的商家会员产品就需要建立运营团队。*

2. 业务闭环

依据业务单元划分，最典型的运营主导的业务闭环是“产品—运营—服务”，这三者作为业务链上、下游相互作用与影响，且运营作为驱动业务增长的核心部门发挥了主导作用。具体分析如下：

1）产品业务单元

此处的产品不单指商业化产品，更包括了与商业化产品结为一体的用户产品（比如某个社区 App）或者平台产品（比如某个电商平台）。

2）运营业务单元

此处的运营特指针对用户生命周期的运营举措，企业通过一系列运营举措实现基于个人用户的商业化变现，这一系列举措涵盖了对个人用户的拉新、留存、促活、转化、复购、分销等。与销售主导的商业化组织相似的是，在运营主导的商业化组织中，从运营举措做增量投入意味着相对更高的投资回报率。

3）服务业务单元

企业向个人付费用户交付目标产品并提供售后服务。

3. 组织架构

结合业务闭环分析，运营主导的商业化组织主要涉及三类团队。

1）产品类团队

该类团队主要是指商业化产品（产品本身或者产品的运转系统）的设计研发团队。企业要针对不同的产品类型建立匹配的团队。

2）运营类团队

该类团队是商业化的主导团队。一般来讲，to C 产品均会建立用户运营体系，而各类变现产品（比如付费会员产品）也会在用户运营的基础上增加变现产品的运营策略，同时建立匹配的团队，比如会员运营团队。当然也有企业针对具备规模化用户的产品单独建立了商业化产品业务部门（比如会员事业部），企业可以灵活应对。

3）服务类团队

该类团队根据不同的产品类型，可以集成到运营团队中（比如会员服务是会员运营的一部分），也可以单独建立（比如需要独立交付的实物或者内容）。

7.3.3 技术主导的商业化组织

在技术主导的商业化组织中，技术举措成了影响商业化变现效率及变现规模的核心因素，技术团队在达成商业化指标的过程中成为中坚力量。以下对该类型组织的典型特征做概要分析。

1. 适合产品

此处以广告产品为例。事实上，不同类型的广告产品或者同一个平台的广告产品在不同的发展阶段，达成商业化指标的主导因素都是不一样的。为什么广告产品适合建立技术主导的商业化组织呢？主要是因为目前互联网广告行业整体上已经处在一个相对成熟的、技术驱动的规模化变现阶段。此处的广告产品专指技术驱动类广告。

与当前的广告发展阶段相比，在传统媒体广告时代，广告产品大部分依赖策划、销售来达成商业化指标，更适合建立销售驱动的商业化组织，当然也不排除当前阶段依然存在这样的企业与组织架构。

2. 业务闭环

依据广告产品的业务单元划分，典型的业务闭环是“技术—销售—服务”，这三者作为业务链上、下游相互作用与影响，且技术团队作为驱动业务增长的核心部门发挥了主导作用。具体分析如下：

1）技术业务单元

对于广告产品来说，此处的技术主要是指程序化购买，它通过自动化系统技术与数据支撑实现高效率的广告投放。其中，系统部分包含了广告投放系统、资金交易及结算系统等；广告产品部分包含了样式、售卖方式、定价等。为什么技术能够成为规模化广告变现的主导力量？核心原因在于：广告产品的变现效率及变现规模受流量资源的挖掘能力影响大。流量资源是指一个网站或者 App 可以售卖的所有资源，挖掘能力是指将所有能够变现的资源转化为现金流的能力。

2）销售业务单元

对于广告产品来说，此环节与 7.3.1 节中的销售定义一致，特指在客户生命周期中的前期销售举措。销售借助技术依然是广告变现的关键力量，主要表现为广告技术将流量资源按照变现效果设置等级并匹配不同的销售策略，在这个基础上从销售举措做增量才会取得最佳效果。

3）服务业务单元

这里的服务特指在客户生命周期中的后期服务举措。对于广告产品来说，服务涵盖了在客户成交之后的所有环节，比如账户开通、落地页服务、账户运营、客户续签等。

3. 组织架构

结合业务闭环分析，技术主导的商业化组织主要涉及三类团队：技术类团队、销售类团队、服务类团队，这三类团队的具体职能请参考业务闭环以及前两种组织模式做对比分析。

在不同的互联网企业中，这三类团队的上级管理归属不一样。有的企业将这三类团队统一划归为一个大的部门（部门就叫商业化部门），有的企业则将技术类与销售类团队分别划归到技术线团队与业务线团队。

7.4 流程管理：两类典型的商业化协作流程

作为商业化组织的一员，我们的日常工作依托于一系列的流程展开，这些流程促成了我们自己与团队的高效且密切的协作。从流程设计的角度来看，商业化流程的设计首先取决于商业化策略的制定，只有将策略落实到具体的流程执行中，才能够最终达成商业化目标。在既定的商业化策略下，我们在设计商业化流程时要关注商业化产品的运转机制。

一般来讲，商业化产品的运转关注的是整体最优，而不是局部最优（优先级次之，但并非不重要）。换句话讲，商业化产品的流程设计与管理是一个系统工程，其目的是帮助企业达成最终的商业化目标，任何局部流程都应该为最终目标的达成贡献力量。

从以上角度出发，我们得出了基本的商业化流程设计思路：先宏观，再微观，即先设计宏观流程，再设计微观流程（局部子流程）。此处从商业化产品的角度出发，结合商业领域通用的流程管理的理论知识，对这两类流程进行解读。

7.4.1 商业化宏观流程

流程管理需要从顶层的宏观流程架构开始设计，形成覆盖所有业务单元的核心流程。只有建立了商业化宏观流程，才能够提升组织运作的效率与质量。无论什么类型的商业化产品，商业化的最终目的都是在满足客户需求的基础上实现商业化变现。一般来讲，商业化宏观流程的设计需要遵循以下通用原则或者标准。

1. 以客户为中心

如果说用户产品设计是以用户为中心的，那么商业化产品设计则是以客户为中心的。从流程设计的角度来看依然如此，即商业化宏观流程设计是以客户为中心的，流程的起点是客户（需求），终点也是客户（满意）。

说明： 商业化流程设计的起点与终点之所以都是客户，主要是从宏观设计的角度考虑，并不针对单独的某个微观流程（子流程）。微观流程的起点与终点则分别是输入条件（比如业务需求）与产出结果（比如交付成果）。

2. 以产品生命周期为依据

商业化宏观流程的建立是以客户为中心的，客户是服务的对象，但满足客户需求靠的是产品。因此，商业化宏观流程需要以产品为载体串联起一系列业务单元，而串联的依据就是产品的生命周期（相关内容见 7.5.1 节）。

案例 1： 典型的软件产品的商业化宏观流程如图 7-11 所示。

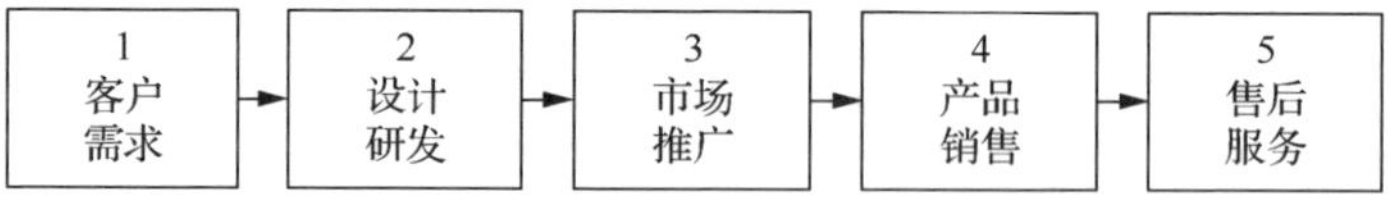

图 7-11

案例 2： 典型的硬件产品的商业化宏观流程如图 7-12 所示。与软件产品相比，硬件产品的商业化宏观流程多了两个业务单元：产品生产、产品物流，但整体上基本相似。

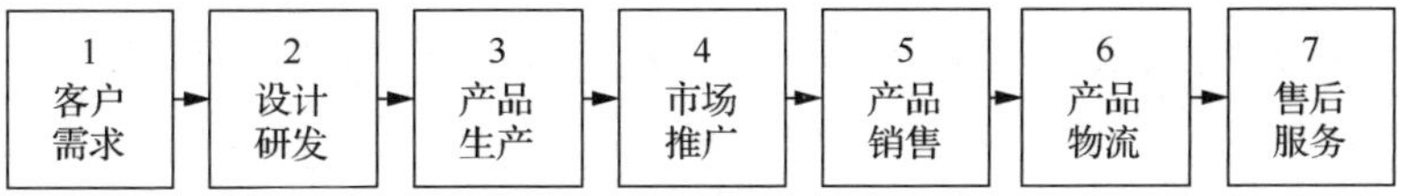

图 7-12

说明： 以上两个流程是最简化的宏观流程，我们还可以在此基础上继续细化，但不需要达到各个业务单元子流程的详细程度，只做概要流程展示即可，并且可以将各个参与部门放入流程中（往往以泳道形式居多），在此不做举例。

3. 关注业务组织匹配及职能

从商业化工作推进的角度来看，宏观流程还决定了组织的框架分工。在依据产品生命周期设计商业化宏观流程的过程中，我们要明确每个业务单元匹配的组织团队，通俗地讲就是明确该业务单元的主导部门，同时明确该部门的职能范围及边界。比如，在软件产品的宏观流程中，设计研发单元背后匹配的是产品设计研发团队，市场推广单元背后匹配的是市场推广团队，售后服务单元背后匹配的是客服团队等。

说明： 宏观流程从大的业务单元的角度对组织进行了框架划分，明确了各个部门的核心职能，但这些职能仅从商业化流程的角度考虑，并不能覆盖该部门的所有职能，需要进一步完善补充。另外，每一个业务单元在实施过程中往往会产生更多的细分业务单元（子单元），并且往往需要关联其他部门来协作推进，这就需要进一步建立子流程。

4. 关注共同目标与产出结果

从商业化目标达成的角度来看，宏观流程的建立使参与的每个业务单元、每个员工都有了共同的目标。在为一款商业化产品制定了经营目标（比如年度营收指标、客户服务指标等）之后，流程中的所有业务单元都需要为了实现统一的目标而努力。

从各个业务单元上下游协作的角度来看，宏观流程还关注各个单元的产出结果。一般来讲，上游单元的产出结果是下游单元的输入条件。比如，市场推广单元的输入条件是设计研发单元产出（发布）的可售卖的产品、售后服务单元的输入条件是产品销售单元产出的成交客户。产出结果进一步与绩效考核挂钩，这样就形成了从流程到结果，从结果到绩效，再从绩效反馈共同目标实现情况的商业化闭环。

7.4.2 商业化微观流程

商业化微观流程指的是基于每一个业务单元的具体工作流程。上一小节提到，微观流程设计需要关注两个最基本的因素：输入条件、产出结果。除了这两个因素，微观流程的设计还包括参与方（有哪些部门参与到流程中）、数据信息（产生了什么数据、数据是如何流转的）、异常处理（出现了异常情况如何处理）等。由于这些元素组成的流程设计具备通用性，而不仅仅适用于商业化流程，故不在此做单独分析。

此外，从商业化的角度来看，微观流程的设计需要遵循以下两个基本原则。

1. 最高效地实现交付

该原则主要从两个角度看待交付。交付除了用于面向客户的场景，还可以用于企业内部部门协作的场景，即部门之间的相互交付。

1）从对宏观流程的效能提升角度来看

我们设计微观流程首先要基于宏观流程的局部需求，要想清楚宏观流程赋予当前业务单元的“使命”以及达成“使命”的要求。这里的要求往往是从效能提升的角度提出的，主要包括时间的要求、数量的要求、质量的要求等。

综合来讲，微观流程设计需要满足所在业务单元的要求，以此实现对宏观流程的整体效能提升。要想满足这些要求，主导部门就需要依据当前产品生命周期所处的阶段（主要关注市场生命周期，见 7.5.1 节）制定可行的部门架构和微观执行流程。比如，依据产品所处的发展阶段对技术交付的要求制定最高效的产品研发流程；依据产品所处的发展阶段对客户服务的要求制定最高效的客户成功流程。

2）从对下游单元的交付支持角度来看

我们设计微观流程还要站在上下游协作的角度思考，想清楚所在部门主导的业务单元为下游业务单元产出的结果是否是最优的，是否最高效地支持了下游工作。这里的“最优”往往包括最优的交付流程、最优的交付形式、最优的沟通机制等。比如，产品经理为业务团队提供的交付物（比如产品使用帮助等）是否完整、是否满足业务需求；商业化运营为销售团队提供的交付物（比如商业化产品说明等）是否适用、是否能够满足销售需求。

2. 尽可能降低成本

流程设计的目的虽然是支持达成共同的商业化目标，但是在流程执行的过程中，我们还要注意控制成本。这里的成本是指商业化实施的综合成本，比如时间成本、人力成本、财务成本等。流程冗余、数据冗余、异常处理机制缺失等均会导致成本增加。

7.5 风险管理：两类典型的商业化风控策略

风险管理对商业化目标的达成具有重要意义。一般认为，风险管理是企业的一项系统化管理工程，涵盖了风险管理目标与战略设定、风险评估方法选择、风险管理组织设置、风险管理实施及报告程序等。本节的内容为基于商业化产品或者项目的风险管理，且侧重于从风险评估及应对策略的角度做分析。

《项目风险管理》（刘晓红、徐玖平编著）一书对项目风险管理的解释为：项目管理团队通过风险识别、风险量化和风险控制，采用多种管理办法、技术和工具，对项目所涉及的各种风险实施有效的控制和管理，采取主动行动，尽量使风险事件的有利后果（带来的机会）最大，而使风险事件所带来的不利后果（威胁）降到最低，以最小的成本使项目安全、可靠地实施，从而实现项目的总体目标。

在此从风险评估及应对策略出发，主要关注两类针对商业化产品的风险管理工作：产品生命周期风险管理、产品运转机制风险管理。

7.5.1 产品生命周期风险管理

一般来讲，通过产品生命周期，我们能够了解产品从无到有的生产过程和产品上市后的市场营销过程。建立产品生命周期管理的视角，除了能够帮助企业梳理商业化全周期中各个业务单元的宏观与微观的工作流程，同时还能够延伸建立基于生命周期的风险管理制度。

1. 关于产品生命周期管理

结合互联网行业的发展，从产品生命周期管理的历史演进来分析，我们要关注两个典型的阶段：

1）传统的市场营销学定义阶段

传统的市场营销学定义的产品生命周期为四个阶段：导入期、成长期、成熟期、衰退期。互联网行业一般将这四个阶段概括为“产品市场生命周期”。各个阶段的特征如下：

（1）导入期。产品新上市，销售缓慢。由于前期开发产品花费了成本，初期产品的利润通常偏低或为负数，但此时没有或只有极少竞争者。

（2）成长期。产品在经过一段时间后已有一定知名度，销售快速增长，利润显著增加。由于市场和利润增长较快，容易吸引更多竞争者。

（3）成熟期。此时市场增长趋势减缓或饱和，产品已被大多数潜在购买者所接受，利润在达到顶点后逐渐降低。此时市场竞争激烈，公司为保持产品地位需投入大量的营销费用。

（4）衰退期。在这期间，产品的销售量显著下降，利润大幅度滑落，优胜劣汰，市场竞争者越来越少。

显然，市场营销学的定义无法覆盖产品完整的生命周期，产品市场生命周期并未包含产品研发期。产品研发期的特征是企业根据自身战略和综合商业因素评估，立项一款还处于概念期的产品，并投入一笔初始资金。产品研发期是指从概念期的产品到产品研发完成并上市的时期，此期间产品的销售额几乎为零，并不断消耗初始资金。

2）现代互联网产品定义阶段

随着互联网行业快速发展，基于产品开发的规范化流程管理走向成熟。产品生命周期管理开始延伸到研发阶段，包含了产品战略、产品市场、产品需求、产品规划、产品开发、产品上市的整个过程。这个过程可以概括为“产品研发生命周期”，这是互联网产品从业者熟悉的产品生命周期。

产品研发生命周期与产品市场生命周期共同组成了完整的产品生命周期，并且形成了一个相互作用与影响的闭环。从商业化的角度来看，如图 7-13 所示，不同的生命周期发展阶段还意味着不同的商业化指标设置，并会最终影响各个业务单元的工作举措。

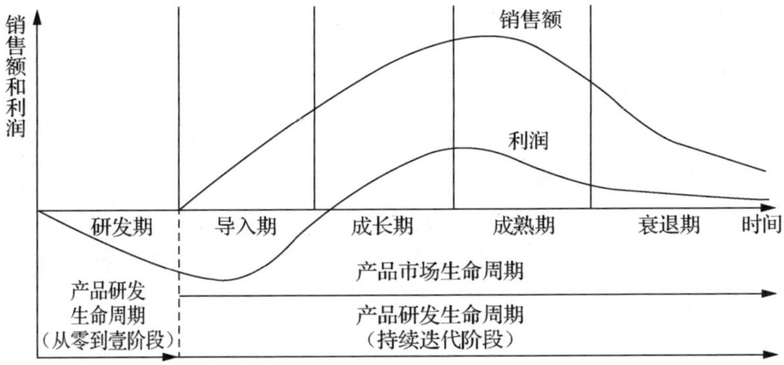

图 7-13

2. 商业化风险评估及应对

一般来讲，风险管理伴随着产品的整个生命周期，并且在不同的生命周期阶段，风险评估的内容与应对措施都是不一样的。此处仅从企业内部的商业化核心业务部门出发，提供典型的风险评估方法，作为商业化自主风险管理的参考，且关注风险评估及应对措施，以便更好地、主动地应对企业内部控制的要求。

说明：以下风险评估方法不直接作为企业合规管理、内部控制、内部审计等部门对商业化的风险管理方法，但可以灵活参考与使用。

1）前期准备

在正式启动商业化风险评估工作前，我们需要重点完成以下准备工作：

（1）组织。此处主要针对商业化部门的自主风险评估，而非内审内控的专门组织，因此建议成立临时性的风险评估小组，小组成员来自参与评估的各个部门。

（2）目标。风险评估的目标受产品所处的生命周期阶段影响较大，评估目标在研发期、导入期、成长期、成熟期、衰退期都各不相同。比如，在研发期，典型的评估目标是发现与应对阻碍商业化闭环完成的关键风险；在导入期，典型的评估目标是发现与应对影响产品打开市场局面的关键风险。

（3）周期。与企业内审内控规范不同，商业化自主风险评估工作并没有严格的周期要求，企业可以根据需要灵活设置，比如每季度一次、每半年一次。

（4）流程。在前期准备的基础上，企业后续主要进行三项核心工作：风险评估、风险处置、风控报告。

2）风险评估

风险评估主要进行两项工作：评估对象、调研评估。

（1）评估对象。此处的评估对象指的是商业化过程的关键业务单元，界定评估对象需要结合产品生命周期与企业实际的商业化操作过程。在不同的企业中，不同类型的商业化产品的关键业务单元有所不同。以一款软件产品为例，关键业务单元往往包括客户需求、设计研发、市场推广、产品销售、售后服务，这些业务单元就构成了主要评估对象。

（2）调研评估。风险评估建立在风险调研的基础上，由风险评估人员针对各个关键业务单元进行定向调研，即先调研再评估。

首先，我们要进行风险调研。风险调研的实施可以依据风控需求或者重要程度划分等级，比如分为基础调研与详细调研。基础调研是指在缺乏评估工具的前提下，主要依据经验进行人工访谈；详细调研是指规范化且定性、定量的调研，建议事先针对各个业务单元建立评估工具（比如设计一个评估表，针对某个业务单元预设多个评估风险点、对每个风险点设置评估标准），并结合访谈实施。以上两种等级的风险调研均需要形成《风险评估表》。

说明：《风险评估表》的核心内容包括（可以直接用作表头）序号、业务单元、风险等级（可以分为重大风险、中等风险、一般风险）、风险点、风险点描述、风控建议、风险处置（含期限）等。表 7-1 为针对产品销售的《风险评估表》（样表）。

表 7-1

序号	业务单元	风险等级	风险点	风险点描述	风控建议	风险处置
1	产品销售	重大风险	定价流程风险	当前产品的定价流程不规范，没有经过公示并严格执行的定价流程，且存在销售部门私自定价的情况，未经过公司多层级审批	—	—

续表

序号	业务单元	风险等级	风险点	风险点描述	风控建议	风险处置
2	产品销售	重大风险	产品价格风险	在依据城市发展水平设置的梯度价格表中，多个发展水平较高的城市定的价格偏低，多个发展水平较低的城市定的价格偏高	—	—
3	产品销售	一般风险	销售政策风险	目前的销售政策存在销售部门私自定价的情况，虽然有上级领导审批，但是并未经过严格的财务核算	—	—

其次，我们要进行风险评估。风险评估主要是在风险调研的基础上对各个风险点进行评估并由风险评估小组经过综合评定给出风控建议，同时将《风险评估表》补充完整。

说明：风控建议是风险处置的依据。对于不同风险等级的风险点，风控建议会有所侧重。一般来讲，重大风险是优先级最高的风险点，在风险评估小组给出风控建议后，责任部门要给出风险处置措施并在规定的时间内整改。当然，也存在某些一般风险暂时不需要处置的情况，企业灵活掌握即可。表 7-2 为针对重大风险的风控建议。

表 7-2

序号	业务单元	风险等级	风险点	风险点描述	风控建议	风险处置
1	产品销售	重大风险	定价流程风险	当前的产品定价流程不规范，没有经过公示并严格执行的定价流程，且存在销售部门私自定价的情况，未经过公司多层级审批	（1）需要建立标准化的定价流程并公示；（2）对于不同类型的产品价格，需要建立对应的审批规则	—

3）风险处置

风险评估小组在给出风控建议后，将对应业务单元的《风险评估表》下发给对应的业务团队，业务团队依据风控建议反馈风险处置措施与整改期限。

说明：风险评估小组需要针对各个风险点与业务团队充分沟通。因为风险评估小组给出的风控建议可能存在主观性判断，所以可能出现风控建议被业务团队驳回的情况。无论风控建议被接纳还是被驳回，业务团队均需要通过《风险评估表》进行风险处置反馈。对于被接纳的风控建议，原则上要限期消除。

4）风控报告

风险评估小组要汇总各个业务单元的《风险评估表》并制作风控报告。原则上，风控报告的核心部分需要完整地呈现风险评估与风险处置的内容。我们建议采用以下两种呈现方式：第一，完整汇编所有业务单元的《风险评估表》作统一呈现；第二，在第一种方式的基础上制作风控图谱。

7.5.2 产品运转机制风险管理

本节主要从商业化产品运转机制的角度出发，结合产品运转系统来梳理关键风险点及规避策略。从产品生命周期的角度来看，产品运转机制的风险管理场景主要在产品战略及产品规划环节，尤其在一个商业化产品从零到壹的设计阶段。因此，本节是对产品生命周期风险管理的补充，可以帮助风险评估团队建立特定的风险识别视角。当然，从具体的商业化产品实施的角度来看，这些风险点就直接转换为业务团队重点关注的事项。

下面重点介绍五个典型的风险点，并从如何规避的角度进行分析。

1. 商业化产品与现有产品的价值断裂

（1）风险表现。此类风险主要发生在从规模化用户产品出发设计新的商业化产品的场景。在第 2 章的“商业化人、货、场”模型中提到了此类案例，即在现有用户产品内部设计与现有用户价值不匹配的商业化产品就会面临较高的商业化失败概率，我们将此类风险称为“价值断裂”。

说明：当然，除了“价值断裂”风险，“商业化人、货、场”模型还预示了“受众断裂”“场景断裂”的风险，这三类风险其实均基于商业化策略的实施，可以一并做风险评估，此处仅对“价值断裂”做风控分析。

（2）规避策略。企业应当尽力寻求实现商业化产品与现有产品的用户价值统一。至于是否达成了价值统一，企业可以通过“商业化人、货、场”模型中的价值相同与价值包含的两类关系来评估界定，达成了这两类关系则意味着较高的商业化成功概率。反之，如果商业化产品脱离了现有产品的价值主线，虽然可能实现赢利增长，但是与现有产品的用户价值形不成合力，增长往往缺乏长期可持续性。

说明： 当一款产品形成了庞大的用户规模时，往往会让我们产生一种错觉：随便挖掘一些流量或者转化一些付费用户就能够变现，这导致了很多创业公司初期不考虑或者不重视商业化，等到真正实施商业化的时候却发现并不简单。更多的分析请参考第 2 章。

2. 商业化产品与现有产品的用户分离

（1）风险表现。从产品功能终端的角度来看，用户产品与商业化产品有时是融合为一体的，有时是独立存在的。这就为商业化产品的设计带来了一个风险：一个用户产品实施商业化，在商业化产品独立存在的情况下，如果商业化产品产生的用户并不是用户产品的用户，那么商业化产品会面临较高的失败概率，我们将此类风险称为“用户分离”。

案例： 产品 A 是一个 O2O 在线教育平台，常规的商业化策略如下：产品 A 通过平台流量为入驻机构带来个人生源，然后向入驻机构收取会员费，但在项目前期一直处于机构免费入驻的状态。机构之所以入驻平台，主要是看中了平台流量，即平台能够给机构带来生源。因为 O2O 在线教育平台的低频消费属性，加之庞大的机构入驻规模导致平均到每个入驻机构的生源有限，使得机构的招生效果有限。招生效果迟迟不见成效，就极大地影响了向机构会员收费的进度。

产品 A 如何解决商业化问题呢？在移动互联网的营销场景下，产品 A 开发了几款基于微信的招生营销工具，将这些工具销售给入驻机构使用。营销工具就变成了平台的商业化产品，入驻机构通过使用营销工具确实招到了很多学生。但问题是：这些工具产生的学生报名或者课程购买都沉淀在了营销工具上，学生并没有成为产品 A 的用户。因此，虽然入驻机构通过营销工具达到了招生目的，产品 A 因此获利，但营销工具并未对产品 A 的用户及流量带来正向加持，此类增长就缺乏长期可持续性。

（2）规避策略。其实“用户分离”只是一种表现形式，与之相似的还有“数据分离”“流量分离”，我们要尽量避免商业化产品的设计与实施带来用户孤岛、数据孤岛、流量孤岛。一旦孤岛形态形成就意味着用户产品与商业化产品失去了正向的“化学反应”。

3. 商业化产品类型与交易平台不匹配

（1）风险表现。商业化产品的一个重要特征就是具备交易属性，并且依赖交易平台来支撑整个消费过程。不同类型的商业化产品所依赖的交易平台差异很大，错误的交易平台设计或者采购选型可能会浪费诸多运营成本，甚至达不到商业化预期效果。

说明：从采购选型的角度来看，这里的交易平台可以是独立的交易系统（比如开店系统），也可以是带有流量性质的开放平台（比如贸易平台）。商业化产品类型与交易平台不匹配的风险只是一种表现形式，类似的还有商业化产品的受众要求与交易平台不匹配、商业化产品的渠道要求与交易平台不匹配等，在此不做举例。

案例：企业 A 拥有一系列面向母婴教育的产品，从商业化产品的角度来看，企业 A 主要做了如下工作：研发了一系列面向母婴教育的录播视频课和直播视频课、通过联合专家推出了系列在线讲座、构建了一个母婴付费社群、代理了几款母婴品牌产品。虽然企业 A 在母婴教育领域很专业，但是对于如何搭建线上交易平台却不专业。

那么具体应该如何操作呢？企业 A 一开始考虑用一个线上网店销售所有产品。如果从线上支付并达成交易的需求方面进行评估，即只评估能够把产品通过线上卖出去，那么选择线上网店是可行的。但如果同时评估产品在售后的一系列交付及运营场景，那么只满足前期的支付场景需求是不够的。因此团队要回归核心产品的消费模式思考，虽然产品众多，但是核心产品是内容产品：录播视频、直播课堂。这就要求团队为内容产品选择交易平台，且优先选择知识付费系统，比如小鹅通。这些录播视频还可以通过在线教育平台传播，比如腾讯课堂。此外，如果还要考虑母婴实体商品的规模化营销，那么可以考虑使用其他开店工具。

（2）规避策略。企业对商业化产品的交易平台设计或者采购选型需要从自身需求出发进行定向评估。评估的维度也是多方面的，企业需要综合考虑商业化产品的类型、商业化产品的受众要求、商业化产品的渠道要求等，只有这样才可以最大化地提升商业化成功率。

4. 运营系统与产品增长需求不匹配

（1）风险表现。当从零到壹设计一款产品的时候，企业在前期往往聚焦于满足用户需求的核心产品功能及内容，而忽略产品发布之后的运营增长场景需求，进而影响了产品增长。增长目标的达成不仅需要策略的顶层设计，还需要一套完整的技术工具链支撑，这些工具最终组成了运营系统。

案例： 企业B是一个垂直领域的电商企业，并且自己研发了一个在线商城来售卖各类商品。基于前期的设计，这个商城很流畅地实现了商品检索、多渠道支付、商品评价、售后服务（退换货）等功能。

对于产品发布之后的一些运营举措，企业起初认为到时候会有专门的运营团队负责。乍一看这个思路是没有问题的，但仔细评估后就会发现不对。为了实现产品上线后的增长目标，运营功能往往是与主体商城共同推出的（后期也会增加，但在产品上线时是必需有的），比如在产品上线后商城会通过派发新人礼、优惠券、秒杀活动、推送折扣商品等各种促销活动实现市场引爆。如果企业在前期不考虑运营场景，等到产品上线后再去做就会丧失很大的市场份额，尤其在高度竞争的领域。

（2）规避策略。产品运转系统是一套完整的、平行的、同步设计的产品体系，尤其在强运营驱动的产品体系中，运营系统作为其中的重要组成部分，在产品设计的时候就要导入相关策略及需求，并通过技术实现，从而规避产品冷启动的尴尬局面，避免让增长陷入被动。

5. 决策系统与产品发展阶段不匹配

（1）风险表现。决策的产生往往是与数据分析（或者数据智能）紧密结合的。决策系统在产品的整个生命周期中发挥着至关重要的作用。很多产品只有在上线或者运营一段时间后才会重视决策依据，这个时候才去补充数据抓取及分析工具，这就会产生当前产品发展阶段的决策风险。如果决策系统不能与产品发展阶段相匹配，那么这种风险还会继续延伸。

案例：企业C主营一款企业服务类SaaS产品，这款产品的整体推广思路如下：第一，通过官方网站做搜索引擎推广；第二，潜在用户在线申请产品体验；第三，在线客服为用户答疑并引导用户付费；第四，用户在产品内付费获得产品使用资格。这些思路是典型的搜索引擎推广思路，在推广近3个月后，该产品的付费转化率一直很低。企业C评估了整体推广过程，起初认为主要原因是官网的推广策略有问题，销售转化环节不专业，当然也初步认为产品可能需要优化，然而却给不出更细的分析数据。

通过后期进一步评估分析，企业最终找到了问题所在：官网的落地页面包装虽然存在一定的问题，但是并不是影响付费转化的主要原因，主要原因是产品的整体功能体验较差。这主要表现如下：核心功能模块隐藏得太深，大量冗杂的产品流程使得很多用户在首次体验后就离开了。这在之前的分析中却被忽视了，企业C之前过多关注官网推广路径的用户行为分析，而没有关注产品内用户体验行为分析。事实上，这种产品内数据分析早在产品上线的时候就应该同步实现了。比如，用户登录SaaS产品后的体验路径、在各个功能模块的停留时长、从哪些模块跳出等。

（2）规避策略。从数据驱动决策的角度来看，数据采集是数据分析的基础，埋点是最主要的采集方式，在产品设计的时候，我们就要做好与埋点相关的工作。我们需要前置模拟用户行为路径，有目的地植入数据分析，实现产品发布后的全场景用户行为监控，建立一套数据驱动的决策模式。

补充：对于很多个人用户产品来说，在进入精细化运营阶段后，决策系统还会因为商业诉求而出现在更丰富的应用场景中，这都需要我们准确地把握不同产品阶段的决策（策略）需求。比如，对于典型的智能推荐类产品来说，当用户开始接触产品的时候，产品通过技术手段形成精准的用户画像，实现售卖产品（或者内容）与用户的匹配，进而提升用户转化率。此类决策产品举例如下：

（1）利用兴趣图谱匹配个性化内容。在用户初次进入产品的时候，我们通过用户的兴趣图谱（也可以是需求图谱）匹配个性化内容，这是一种精准匹配用户需求的常用策略。比如，豆瓣、知乎在这方面的应用。

（2）利用AI与大数据匹配个性化内容。AI可以做到通过每一个人的上网行为和兴趣偏好轨迹形成精准的云计算分析模型。比如，淘宝通过对个人消费行为的大数据分析，可以为每一个登录淘宝的用户推送个性化的商品，这些商品也通过商户端的前置标签化处理，实现了依据个人用户画像的智能匹配。

第 8 章 商业产品经理的四大能力修养

导读：本章从个人职业发展的角度分析了商业产品经理的四大能力。本书对这四大能力的阐述并非面面俱到，更侧重于商业化思维和框架性实操。

8.1 什么是商业产品经理

近年来，随着互联网行业快速发展，对商业产品经理的需求呈现了指数级增长，出现了很多新的产品岗位，并且越分越细。我从拉勾网上搜索到了几个典型的商业化产品类的目标岗位：商业产品经理、商业化产品经理、策略产品经理、推荐产品经理、增长产品经理、搜索产品经理等。由此可见，互联网行业的发展尤其是精细化产品运营时代的到来，催生了对商业产品经理需求的增长。这给产品经理带来了新的挑战，现在再也不是随便喊一句“人人都是产品经理”就可以当产品经理的时代了。

在我看来，商业产品经理既是一种个人职业，又是一种思维“人设”。在当初“人人都是产品经理”的时候，我们把产品经理式的思维推崇成了一种互联网的主流思维。商业产品经理的个人能力修养也同样可以形成一种思维模式，即商业化产品思维。

前面七章一直在从各个维度阐述商业化产品思维，当然也包含了将思维落地的策略、方法等。这有助于我们更加深刻地理解商业产品经理所处的商业环境及商业化场景，同时帮助我们思考将这些思维转化为商业产品经理的个人能力所带来的价值。

当然在这里，商业产品经理是一个泛化的岗位范畴，泛指刚才提到的各类细分岗位。这些细分岗位众多且需求各不相同，除了均对产品能力有一定要求，还有额外的能力要求。很多岗位需要具备一定的技术能力或者认知，比如对数据的分析能力、对算法的理解能力等。也有很多岗位需要具备商业逻辑能力、垂直业务能力等。

我们先通过几条商业产品经理招聘信息，从侧面了解一下目前的互联网公司对商业产品经理的招聘需求。

招聘一：今日头条-商业产品经理

岗位职责：

● 负责公司的商业广告产品的定义、设计、项目过程管理，包括收集和管理客户/用户的需求，进行市场和竞争分析，制定创新性的、可规模化的商业化产品的规划和设计。

● 负责具体项目及产品功能的设计，通过数据分析或商业敏锐观察不断推进产品优化，撰写高质量的需求文档，并协调、推动研发团队按时完成产品开发和高质量上线。

● 对业务运营给予支持，通过数据分析定位业务发展的问题，挖掘业务发展潜力。

岗位要求：

（1）本科以上学历，2年以上商业化产品设计经验。

（2）有独立负责多个商业化产品的经验和能力。

（3）熟悉互联网品牌广告或者移动广告业务。

（4）有较强的学习、数据分析、沟通能力，良好的合作意识。

招聘二：美团点评-策略产品经理

岗位职责：

（1）负责调度的策略设计、效果数据分析及策略优化工作。

（2）协助算法团队和运营团队，根据业务状态制定良性的市场机制和投放策略，达成平台目标。

（3）负责策略产品的项目管理，推动相关团队及合作部门按时完成产品研发、高质量上线，完成产品目标。

（4）统计和分析各项核心数据指标，并有针对性地提出策略优化建议。

岗位要求：

（1）5年以上工作经验，有过完整的与推荐和算法相关的产品经历优先。

（2）熟悉并理解与机器学习和算法相关的知识。

（3）目标导向，有结构化思维，有良好的沟通能力、推动能力，有强烈的责任心和团队合作精神。

（4）熟悉互联网产品的整体实现过程和生命周期，了解O2O业务的场景。

招聘三：京东商城-商业产品经理

岗位职责：

（1）负责创新产品商业化的整体规划和设计。

（2）完成从产品设计、交互开发到上线迭代运营的产品全生命周期管理。

（3）与项目组成员积极沟通，推动交互设计、开发、运营等人员紧密合作达成产品目标。

（4）根据市场环境及产品的实施效果，制定产品的迭代优化策略及方案。

（5）持续关注竞品动态与行业发展，保证规划产品的独特性和前瞻性。

岗位要求：

（1）本科及以上学历，3年以上移动端产品设计经验，有从零到壹孵化产品或独立负责过完整产品线的相关经验优先。

（2）有良好的洞察力，善于利用数据分析和场景分析等专业手段发现潜在的用户需求。

（3）有扎实的产品基本功，可以完成高可用性的产品设计。

（4）有敏锐的市场意识、广阔的视野，并有实际的案例。

（5）有良好的创新意识、适合自己的创新思维体系，并能结合实际的创新案例讲出在创新过程中的思考方法。

招聘四：知乎-增长产品经理

岗位职责：

（1）构建用户转化漏斗，找到提升转化率与留存率的点，提出切实可行的产品方案。

（2）与产品、工程、设计团队紧密合作，快速推动产品方案上线，根据效果不断迭代优化。

（3）掌握常见的用户增长方法，例如付费推广、免费推广和外部合作、用户运营、产品优化等，从增长的视角综合运用各类手段达成增长目标。

（4）关注行业内的增长策略，探索新的增长方向。

（5）重视数据驱动和结果导向，掌握常见的数据分析工具和技巧，从数据出发发现增长的切入点并进行有效迭代。

岗位要求：

（1）具有产品、研发或数据分析背景。

（2）具有很强的学习能力，能快速理解业务和数据。

（3）有渠道推广产品经验优先。

虽然细分岗位的名称不一样，但是以上四家公司招聘的产品经理都属于商业产品经理。这几家公司招聘的商业产品经理包含了多个工作方向，在此仅摘录了典型职位，并且招聘信息的内容描述具备行业代表性，这些岗位提供的薪水要比普通的功能类产品经理高（一个会赚钱的岗位本身就自带溢价）。

当然，这四个岗位对商业产品经理的能力要求还是有区别的。今日头条与京东商城招聘的商业产品经理均偏向于从零到壹的商业化产品体系规划及管理；美团点评招聘的策略产品经理偏向于策略驱动的调度效能及项目管理；知乎招聘的增长产品经理偏向于增长策略驱动的用户商业转化及项目管理。

8.2 商业产品经理的招聘需求统计

下面对在拉勾网中搜索的招聘数据做了以下的市场行情统计。

1. 按岗位类别统计（表 8-1）

说明： 在拉勾网中，岗位检索最多只显示 450 个检索结果，因此超过 450 个检索结果均用“>450”来代替，但这并不代表真实的岗位数量。当然，由于检索结果并非精准显示，统计数据仅供参考。

表 8-1

典型岗位	岗位数	区域分布
商业产品经理	>450	（1）主要分布在互联网行业发达的一线城市，比如北京、上海、深圳、杭州的需求旺盛。 （2）成都、武汉、南京、苏州、长沙、厦门等二线城市的需求明显少于一线城市。 （3）其他城市的需求较弱
商业化产品经理	>450	
广告产品经理	>450	
策略产品经理	>450	
算法产品经理	>450	
推荐产品经理	>450	
数据产品经理	>450	
搜索产品经理	>450	
增长产品经理	>450	
支付产品经理	≈400	
风控/反作弊产品经理	>450	

2. 按公司类别统计（表 8-2）

说明： 表 8-2 中的数据只检索了具有代表性的公司及有代表性的目标岗位，数据截止到 2019 年 12 月 31 日，仅供参考。

表 8-2

公司名称	所在行业	目标岗位	岗位薪资（万元）	经验要求
字节跳动	移动互联网	商业产品经理（综合管理方向）	2～4	2 年以上
		商业产品经理（投放策略方向）	1.5～2.5	1～3 年
		商业产品经理（线索转化方向）	2.5～5	3～5 年
		商业产品经理（内容付费方向）	2～4	3～5 年
		商业化数据产品经理	2～4	3～5 年
		商业产品经理（反作弊方向）	1.5～2.5	1～3 年
美团点评	移动互联网	商业产品经理（广告策略方向）	2.5～4.5	3～5 年
		策略产品经理（调度策略方向）	2.5～5	5～10 年
		策略产品经理（供应链方向）	3～4	3～5 年
		高级商业搜索产品经理	2～4	3～5 年
		商业产品经理（风控方向）	2～4	3～5 年
滴滴出行	移动互联网	策略产品经理（推荐搜索方向）	2～3.5	3～5 年
		支付产品经理（支付结算系统）	2～4	5～10 年
		增长产品经理	2～4	1～3 年
		策略产品经理（反作弊方向）	2～3.5	3～5 年
锤子科技	移动互联网 硬件	商业产品经理（广告投放方向）	2～3	3～5 年
小米	移动互联网 硬件	商业产品经理（流量方向）	1.8～3.5	3～5 年
猎豹移动	移动互联网 信息安全	商业产品经理（海外变现）	1.5～2.5	3～5 年
		商业产品经理（游戏产品）	1.5～2.5	3～5 年
		商业产品经理（清理大师）	1.5～2	1～3 年
360	移动互联网 信息安全	商业产品经理（海外变现）	2～4	3～5 年
		广告策略产品经理	2～3	5～10 年
		增长策略产品经理	1.5～3	3～5 年
		数据策略产品经理	1.8～3.5	3～5 年
知乎	移动互联网 社交网络	用户增值服务产品经理	2～4	5～10 年
		增长产品经理	1.8～2.4	3～5 年
		知识市场产品经理	1.5～3	1～3 年
LinkedME	移动互联网 企业服务	商业产品经理	2～4	3～5 年
魔秀科技	移动互联网 手机应用	商业产品经理	1.5～2.5	3～5 年
好未来	移动互联网 教育	商业产品经理（App 商业化）	1.5～3	3～5 年
一起教育科技	移动互联网 教育	数据策略产品经理（数据分析）	1.5～3	1～3 年

8.3 商业化成熟度的五个梯队及岗位需求

一般来讲，产品的商业化成熟度决定了企业对商业产品经理的目标岗位需求及数量。对于不同类型的商业化产品来说，各自的商业化成熟度标准都不一样，此处从面向个人用户的产品与面向企业用户的产品两个方面做类型区分与招聘需求分析。

在目前的互联网发展阶段，面向企业用户的产品的商业化策略相对比较单一，比如，将产品整体功能商业化、将产品内部资源商业化等。这类产品在业务功能类产品设计主导下，对个人用户的互动需求相对较少，整体上对商业产品经理的岗位需求比较单一。比如，一家软件企业如果招聘商业产品经理，可能涉及的目标岗位有营销系统型、支付结算型岗位等。

因此，此处主要针对面向个人用户的产品进行分析。基于目前的行业招聘现状，在个人用户的产品领域，我们从互联网企业的商业化成熟度来建立五个级别的分析策略，并结合“五维运转系统”，根据这些不同企业的产品诉求来做岗位需求的分析。图 8-1 为商业化成熟度与商业化产品需求紧迫度的对应关系。

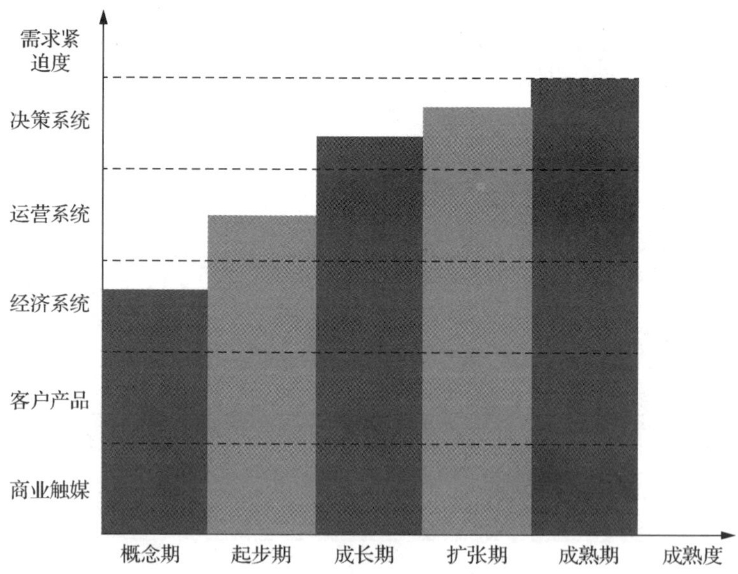

图 8-1

说明：图 8-1 中引用了第 6 章提到的商业化产品“五维运转系统”，其中：

（1）商业触媒，该维度的系统主要侧重于在线业务窗口的设计，比如塑造面向个人用户的会员服务、增值服务等官方营销页面。

（2）客户产品，该维度的系统主要侧重于交付给客户的实际产品的设计，可以是功能产品（比如广告主投放系统）设计，可以是内容产品（比如知识付费产品）设计；也可以是服务产品（比如 58 到家的上门服务）设计。

（3）经济系统，该维度的系统主要侧重于用户在线支付、清结算、财务管理等功能系统的设计。

（4）运营系统，该维度的系统主要侧重于运营增长类产品的设计，比如用户增长、内容增长、漏斗转化等营销类产品的设计。

（5）决策系统，该维度的系统主要侧重于智能决策与风控策略类产品的设计，相关产品需求有智能推荐、搜索排序、智能调度、智能补贴等。

由此，我们能够分析企业在不同的商业化阶段对以上产品的需求，进而分析目标岗位需求。

8.3.1 商业化成熟期企业的岗位需求

商业化成熟期企业属于第一梯队的企业，经营的产品以泛消费领域 to C 平台为主。

1. 梯队特点

（1）以平台型或者生态型企业为主。

（2）产品具备海量用户规模（数亿级）、超大规模商业化营收（几百亿到几千亿元不等）。

（3）产品进入精细化、智能化运营阶段，与传统运营手段带来的商业化增长率相比，通过大数据驱动以及智能化决策手段往往能够再提升百分之几量级的增长率。

2. 企业代表

商业化成熟期企业主要是上市企业与估值排名靠前的独角兽企业。比如，电商平台（淘宝、天猫、京东等）、O2O 平台（美团点评、饿了么、滴滴出行等）、社交与社区平台（字节跳动系产品、腾讯系产品等）。

3. 人才需求

商业化成熟期企业对商业产品经理的需求覆盖了几乎所有的应用方向，包括增长、智能推荐、搜索排序、智能调度、算法、大数据及人工智能、风控/反作弊等。商业化成熟期企业的人才需求最旺盛，且还在持续增长。目前，优秀的商业化产品人才相对短缺，处于供方市场阶段。

4. 系统需求

此处从五维运转系统的角度评估系统需求，进而侧面理解系统对应的人才需求。商业化成熟期企业对各类系统的人才需求紧迫度如下：商业触媒类的产品岗位招聘需求旺盛，客户产品类的产品岗位招聘需求旺盛，经济系统类的产品岗位招聘需求旺盛，运营系统类的产品岗位招聘需求旺盛，决策系统类的产品岗位招聘需求旺盛。

说明： 对于从五维运转系统角度出发所做的岗位招聘需求分析，需求无论是旺盛还是不旺盛（较弱），均针对某个维度系统（比如经济系统）做泛化招聘需求分析，而不针对该维度系统所涵盖的某个具体产品类别（比如经济系统涵盖电商后台产品、支付产品等）。

8.3.2　商业化扩张期企业的岗位需求

商业化扩张期企业属于第二梯队的企业，经营的产品以移动互联网 to C 应用为主。

1. 梯队特点

（1）企业旗下拥有一款或者多款互联网产品。

（2）产品具备大规模用户（亿级）、中大规模商业化营收（几十亿元到几百亿元不等）。

（3）产品依然存在用户增长诉求（包括海外市场）。企业通过大数据驱动以及智能化决策驱动的运营手段实现了比第一梯队的产品更高的商业化增长率，在一些区域（比如，移动互联网行业发展处于早期的一些海外地区）甚至可以达到几倍的增长速率。

2. 梯队特点

商业化扩张期企业主要是上市公司与较高估值的独角兽企业，以成熟的移动互联网应用类企业为主，且商业化程度相对较高。

3. 人才需求

商业化扩张期企业对商业产品经理的人才需求数量及种类均接近于商业化成熟期企业，但由于多个应用分散了岗位密度，因此从单个应用来看商业化扩张期企业的岗位种类及数量相对要少很多，且岗位之间的协同性不如商业化成熟期企业。同时，商业化扩张期企业比商业化成熟期企业更加重视增长类人才需求（受市场占有率影响）。

4. 系统需求

从五维产品运转系统的角度评估，商业化扩张期企业对各类系统的人才需求紧迫度如下：商业触媒类的产品岗位招聘需求旺盛，客户产品类的产品岗位招聘需求旺盛，经济系统类的产品岗位招聘需求旺盛，运营系统类的产品岗位招聘需求旺盛，决策系统类的产品岗位招聘需求旺盛。

8.3.3 商业化成长期企业的岗位需求

商业化成长期企业属于第三梯队的企业，经营的产品以移动互联网 to C 应用为主。

1. 梯队特点

（1）企业旗下有一款或者多款互联网产品。

（2）产品具备中大型规模用户（几千万级到亿级）、中型规模商业化营收（几亿元、几十亿元不等）。

（3）产品以强商业化需求、强增长需求、强精细化运营需求为主。企业通过传统手段和智能化手段综合运营，使商业化营收规模呈现翻倍增长趋势，甚至偶有局部的数倍暴涨。

2. 企业代表

商业化成长期企业主要是处于C轮、D轮甚至更靠后融资轮次的创业型企业，以拥有大规模用户但商业化程度较低的移动互联网企业为代表，经营的产品为各类急需加大商业化力度的泛社区产品以及工具产品。

3. 人才需求

商业化成长期企业对商业产品经理的需求从种类到数量上均不如前两类企业，但在五维运转系统上都有人才需求。商业化成长期企业聚焦于规模化用户的商业化变现，并且往往以广告变现作为优先的商业化策略，因此对应的商业化岗位比较聚焦且协同程度高。商业化成长期企业往往都拥有了核心的变现模式，当然也因为尚未进入商业化成熟期（甚至尚未具备大规模扩张的条件），因此不排除会尝试其他共存的变现模式，比如在广告产品的基础上增加会员产品、电商产品等，这也会导致在同一款产品内出现多种变现岗位及人才需求。

4. 系统需求

从五维运转系统的角度评估，商业化成长期企业对各类系统的人才需求紧迫度如下：商业触媒类的产品岗位招聘需求旺盛，客户产品类的产品岗位招聘需求旺盛，经济系统类的产品岗位招聘需求旺盛，运营系统类的产品岗位招聘需求旺盛，决策系统类的产品岗位招聘需求较旺盛（主要是因为应用场景不如前两类企业）。

8.3.4 商业化起步期企业的岗位需求

商业化起步期企业属于第四梯队的企业，经营各个领域的、各种类型的产品，以to C应用居多。

1. 梯队特点

（1）企业旗下拥有一款主打产品。

（2）产品具备中小规模用户（几十万到几百万个不等）、中小规模营收（千万元及以下）。

（3）产品以强商业化需求、强增长需求为主；企业通过偏传统互联网的综合运营手段实现数倍甚至指数级商业化增长。

2. 企业代表

商业化起步期企业主要是处于A轮或B轮融资的企业，此类企业众多且均处于商业化起步阶段，不做举例说明。

3. 人才需求

商业化起步期企业往往刚完成商业化的闭环验证，开始寻求增量发展，因此在商业化产品设计、经济系统完善、用户增长上拥有比较旺盛的需求，这也体现在分别针对这些需求的岗位及人才上，比如商业产品经理、经济系统类产品经理（比如支付产品经理）、增长类产品经理等。

4. 系统需求

从五维运转系统的角度评估，商业化起步期企业对各类系统的人才需求紧迫度如下：商业触媒类的产品岗位招聘需求旺盛，客户产品类的产品岗位招聘需求旺盛，经济系统类的产品岗位招聘需求旺盛，运营系统类的产品岗位招聘需求较旺盛（以增长类需求为主，场景尚不丰富），决策系统类的产品岗位招聘需求较弱（主要是因为应用场景太少，以人工决策为主）。

8.3.5 商业化种子期企业的岗位需求

商业化种子期企业属于第五梯队的企业，经营各个领域的、各种类型的产品，主要是创新类种子期产品。

1. 梯队特点

（1）企业旗下拥有一款主打产品。

（2）产品具备种子用户规模、没有营收（或者只有少量营收）。

（3）产品处于商业化闭环验证阶段（虽然可能开发了商业化产品，但往往处于免费状态），处于增长前的准备期。

2. 企业代表

商业化种子期企业主要是处于种子轮或天使轮的企业，不做举例说明。

3. 人才需求

商业化种子期企业尚处于商业化闭环验证阶段，注重商业触媒塑造、经济系统跑通、种子用户运营。因此在客户产品打造、经济系统打造上拥有比较旺盛的需求，体现在岗位上则是商业产品经理、经济系统类产品经理等。

4. 系统需求

从五维运转系统的角度评估，商业化种子期企业对各类系统的人才需求紧迫度如下：商业触媒类的产品岗位招聘需求旺盛，客户产品类的产品岗位招聘需求旺盛，经济系统类的产品岗位招聘需求较旺盛（以支付类需求为主，场景尚不丰富），运营系统类的产品岗位招聘需求较弱（以增长类需求为主，场景尚不丰富），决策系统类的产品岗位招聘需求较弱（以数据分析类需求为主，其他场景太少）。

8.4 商业产品经理的四大能力

通过以上内容，我们了解了各种类型的企业对商业产品经理的岗位需求，以及对这些岗位的职能要求。可能有人会觉得企业对商业产品经理的要求太高了，要求商业产品经理既需要懂商业逻辑，又需要懂产品设计，还需要懂公司业务，甚至还要懂技术，然而这就是目前的职场现状，也是为什么商业产品经理目前是行业稀缺人才的原因。此类人才的需求规模只会越来越大，要求只会越来越高，为什么呢？

一个原因就是互联网已经进入了下半场，越来越多的互联网企业在追求商业化闭环，越来越多的互联网企业向商业本质靠拢。还有一个原因是创新技术与创新应用模式不断涌现，比如人工智能、大数据、区块链等。当一个新技术实现产品化应用后，接下来就要面临商业化落地的诉求，只有商业化才能够让新技术实现普及。

从人力资源招聘的角度来看，商业产品经理的岗位职级不同，甚至同一个职级的水平也不同。一位合格的商业产品经理与一位优秀的商业产品经理所能发挥的价值是存在较大差异的，给企业带来的整体回报差别很大。本节基于大量的商业产品经理招聘信息调研，并结合未来产品的商业化趋势，总结出了一位优秀的商业产品经理所需要具备的四大核心能力，如图 8-2 所示。

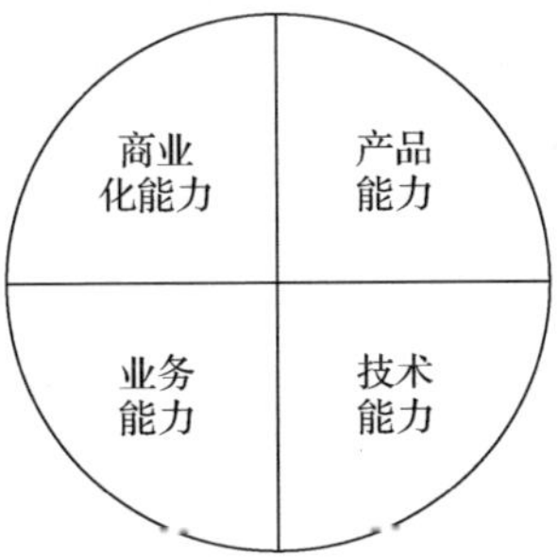

图 8-2

8.4.1 商业化能力

可能有人会觉得商业化能力比较虚幻，很难量化，很难进行学习。也有人觉得商业化能力只可意会不可言传，但是事实并非如此。

让我们回到一个熟悉的商业化场景中，当我们面临一个商业化问题需要做出对应的决策时，就会有两种典型的决策方式出现：①通过直觉判断迅速做出决策；②通过逻辑分析理性做出决策。

其实，在这个场景中出现的两种决策方式就代表了两种典型的商业化能力：第一，直觉判断能力，是指具备良好的商业化认知以形成对商业化问题敏感判断的能力；第二，逻辑分析能力，是指具备一套结构化方法以实现对商业化过程的分析与设计的能力。

说明：你可能已经意识到了，其实本书的一个目的就是帮助你提升商业化能力，另一个目的是帮助你提升产品能力。这主要体现在：第一，通过系统的商业化知识提升你的整体商业化认知；第二，通过结构化的商业化方法及实战（比如七步设计法、五层包装法、五维运转系统等）提升你的商业化逻辑分析与实践能力。这两者都会帮助你培养直觉判断能力与逻辑分析能力。

不过比较遗憾的是，即使你熟悉了本书的内容，也可能无法直接胜任某个商业产品经理的工作岗位。这是因为：第一，如果你是一个初学者或者经验尚浅，那么只有在真的进行了大量的实战练习，反复琢磨各种类型的、简单的与复杂的商业案例，并且在比你能力更强的上司或者行业前辈的指导下，才可能真正具备这种能力；第二，你还需要把从本书中掌握到的方法与所在的垂直行业结合，熟悉该行业的业务逻辑；第三，你还需要懂技术，互联网产品要求你要有对技术的敏感度。

1. 培养直觉判断能力

互联网行业的一个显著特征就是快速变化，因此具备良好的直觉判断能力，无论对于个人还是对于企业都有重要价值。这主要体现在以下两个方面。

（1）通过直觉判断实现快速决策。与逻辑分析能力相比，直觉判断能力往往可以让你在很短的时间内形成决策，这可以帮助企业节省宝贵的竞争时间，降低错失发展良机的概率。

（2）通过直觉判断实现主观增长。增长是互联网产品的核心诉求，但增长不能过分依赖市场分析，同样需要敏锐的市场直觉。

直觉判断能力不像技能类能力一样能够在较短时间内掌握，往往需要较长周期的培养。这种能力的形成往往是一个综合因素（比如基础的商业认知、良好的商业化逻辑、丰富的商业实战、透彻的行业理解、敏锐的技术嗅觉）的影响结果。

通过直觉判断促成伟大企业成就的案例很多，尤其在互联网刚刚起步的时期，一切都处于混沌的市场状态，没有现成的数据与案例供你分析参考。这就要求决策者凭借直觉切入，破釜沉舟，一蹴而就。当然，这里面也有逻辑分析的成分，但更依靠建立在直觉判断基础上的破局勇气。

从产品决策上看依然如此，虽然我们可以依赖用户研究形成产品决策，但几乎所有的创新型产品或者颠覆型产品都不依赖用户研究诞生。当然，这也发生在一些常规的决策困局中，有时候拍脑袋决策也是一种不得不用的破局良方。

2. 培养逻辑分析能力

逻辑分析能力与直觉判断能力相辅相成。具备较强逻辑分析能力的人也往往拥有良好的直觉判断能力。这两者的思维模式是不一样的。

回到决策的角度来看，当我们不相信或者需要验证通过直觉判断建立的决策时，就需要进一步的逻辑分析，以评估决策实施的可行性。逻辑分析需要依靠结构化的思维模式。

案例：我们要开发一款商业化的 App 产品，通过前期的产品规划形成了初步的产品需求。这些需求往往都经过了完整的逻辑分析，尤其是最重要的部分：这款产品是如何实现商业运转并赢利的。这需要商业产品经理依靠结构化的逻辑分析能力驱动产品工作整体推进。如何实现呢？首先，要形成 BRD 或者 MRD（市场需求文档），然后通过产品团队提报出来做项目评审。这决定了产品是否被立项开发。在产品立项后，商业产品经理还会基于细节需求进一步协同业务团队做需求评审。

8.4.2 产品能力

产品能力是我们最熟悉的能力。无论是用户产品还是商业化产品，产品能力都是岗位胜任的基础能力。这种熟悉可能存在片面性，即大部分产品经理往往相对熟悉自己所在岗位的能力要求，而对更多关联岗位甚至更高级别的管理岗位的能力要求并不熟悉。

其实这种情形容易理解，因为岗位不同导致理解各自岗位的维度不一样。中低级别的产品经理往往更加关注所在的岗位对单一产品设计能力的要求，比如灵活使用 Axure 的能力、熟练的数据分析能力等。高级别的产品经理甚至产品决策者更加关注所在的岗位对全局产品运转系统设计能力的要求，要能够精准分析商业化整体策略、各个产品之间的运转关系、产品各个模块之间的业务逻辑关系、用户的行为路径等。

因此，我们可以将产品能力归纳为两类：第一，单点产品设计能力，商业产品经理具备了该类能力就可以完成单点产品的设计；第二，运转系统设计能力，商业产品经理具备了该类能力就可以完成全局运转系统设计，以及对商业化产品整体架构的综合管理。

案例：此处以一个知识产品为例。比如，我们在一款知识付费 App 中可以消费名人课程。如果仅从课程本身的设计来看，核心工作无非就是依据课程类型及学员需求进行课程研发。但我们更需要思考这些课程是如何进行商业化运转的，以及在运转过程中需要配套什么样的功能支持。课程商业化的关键环节有以下几个：如何对课程进行受众定位，并对课程定位进行商业化包装展示；通过什么方式生产与迭代课程，采用了什么系统工具；学员如何学习课程，课程是采用直播形式还是录播形式来教学；如何对课程进行定价，采用什么支付方式让用户购买；如何对课程进行营销，相关功能如何驱动商业化增长；如何进行课程消费以及学习数据监控等。

8.4.3 业务能力

从产品商业化的角度来看，商业产品经理需要熟悉业务逻辑，即具备业务能力。业务能力主要体现在两个方面：第一，需要熟悉本公司的业务逻辑；第二，需要熟悉本行业的业务逻辑。从商业产品经理的招聘信息中，我们经常可以看到对业务经验的要求或者优先权。

1. 熟悉本公司的业务逻辑

用户产品经理也需要懂业务，但与商业产品经理是有差距的。公司对商业产品经理的业务要求往往是专业级的。这主要体现在以下两个方面。

（1）熟悉公司的产品及赢利模式。比如，在广告公司，商业产品经理需要熟悉广告产品与赢利模式。在内容公司，商业产品经理需要熟悉内容产品与赢利模式。在游戏公司，商业产品经理需要熟悉游戏产品与赢利模式。在云服务公司，商业产品经理需要熟悉云服务产品与赢利模式等。只有熟悉了产品与赢利模式，才能掌握产品商业化的核心逻辑，即如何通过产品实现变现。

（2）熟悉公司的业务部门及流程。在商业化的范畴里，商业产品经理与业务团队沟通的场景很多。做过用户产品的人都知道，很多需求都来自公司内部的业务部门。商业化产品在这方面的需求只会多而不会少，因为商业化产品的运转机制牵扯到的业务部门更多，覆盖了产品售前、售中、售后的各个环节，且流程更加复杂。因此，商业产品经理需要熟悉业务部门及流程，并具备良好的沟通能力。

2. 熟悉本行业的业务逻辑

在熟悉本公司的业务逻辑基础上，商业产品经理还需要进一步熟悉本行业的业务逻辑，主要原因有以下两点。

（1）商业产品经理需要关注本行业产品的差异化竞争。同一个行业的产品及赢利模式都有共性，但每个企业的产品又都有差异性。从市场竞争的维度来看，商业产品经理需要熟悉竞品及业务逻辑，进而塑造自身产品的差异化竞争力。

（2）商业产品经理需要关注企业产品的多元业务迭代。企业自身产品的业务逻辑并不是一成不变的，而是一直处于迭代成长的状态。企业在进行业务扩展的时候，无论是借鉴行业成熟的业务模式，还是进行创新扩展，以现有行业作为基准坐标都有助于更高效率地推进工作，也方便更清晰地界定产品在竞争市场中的位置。

8.4.4 技术能力

对于产品经理是否应该懂技术这个问题，我相信产品经理都有自己的发言权。一个熟悉技术逻辑并且能够懂得用技术语言交流的产品经理，应该是技术团队最喜欢的人。那么，商业产品经理又需要具备什么不一样的技术能力呢？

1. 策略类商业化产品对技术的要求

各类策略产品往往要求产品人员具备推荐引擎、数据挖掘、搜索排序、数据分析等能力。与用户产品的设计能力相比，这些能力都超出了对用户产品的交互设计能力范畴，而更偏向于技术类或者数学类的能力。需要注意的是，这不仅要求你了解这些技术，还要真正地掌握并在实际工作中使用。新浪微博广告业务部招聘的策略产品经理的要求如图 8-3 所示。

职位描述：

职责描述：
1. 参与海量数据挖掘、用户画像、结构化数据解析、知识图谱等相关策略产品的需求、调研、设计、开发推进和落地。
2. 负责与商业运营相关的AI智能化营销产品的规划与推进。
3. 负责对商业运营体系下的策略点进行探查、搜集整理。
4. 负责与业务团队对接沟通。

任职要求：
1. 有很强的数据分析能力，对通过数据分析发现问题有独到的方法论。
2. 对数据有亲切感，主动性强，细心，思维敏捷。有很强的逻辑分析能力，对发现和思考问题充满乐趣。
3. 熟悉与数据挖掘相关的算法（神经网络、决策树、聚类、逻辑回归、贝叶斯）。
4. 有良好的沟通能力和良好的团队合作精神。

图 8-3

2. 前沿技术商业化产品对技术的要求

随着人工智能、大数据、物联网、3D 打印、区块链等先进技术的发展，这些技术均面临着商业诉求，而商业化的前提就是产品化。如果一个产品经理不懂得产品需要的新型技术逻辑，那么产品化与商业化就无从谈起。